W0240102

Annik Saxegaard · Das Ziel heißt Glück

XENOS

Annik Saxegaard

Das Ziel heißt Glück

und

Zwei Zimmer und Küche

XENOS Verlagsgesellschaft m.b.H.

Copyright 1975 by Erika Klopp Verlag GmbH, Berlin

Lizenzausgabe: Copyright 1981 by
XENOS Verlagsgesellschaft mbH.
Lottbekheide 17, 2000 Hamburg 65

Titelbild: Bavaria Verlag, Media
Umschlaggestaltung:
Klingenberg Werbeagentur GmbH, Hamburg

O Henni – da rede einer von Dusel!" sagte Randi.

„Du hast wirklich Schwein", seufzte Turid neidvoll.

„Ja, Glück muß man haben", murmelte Eva, die im vierten Jahr verlobt war, ohne Aussicht auf eine Wohnung.

Henni, auf die diese Herzensseufzer gemünzt waren, lächelte.

Gewiß, sie war glücklich, das wußte sie besser als ihre Freundinnen. Sie wurde von ihnen beneidet, weil sie heiraten konnte, weil es ihr erspart blieb, sich selbst und die Treppen des Wohnungsamtes zu strapazieren, weil sie praktische und hübsche Möbel kaufen und weil sie auch nach der Heirat ihre Stellung behalten konnte. Aber das Wichtigste bedachten die Freundinnen sicher nicht, nämlich die Tatsache, daß Henni sich verheiraten würde mit dem gütigsten, klügsten, hübschesten, amüsantesten und liebevollsten Mann, den es auf dieser Welt gab.

Und sie bekam nicht nur den klügsten, gütigsten und so weiter – mit ihm bekam sie auch eine Mutter, die sie beinahe ihr ganzes Leben lang schmerzhaft vermißt hatte.

Niemals würde sie vergessen, wie herzlich Knuts Mutter sie damals empfangen hatte. Etwas nervös war Henni gewesen. Es ist ja auch so eine Sache, zum ersten Male seiner Schwiegermutter gegenüberzutreten, besonders dann, wenn man sich mit ihrem einzigen Sohn verlobt hat. Aber es war gut gegangen. Mutter hatte sie fest umarmt und gesagt:

„Willkommen, kleine Henni! Ich bin überzeugt, daß du meinen Jungen glücklich machen wirst. Und wenn du mir erlaubst, als Gegenleistung dir ein wenig Mutter zu sein, da du ja keine Mutter mehr hast, so werde ich sehr froh sein."

Und vom ersten Augenblick an hatte Frau Thorheim sich den Schwiegermutternamen verbeten. „Das erinnert allzu sehr an die Witze in den Wochenblättern", lachte sie. „Kannst du nicht einfach Mutter zu mir sagen, Henni? Oder ist das Wort zu sehr an deine eigene Mutter geknüpft?"

Henni schüttelte den Kopf. „Nein", sagte sie. „Meine eigene Mutter nannte ich Mama, und ich war ja erst vier Jahre, als sie starb."

Frau Thorheim war eine herzenswarme, erfahrene Frau in den Fünfzigern. Henni hatte vom ersten Augenblick an Zutrauen zu ihr und gewöhnte sich bald daran, sowohl mit ihren Freuden als auch mit ihren Sorgen zu ihr zu kommen. Mutter hörte sie immer an und konnte ihr immer einen guten Rat geben.

Für Henni war das eine große Veränderung. Seit vielen Jahren hatte sie alles selbst bestimmen, selbständig denken und handeln müssen. Die Haushälterin, die nach dem Tod der Mutter ins Haus kam, war tüchtig und gewissenhaft, lud aber nicht zu Vertraulichkeit ein, und Henni blieb oft allein mit den kleinen Problemen, die ein Kind sonst zu seiner Mutter trägt. Und Vater – ja, Vater war gut und lieb, aber ein Vater ist nicht dasselbe wie eine Mutter, und außerdem war er immer so beschäftigt. Henni mußte zeitig lernen, auf eigenen Beinen zu stehen.

Als sie erwachsen war, übernahm ein junges Mädchen die Stelle der Haushälterin. Henni besuchte eine Haushaltungsschule und vertrat danach, jung und unsicher, die Stelle der Hausfrau. Nach und nach lernte sie aus mehr oder minder bitteren Erfahrungen, und zum Schluß lief der kleine Haushalt ziemlich reibungslos. Allerdings stellte Vater auch keine großen Ansprüche. Mehr als einfaches Essen und eine saubere und gemütliche Wohnung verlangte er nicht.

Henni war neunzehn Jahre, als ihr Vater starb. Die kleine Erbschaft verwendete sie, um die Handelsschule zu besuchen, und dann bekam sie die Stellung in einem Anwaltsbüro, die sie nun drei Jahre lang innehatte.

Jetzt war sie vierundzwanzig und wollte sich mit Knut verheiraten.

Knut, sie hatte ihn von dem Augenblick an geliebt, als sie ihn zuerst sah. Was er an sich hatte, das sie so gefangennahm, wußte sie selbst nicht und versuchte auch nicht, dahinterzukommen. Er war gütig, er war ein guter Kamerad, er war groß und stark und hübsch, und man konnte gut mit ihm reden. Ruhig und freundlich war er immer und verstand die Kunst zuzuhören, wenn Henni etwas erzählte. Sie diskutierten nicht gerade über besonders hochfliegende Themen, aber sie verstanden einander in den alltäglichen Kleinigkeiten. Sie waren einfache junge Menschen mit gesundem Menschenverstand und hatten einander lieb.

So einfach war das.

Und nun hatte Henni zudem noch eine Mutter, eine Frau, mit der sie sich aussprechen konnte. Und sie gab Mutter ihr ganzes Vertrauen. Das war leicht, weil Mutter indiskret war. All das, was nur Knut und Henni anging, wurde nie berührt. Mutter fragte nicht, ging aber auf alles ein, hörte zu und erklärte und gab Rat aus ihrer Lebenserfahrung heraus. Übrigens war es so, daß sich das Gespräch oft nicht um lebenswichtigere Dinge drehte als um Handtücher und Bettwäsche, aber Mutter ging mit Leib und Seele auch darin auf und verstand ausgezeichnet, daß auch die Aussteuer für ein junges Mädchen eine wichtige Bedeutung hat.

Wenn Knut einmal verhindert war, war es selbstverständlich, daß Henni den Abend bei Mutter verbrachte. Und Mutter hörte von ihren Erlebnissen im Büro, von dem feschen Mantel, den zu kaufen sie solche Lust hatte, von ihren Plänen für die Zukunft. Frau Thorheim blickte zärtlich auf den blonden Lockenkopf, der sich über das kunstvolle „T“ beugte, immer das gleiche auf Handtüchern und Servietten, und hörte, daß unter dem munteren Jungmädchengeplauder um alltägliche Dinge noch anderes und mehr lag: eine tiefe und glückliche Liebe, ein fester Glaube an die Zukunft und ein rührendes Zutrauen zu der neuen Mutter.

„Weißt du, Mutti", sagte Henni eines Abends, als sie schon fertig angezogen zum Gehen dastand. „Ich finde es beinahe unnatürlich, daß ich jetzt gehen soll. Mir ist, als ob ich hier wohnte, es ist so selbstverständlich, daß ich hierher gehöre."

„Kleine Henni!" lächelte Frau Thorheim. Und so kam es, daß sie einen raschen Entschluß faßte.

„Bleib noch ein Stündchen, Henni. Ich spendiere dir nachher ein Taxi. Ich möchte etwas mit dir besprechen, und zwar gleich."

„Das klingt ja ganz feierlich", sagte Henni. „Willst du mir anvertrauen, daß Knut ein Adoptivkind ist oder schon früher mal verlobt war oder an erblicher Melancholie leidet?"

„Schäm dich!" lachte Frau Thorheim. „Setz dich nun, nimm noch einen Apfel und hör mir zu. Du sagtest eben etwas, was mir Mut gibt, dir einen Vorschlag zu machen."

„Sagte ich so etwas? Und brauchst du Mut? Du überraschst mich dauernd." Henni biß mit ihren starken weißen Zähnen in einen Apfel.

„Sag mal, Mädel – wann dachtet ihr denn zu heiraten?"

„Wenn wir eine Wohnung bekommen, Mutti. Darüber haben wir doch oft genug gesprochen."

„Und wann wird das sein?"

„Ach, verdirb mir meine gute Laune nicht, Mutti! Wenn ein Wunder geschieht, oder wenn wir in der Lotterie gewinnen und uns ein eigenes Haus oder eine Eigentumswohnung kaufen können."

„Ja, das mit der Eigentumswohnung hat wohl gute Weile für Knut, solange er ein junger Staatsbeamter ist ohne die erforderliche Altersstufe. Ich habe Erfahrungen auf dem Gebiet, mein Kind. Himmel, wie glücklich wir damals waren, als Knuts Vater eine neue Gehaltsstufe erreicht hatte. Aber du weißt, er hat Pensionsrecht, und das ist ja Gold wert. Aber was wollte ich sagen: Möchtet ihr denn gern bald heiraten?"

„Das fragst du noch?"

„Du sagtest vorhin, daß dir ist, als ob du hierher gehörtest, daß es unnatürlich sei, fortzugehen und woanders zu wohnen. Mir geht es genauso. Und daß Knut sich gern bald verheiraten möchte, wissen wir beide. Was meinst du, Henni, wollt ihr heiraten und das Eckzimmer übernehmen und versuchen, damit auszukommen, bis ihr eine Wohnung habt?"

Henni ließ den Apfel fallen. Erst starrte sie mit aufgerissenen Augen und offenem Mund auf die Schwiegermutter, dann sprang sie auf und preßte Frau Thorheim so heftig, daß sie stöhnte.

„Mutti, Muttilein, – du bist ein Engel und eine Perle und das verständnisvollste und hilfsbereiteste Wesen der Welt! Aber Mutti, hast du daran gedacht, wie du dich dann einschränken mußt? Du hast doch bloß diese zwei Zimmer außer der Mädchenkammer, müßtest also mit einem Raum auskommen."

Frau Thorheim strich Henni übers Haar. „Es gibt viele, die sich mit weniger behelfen müssen, mein Kind. Bis vor zwei

Jahren, da Knuts Vater starb, hatten wir ja nur einen Wohnraum. Wir schliefen im Eßzimmer, und Knut hat die Mädchenkammer, seit er klein war. Wenn Knut in das Eckzimmer zieht, verwandle ich das Eßzimmer in eine ‚Kombinationsstube' und schlafe im Mädchenzimmer. Du wirst sehen, das wird großartig gehen. Und das eine Gute haben ja diese Altbauwohnungen, die Räume sind groß!"

„Mutti! Muttilein!" Henni hatte blanke Augen vor Bewegung. „Weißt du auch, wieviel du damit für uns tust? Soll ich nun auch noch mit dir zusammen wohnen, meine Mutter um mich haben, nicht bloß Knut? Ach, ich bin ja so froh! Entschuldige, daß ich ein bißchen flennen muß."

So kam es, daß Knut, der eben aus seinem Klub heimkam, die Mutter mit roten Backen, heiter und lächelnd vorfand und seine Verlobte tränennaß vor lauter Glück.

„Henni ist unbrauchbar im Augenblick", lachte Frau Thorheim. „Sie ist außerstande, praktisch zu denken. So müssen wir beide, du und ich, uns der Sache annehmen."

„Was für eine Sache?" fragte Knut, der nichts verstand.

„Mein Lieber, die praktische Ordnung zum Beispiel: Ob ihr eigene Haushaltung führen wollt, oder ob ich für uns alle zusammen kochen soll."

„Mutti", sagte Henni etwas zögernd, „sei nicht böse, aber ich habe mich so darauf gefreut, für Knut zu kochen und ihn zu versorgen."

„Das verstehe ich sehr gut, mein Kind. Und das läßt sich auch leicht einrichten, die Küche ist groß genug für uns beide. Wir machen das ganz einfach. Knut bezahlt die halbe Miete wie bisher, die halbe Lichtrechnung, das halbe Telefon und so weiter, und das Haushaltsgeld bekommst du an meiner Stelle."

„Waren das die praktischen Dinge, über die wir zu reden hatten?" lachte Knut. „Mutter, du bist goldrichtig. Henni und ich heiraten in einer Woche."

„Warum nicht gleich?" erwiderte die Mutter. „Da gibt es so etwas wie Aufgebot, mein Junge. Und wenn ihr glaubt, ihr könnt in das Zimmer einziehen, so wie es ist, so irrt ihr euch. Ihr müßt doch etwas zum Schlafen haben und zum Kleideraufhängen und überhaupt . . ."

Knut und Henni sahen einander strahlend an. Alles, wovon sie geträumt hatten, war mit einem Schlag wunderbar nahe gerückt. Nun konnten sie anfangen, sich nach Möbeln umzusehen, sie konnten zeichnen und planen. Das Eckzimmer war groß und hell, es konnte ein bezauberndes Heim für Jungverheiratete werden. Du lieber Himmel, was für ein Glück sie doch hatten!

Henni kam es vor, als ob sie über die Straße schwebte.

Sie hatte mit Knut Möbel angesehen, sie war noch ganz berauscht von den unzähligen Modellen, die sie gesehen hatten. Betten, die bei Tage wie Schränke aussahen oder wie ein kleines Sofa oder recht und schlecht wie Lehnstühle. Tische, die man zusammenschieben oder verlängern konnte nach den raffiniertesten Methoden. Schrank mit Platz für alles, vom Service bis zum Abendkleid, nein, all das Praktische, was man doch kaufen konnte!

Nun war Knut in sein Büro zurückgeeilt, der Arme hatte Arbeitszeit bis vier, während Henni schon um drei Uhr frei war, obwohl sie erst um zehn Uhr anfing. Das paßte im Grunde großartig. Sie würde eine Stunde nach Knut von daheim fortgehen und eine Stunde vor ihm zurückkommen. Man bedenke, was sie in dieser Zeit alles ausrichten konnte!

„Hallo, Henni, bist du es wirklich?“ Henni blieb stehen. Eine große, dunkle, schicke Dame mit Ponyfrisur und Schultertasche stand vor ihr.

„Oh, Monika! Du bist in der Stadt?“

„Ja, ich bin vorige Woche gekommen. Amerika war gut, aber daheim ist's am besten. Henni, wie geht es dir? Du siehst strahlend aus.“

„Mir geht es großartig, du ahnst es nicht. Nächsten Monat werde ich heiraten!“

„Hallo, da gratuliere ich! Komm mit mir heim, das müssen wir feiern. Ich habe noch die alte Mansardenwohnung, mein Bruder hat darin gewohnt, während ich drüben war. Er wohnt übrigens immer noch da, das Biest, ich kriege ihn nicht raus. Come along, ich hoffe, ich habe noch was in der Karaffe.“

Henni wurde mitgezogen, ehe sie noch einen Mucks äußern konnte. Monika war in der Realschule ihre beste Freundin gewesen. Aber später waren sie auseinandergekommen. Henni besuchte die Handelsschule und hatte dann die Stellung im Büro, Monika fing als Journalistenlehrling an einer Zeitung an, hatte Glück und bekam eine Mansardenwohnung, hielt es bei der Zeitung ein Jahr aus und zog dann nach Amerika auf eine Journalistenschule.

Henni war schon früher in Monikas Wohnung gewesen. Sie war möbliert mit sandgeblasener Kiefer und Handwebstoffen. Jetzt war Neues dazugekommen, moderne Bilder, schöne Teppiche und ein großer, eleganter Fernseher.

„Teils meins, teils Hermanns", erklärte Monika. „Ich freue mich darauf, ihn loszuwerden; aber es ist traurig, daß er auch den Fernseher mitnimmt und andere schöne Sachen. Er steht sich gut, weißt du. Eigenes Elektrogeschäft mit großem Umsatz in Radioapparaten und elektrischen Brotröstern. Hier ist noch ein Rest Sherry, Henni, oder willst du lieber Wermut mit Eis?"

Es zeigte sich, daß ein Kühlschrank in die kleine Küche gekommen war, und Monika beschäftigte sich mit Eisstückchen und dem Shaker. Henni sah sich um. Wie gemütlich es hier war! In einer solchen Mansarde konnten Jungverheiratete auch ganz gut wohnen. Die Schlafnische war sicher groß genug für ein Ehebett.

„Na, studierst du die intimeren Einrichtungen?" lachte Monika, als sie Henni vor der Schlafnische fand. „Eng, aber praktisch. Ich schlafe hier, und der lästige Bruder liegt auf der Couch im Wohnzimmer. Prost, Henni! Hast du denn eine Wohnung?"

„Ja", sagte Henni und ihre Augen leuchteten. „Allerdings bloß ein Zimmer, aber dafür groß und geräumig."

„Fein", sagte Monika. „Ich habe eine Schwäche für große Räume. Wo liegt denn das zukünftige Nest?"

„Bei meiner Schwiegermutter", sagte Henni.

Monika setzte ihr Glas nieder. „Großer Gott, Henni, du auch? Tu es nicht, Mädchen, geh nicht mit offenen Augen in dein Unglück!"

„Du kennst meine Schwiegermutter nicht", sagte Henni.

„Nein, sie ist sicher entzückend."

„Du brauchst nicht ironisch zu werden. Sie ist wirklich entzückend."

„Und ihr habt alle guten Vorsätze."

„Wir haben gar keine Vorsätze. Wir haben uns gern und freuen uns darauf, zusammen zu wohnen."

„Sancta simplicitas!" seufzte Monika. „O heilige Einfalt!" In diesem Augenblick hörte man einen Schlüssel in der Wohnungstür.

„Das ist Hermann", erklärte Monika. „Er kommt aufs Stichwort. Sag bloß ‚ein Zimmer bei Schwiegermutter' zu ihm, so öffnest du alle Schleusen seiner Beredsamkeit!"

Ingenieur Hermann Krage kam herein. Er war dunkelhaarig und groß wie die Schwester, sah aber ein gut Teil älter aus als sie. Henni hielt ihn für über dreißig. Seine Augen blickten erfahren, und um die Mundwinkel lag ein kleiner spöttischer Zug. „Das Leben hat immerhin süße Überraschungen für einen alten Sünder", sagte Ingenieur Krage. „Hier glaubt man von einer strengen Schwester empfangen zu werden, und auf einmal sitzt da ein goldhaariger Engel und wartet auf einen."

„Mach dir keine Illusionen", sagte Monika. „Henni ist verlobt und wird in nächster Zeit heiraten."

„Kondoliere", sagte Hermann Krage und bereitete sich mit

geübter Hand ein Getränk. „Und mein Kompliment zu ihrem Mut. Ich verstehe nicht, wie jemand es wagt, sich in den sogenannten Hafen der Ehe zu begeben."

„Na", entgegnete Monika, „du hast es doch selbst einmal gewagt!"

„Ja, und das Ergebnis weißt du. Gerade deshalb bewundere ich anderer Leute Mut, ich, mit meinen bitteren Erfahrungen. Prost, glückliche Braut!"

Jetzt vertiefte sich der ironische Zug um seinen Mund. Trotzdem lag etwas Warmes im Klang seiner Stimme. Gerade, als ob er sich zu dem spöttischen Ton selber zwang.

„Henni wird dir noch mehr imponieren." Monika zündete sich eine Zigarette an und lehnte sich zurück. Das schwarze Haar hob sich seidenglänzend von einem knallroten Kissen ab. Sie sieht gefährlich schön aus, dachte Henni.

„Henni wird nämlich – bei ihrer Schwiegermutter wohnen", sagte Monika und blies dem Bruder Rauch ins Gesicht.

Hermann setzte sein Glas nieder. „Du lieber Himmel! Ahnungsloser Engel, tun Sie das nicht! Ihr Eheglück wird ersaufen in der gemeinsamen großen Wäsche, zermalmt werden im gemeinsamen Fleischwolf, verdampfen in den gemeinsamen Kochtöpfen. Ja, denn Sie werden sicher die Küche mit der Frau Schwiegermutter gemeinsam haben?"

„Ja", sagte Henni. Sie fühlte eine merkwürdige Mischung von Ärger, Mutlosigkeit, Trotz und Furcht.

„Alles andere, nur das nicht", sagte Monika. „Henni, Henni, eine Küche ist der allerbeste Nährboden für Streit zwischen Frauen. Wenn du dich schon darauf einläßt, etwas so Irrsinniges zu tun, wie bei deiner Schwiegermutter zu wohnen, so tu wenigstens alles, um für dich zu bleiben. Koch dein eigenes Essen, wasch deine eigene und deines Mannes Wäsche und ..."

„Ich kann doch keine Küche in einer Ecke unseres einzigen Zimmers einrichten", sagte Henni etwas ärgerlich.

Monika sprang auf und durchsuchte einen Stapel ausländischer Zeitschriften auf dem Tisch.

„Schau her, Henni! Das ist etwas für dich. Siehst du, eine ganze Küche in einem Schrank. Geöffnet enthält er alles, was du brauchst, es ist einfach eine bewegliche Pullmankitchenette. Sowas müßte man doch hier kopiert bekommen."

Hermann sah über Hennis Schulter. „Praktisch, wirklich praktisch. Wenn ich es wäre, der das fabrizierte, würde ich einen Werbeslogan machen: Die Küche, die das eheliche Glück rettet!"

„Nimm das Blatt mit", sagte Monika zu Henni, „da ist allerhand Hübsches drin, vielleicht findest du noch mehr, was du brauchen kannst."

Hermann leerte sein Glas und starrte melancholisch auf Henni.

„Ich war selbst verheiratet und wohnte bei der Schwiegermutter", sagte er. „Jetzt bin ich geschieden." Er blickte in das leere Glas. „Wenn ich ein Herz hätte, würde das jetzt bluten über ein so süßes kleines Mädchen, das sich direkt in sein Unglück stürzt."

Henni ärgerte sich. Wenn sie bloß Monika nicht getroffen hätte! Und nicht mit ihr heimgegangen wäre! Ah, diese blasierten Menschen, diese ekelhafte Ironie – etwas so Kaltes, so Eiskaltes wie der schöne Bruder!

Denn schön war er ja. Und natürlich konnte er einem leid tun, er war ja doch auch einmal glücklich gewesen, im optimistischen Glauben an die Zukunft.

Pah, das dumme Blatt, das sie ihr aufgeschwatzt hatten! Küche im Schrank, wo sie doch die große geräumige Küche bei Mutter benutzen konnte, wo sie doch mit Mutter dort wirken konnte, von ihr lernen, sie um Rat fragen konnte, süße, liebe, gute Mutti!

Nachdem Henni heimgekommen war, schmiß sie das Blatt ärgerlich in eine Ecke. Dann wärmte sie sich ein wenig Essen auf und sah auf die Uhr. In einer Stunde würde Knut kommen und sie abholen. Sie wollten an diesem Abend ins Theater. Henni machte sich so hübsch, wie sie konnte, und sie strahlte, als sie die Tür für Knut öffnete.

Mit einemmal fühlte sie eine große und bewußte Freude, weil Knut keinen ironischen Zug um den Mund hatte und keine alten erfahrenen Augen. Sein Gesicht war jung und offen und sein Lächeln warm und echt. Sie warf sich in seine Arme und bebte vor Glück.

Henni war eine reizende Braut.

„Unglaublich, daß dieses Kleid dreißig Jahre alt ist!" sagte sie zur Schwiegermutter. „Habt ihr nicht damals die komische New Look-Mode gehabt?"

„Ja", lächelte Mutter. „Aber in einem solchen Gebilde wollte ich nicht getraut werden. Deshalb ließ ich mir ein Stilkleid nähen, jenseits der Mode. Und ich war sentimental und hob es auf, ich wollte es an meiner Silberhochzeit anziehen. Aber du weißt . . ." Mutter schluckte.

Henni nickte mitfühlend. Knuts Vater war ein paar Monate vor dem Tag gestorben, an dem sie die silberne Hochzeit feiern sollten.

Mutter lächelte schon wieder. „Nun habe ich es also doch nicht umsonst aufgehoben. Du weißt nicht, Henni, was für eine Freude es für mich ist, daß du es als Braut tragen wirst."

„Und du weißt nicht, welche Freude es für mich ist, es zu tragen. Und du sollst sehen, auch meine älteste Tochter wird noch darin Braut sein."

Mutter lachte. „Ich glaube, da überschätzt du doch die Qualität des Stoffes, mein Kind. Aber er hat sich gut gehalten, findest du nicht?"

Mutter half Henni beim Ankleiden und legte den Schleier um den blonden Lockenkopf.

„Ich bin so froh, daß du bei mir bist", flüsterte Henni. „Ich könnte mir gar nicht vorstellen, mich von einer der flinken, unpersönlichen Friseusen herrichten zu lassen."

„Mein liebes, gutes Mädchen", sagte Frau Thorheim. Und dann kam Hennis Onkel, der sie zum Altar führte.

Als sie aus der Kirche kamen, war in der großen Eckstube gedeckt. Wenn Knut und Henni von der Hochzeitsreise zurückkamen, würde das Eckzimmer in ein Heim für Neuvermählte verwandelt sein. Mutter hatte sich erboten, die Umgestaltung vorzunehmen. Ja, was hätten sie ohne Mutter anfangen sollen?

Frau Thorheim hatte allen Grund, mit der Hochzeit zufrieden zu sein. Das Essen war geglückt, die Gäste waren in strahlender Stimmung, die Reden gut, die Hochzeitsverse amüsant. Und Wehmutsstimmung, die sonst ab und zu über einer Hochzeit liegt, gab es absolut nicht. Henni hatte keine nahe Familie, die beklagen mußte, daß sie von daheim fortzog, und Frau Thorheim konnte ja unmöglich Wehmut fühlen, da sie ihren Jungen behalten sollte und dazu noch eine süße kleine Schwiegertochter bekam.

Es lag Sonnenscheinstimmung über der Hochzeit.

Als Henni sich ihr Reisekostüm angezogen hatte und Knut den lästigen Frack losgeworden war und seinen geliebten Sportanzug wieder anhatte, da wurden sie mit Hurrarufen, Reiskörnern und alten Pantoffeln bis zum Auto verfolgt.

Die Hochzeitsreise ging nach Dänemark.

Dänemark und Buchenwald im Mai, kann man sich einen schöneren Rahmen für junges Eheglück denken? Die Tage vergingen nur allzu schnell.

„Aber weißt du", sagte Henni am letzten Tag, „ich freue mich auch darauf, heimzukommen. Du findest es sicher kindisch, doch ich brenne darauf, Hausfrau zu sein."

Knut lachte und drückte sie an sich. „Und ich freue mich darauf, dein Gesicht zu sehen, wenn du meinen bekleckerten Pullis und zerrissenen Sportsocken gegenüberstehst. Mutter behauptet, ich schlüge darin jeden Rekord."

„Hör mal, Knut, ich habe ganz vergessen, dich zu fragen: Was ist eigentlich deine Leibspeise?"

„Ach, du kleines prosaisches Ding! Wie kannst du mit so einer Frage kommen bei Sonnenuntergang und Buchenwald und Hochzeitsreise und dem einen und anderen?"

„Lieber Knut, die Hochzeitsreise ist vergänglich, aber deine Leibspeise kann in gewissen Situationen das eheliche Glück retten."

„Schön, schön! Also Erbsen, Pökelfleisch und Speck."

„Nein, so was! Jetzt bist du es, der prosaisch ist. Zu denken, daß du von Erbsen, Pökelfleisch und Speck sprichst, wenn ich ganz sentimental und verliebt bin! Hättest du wenigstens Spargel gesagt oder Artischocken oder Omelett mit Champignons."

„Mein Kind, der Alltag ist nun einmal prosaisch, und am Alltag ißt man weder Champignons noch Spargel, dagegen . . ."

„Na gut, du sollst soviel Erbsen haben wie du willst. Ach Knut, ich bin so glücklich, daß . . ., daß . . ."

Henni war eine Weile verhindert, mehr zu sagen. Sie schloß die Augen und fühlte Knuts Arme um sich.

Daß ein einzelner Mensch soviel Glück ertragen konnte! Die Sonne ging unter. Die zarten jungen Buchenblätter bekamen einen tieferen Farbton. Die Luft war klar und kühl.

„Gehen wir zurück, Liebling?"

Arm in Arm gingen sie den Waldpfad entlang und gelangten auf den Weg zu dem kleinen Gasthaus, wo sie die schönsten Wochen ihres Lebens zugebracht hatten.

„Willkommen, herzlich willkommen daheim, meine Kinder! Nein, wie strahlend du aussiehst, Henni!" Mutter blickte liebevoll auf Henni, die plötzlich die Augen niederschlug. Sie verstand selbst nicht warum, aber sie fühlte sich geniert unter Mutters verständnisvollem Blick. Zum ersten Male in ihrem Leben wünschte Henni, nicht verstanden zu werden. Das Glück, das aus ihr leuchtete, das Glück, welches ihr das strahlende Aussehen gab, das gehörte nur ihr und Knut, keinem anderen Menschen auf der Welt. Und kein Mensch, nicht einmal Mutter, hatte da etwas zu verstehen.

Henni wußte selbst nicht, daß es ihre junge Keuschheit war, die rebellierte, ja sie wußte nicht einmal, daß sie sich auflehnte. Es war bloß ein flüchtiges Gefühl im Unterbewußtsein.

„Und nun müßt ihr euch euer neues Heim ansehen!"

Mutter öffnete die Tür zum Eckzimmer. Henni blieb einen Augenblick in der Tür stehen und schaute.

Ihre ererbten Sachen vertrugen sich gut mit den neuen modernen Möbeln. Dort stand die schöne Schatulle aus Ulmenholz, da war der niedrige Tisch mit dem Radio, da glänzten die glatten, polierten Flächen der Schranktüren. Und dort, nein, die breite Couch war nicht da, die war ausgezogen als Doppelbett, für die Nacht fertig gemacht, mit schneeweißen Laken und weichen Daunendecken.

„Da hat es aber jemand richtig fein für uns gemacht!" Knuts Stimme klang froh und dankbar, und er legte zärtlich den Arm um die Mutter.

Henni sah auf und suchte seinen Blick. Aber in diesem Moment war Knut zärtlicher Sohn und sonst nichts. Sie schaute wieder auf das aufgeschlagene Ehebett und wußte durchaus nicht, daß das kleine Unbehagen, das sie fühlte, Schüchternheit war – die Schüchternheit der jungen Frau, die ihren Mann liebt.

Das währte bloß eine Sekunde. Dann lächelte sie die Mutter an.

„Du bist unvergleichlich, Mutter! Himmel, was du alles fertiggebracht hast! Wie sich die Möbel gut ausnehmen, Knut! In den Wäscheschrank bin ich geradezu verliebt. Wie ich mich darauf freue, alles an seinen Platz zu legen!“ Henni öffnete eifrig die Türen.

In den Fächern lag Bettwäsche und Tischwäsche. Alles war in schönster Ordnung.

Henni schwieg einen Augenblick und schluckte, doch dann siegte wieder die Vernunft. Sie dankte der Schwiegermutter so nett wie sie nur konnte. Es wurde allmählich sehr viel, wofür man sich zu bedanken hatte.

Mutter erwartete sie mit einem delikaten Abendessen. Sie hatte alles sehr gemütlich hergerichtet in dem alten Eßzimmer, das nun eine „Kombinationsstube“ war. Und die Mädchenkammer, Knuts alter Schlafraum, sei auch sehr behaglich geworden, versicherte sie.

Knut aß mit gutem Appetit und erzählte von der Reise. Sie hatten es wundervoll gehabt in dem kleinen Gasthaus. Er beschrieb das einfache, aber behagliche Zimmer, das sie bewohnt hatten. Er erzählte von der freundlichen Wirtin, die ihnen den Morgenkaffee ans Bett gebracht hatte, erzählte Großes und Kleines.

Er merkte nicht, daß Henni still war. Aber schließlich richtete die Mutter ihre Augen auf sie.

„Ich glaube fast, daß unser Hennilein müde ist. Nicht wahr, kleiner Schatz? Geh und leg dich hin! Und hör mal, Henni, du hast wohl ziemlich viel zu ordnen den ersten Tag daheim. Also ich denke, ihr eßt morgen zusammen mit mir zu Mittag, nicht wahr? Knut kriegt sein Lieblingsessen – Erbsen, Pökelfleisch und Speck!"

„Ach Muttchen", sagte Knut, „willst du nun auch Henni verwöhnen, wie du mich verwöhnt hast? So wird ja ein reizendes Ehepaar aus uns! Gehst du schon, Henni? Ich komme bald nach. Will nur Mutter noch unsere Bilder zeigen."

Hennis Gesicht wirkte plötzlich ganz verzogen vor Müdigkeit. Sie murmelte gute Nacht und ging.

Sie liebte Knut. Gott, wie sie ihn liebte!

Er war ihr Mann. Sie gehörte ihm für immer. Sie waren verheiratet. Sie hatten zusammen ein kleines Heim. Ein kleines Heim, das ihnen gehörte. Jedenfalls gehörte ihnen alles innerhalb dieser vier Wände.

Mutter war so gut. Und so umsichtig. Tat alles für ihre Kinder. Zu denken, wie glücklich es Henni getroffen hatte, wo es doch eine Menge ekelhafter Schwiegermütter gab.

Alles dies sagte sich Henni. Sie sagte es mit Nachdruck, sie sagte es wieder und wieder, sie sagte es, um eine schrecklich dumme und zudringliche Stimme in ihrem Innern zu betäuben. Die Stimme sagte nämlich etwas anderes:

Mutter hätte es nicht nötig gehabt, alles in den Wäscheschrank einzuordnen. Ich hatte mich darauf gefreut, es selbst zu machen.

Mutter braucht mich nicht „unser kleines Hennilein" zu nennen. Ich bin nicht „unser" Kleines. Ich bin Knuts kleines Hennilein und das nur in unsern allerschönsten Stunden.

Wie konnte es Knut über sich bringen, alles von unserer Hochzeitsreise zu erzählen? Wie konnte er Mutter von dem putzigen kleinen Zimmer erzählen, in dem wir wohnten, mit den schiefen Deckenbalken und dem Fußboden, der wie Berg und Tal aussah? Vor zwei Tagen sagte Knut: An dieses Zimmer werden wir uns unser ganzes Leben erinnern. Denn es war der Rahmen für das schönste Glück des Lebens.

Mutter brauchte nicht unsere Betten herzurichten. Was sie getan hat, als Knut noch Junggeselle war, ist eine andere Sache. Jetzt sind es Knut und ich. Nur Knut und ich.

Mutter brauchte uns nicht für morgen zu Mittag bitten. Das erste Mal, daß ich Hausfrau sein sollte. Und ich – ich, die Knut mit Erbsen, Pökelfleisch und Speck überraschen wollte.

Der Mensch ist ein seltsames Wesen.

Wohl hatte Henni einen Kloß im Halse. Der hatte der Enttäuschung mit dem Wäscheschrank standgehalten und dem Unwillen, daß Knut von der Reise erzählte. Er steckte auch noch bei „unser kleines Hennilein", aber bei dem Gedanken an Erbsen, Pökelfleisch und Speck schmolz er dahin. Tränen kullerten über ihre Wangen.

Sie putzte die Nase und trocknete die Augen mit dem Lakenzipfel. Sie hörte Knuts Stimme und gedämpftes Lachen vom Nebenraum. Dann scharrte ein Stuhl am Fußboden. Jetzt ging Knut pfeifend durch das Vorzimmer ins Bad.

Henni schluckte wieder. Und wieder sagte sie sich, sehr bewußt und sehr überzeugend, daß sie es gut hatte, so schrecklich gut – und sie war glücklich – so glücklich – so glücklich –

Sicher war Henni glücklich.

Die kleine Mißstimmung verflog bald. Es war herrlich, am nächsten Morgen zu erwachen und im eigenen Heim zu sein und zu wissen, daß heute ihr und Knuts eigentliches Leben begann. Bisher waren es Flitterwochen gewesen, aber von heute an sollte das Dasein seine eigentliche Form erhalten.

Sie war wohl ordentlich müde gewesen gestern abend, weil sie sich so verstimmt und niedergeschlagen gefühlt hatte. Sie war richtig beschämt, als sie in die Küche kam und Mutter schon mitten im Abwaschen des Geschirrs von gestern vorfand.

„Nun, kleine Henni? Gut geschlafen?"

„Herrlich, Mutti! Und du?"

„Doch ja, sehr gut. Also Henni, wir machen das nun so,

daß du den Tisch neben dem Schrank benutzt. Und die untersten Fächer in der Speisekammer gehören dir. Und sonst, das weißt du, kannst du ruhig fragen. Du hast doch wohl keine Angst vor deiner strengen Wirtin?"

Henni lachte und umarmte die Mutter. Wie gut, daß Mutter schon für frische Semmeln zum Frühstück gesorgt hatte. Henni trippelte eifrig hin und her und deckte den Frühstückstisch. Es war ganz feierlich, all die neuen Sachen in Gebrauch zu nehmen – das hübsche Frühstücksservice, die blanke Kaffeekanne, die Eierbecher.

Während Knut im Bad war, brachte sie im Nu die Betten in Ordnung, drückte auf den richtigen Knopf – schwupp, war die Couch da! Henni lachte aus purer guter Laune. Wirklich, die Möbelfabrikanten waren erfinderisch. Sie mußte daran denken, was Knut gesagt hatte, als sie die Möbel besichtigten:

„Glaubst du nicht, wir könnten eine geschickte Kombination von Bücherbord, elektrischem Heizofen und eingebautem Bad auftreiben?"

„Henni", sagte Mutter, „ich habe deine Eier herausgenommen, du hattest sie sicher vergessen."

„Nein, Mutti, es sind genau viereinhalb Minuten vergangen."

„Knut will seine drei Minuten gekocht haben", erklärte Mutter und reichte Henni den Teller mit den eingehüllten Eiern.

Nun hätte Henni es ja dabei lassen können – aber nein! Sie zündete das Gas erneut an, setzte das Wasser wieder auf, legte ein Ei hinein und blieb stehen, dabei steif auf die Uhr starrend, bis einundeinehalbe Minute vergangen waren.

Sie sagte nichts, und Mutter sagte nichts, und sie waren nachher genauso freundlich zueinander.

Aber beide wußten, Henni hatte etwas getan, nur ein klein wenig, ein ganz, ganz klein wenig, eine Kleinigkeit, so, wie *sie* es eben haben wollte.

„Liebes Herz", sagte Mutter, als Knut gegangen war und Henni sich über das Abwaschen hermachte, „das bißchen Geschirr kann ich doch zusammen mit meinem eigenen abwaschen. Du hast sicher genug zu tun."

Henni lächelte. „Oh, du unvernünftige Mutter, wie soll denn das gehen, wenn du mich vom ersten Augenblick an so verwöhnst?"

Henni wusch auf und trocknete ab mit einem der hübschen rotkarierten Geschirrtücher, auf die sie das rote „T" gestickt hatte, und sie war glücklich und fühlte sich als Hausfrau.

Aber dann mußte sie auch nachher wie ein Blitz sein, um rechtzeitig ins Büro zu kommen. Sie war sich klar darüber, später als sieben durfte sie nicht aufstehen, wenn sie die häusliche Morgenarbeit tun und ein ordentliches Zimmer hinterlassen wollte.

Es standen Blumen auf Hennis Schreibtisch beim Anwalt. Es wurde gratuliert und ein wenig geneckt. Sonderbar, hier vertrug Henni das Aufziehen und ein paar Zweideutigkeiten von der munteren Buchhalterin, während sie gestern abend es als peinlich empfunden hatte, als Mutter die unschuldige Bemerkung machte, sie sähe strahlend aus.

Verflixt nochmal! Jetzt hatte sie vergessen, sich ein Frühstückspaket zu richten!

Sie trank ihren Vormittagskaffee, ohne etwas dazu zu essen, und war bärenhungrig, als sie heimkam. Es war herrlich, als ihr leckrer Essensduft im Vorzimmer entgegenschlug, und wundervoll, gleich zu Tisch gehen und sich an gutem, wohlzubereiteten Essen sattessen zu können.

„Mutti, du hast mir das Leben gerettet", lachte Henni. „Ich war halbtot vor Hunger! Ich glaube fast, Erbsen, Pökelfleisch und Speck werden auch mein Lieblingsgericht werden."

Mutter lächelte glücklich. „Es macht mir Freude, für zwei Kinder sorgen zu können. Jetzt seid ihr müde, nicht? Geht und macht ein Mittagsschläfchen. Darf ich euch zum Kaffee einladen, oder ..."

Henni war dösig vor Müdigkeit und Sattheit.

Der Gedanke an ein Schläfchen und dann geweckt zu werden mit einer Tasse von Mutters gutem Kaffee war zu verführerisch.

„Wenn du so leichtsinnig bist, uns so etwas anzubieten", sagte Henni, „dann mußt du auch die Folgen tragen."

„Ausgezeichnet", sagte Mutter. „Kaffee in einer Stunde also. Ich schlummere auch ein bißchen. Ich lege mich in mein Bett, so kann eins von euch hier auf dem Divan liegen und eins auf eurer Couch, dann braucht ihr nicht die Betten auszuziehen."

Henni war im Begriff etwas zu entgegnen, überlegte es sich jedoch. In Mutters Gegenwart wollte sie nicht sagen, daß sie am liebsten ihr Mittagsschläfchen mit dem Kopf auf Knuts Schulter halten wollte.

Aber wenn Mutter sich zurückgezogen hatte, dann würden sie und Knut sich schon einigen, wo geschlafen wurde.

Die Tage vergingen. Henni sprang morgens um sieben Uhr aus dem Bett, räumte auf, staubte ab, bereitete ein liebevolles Frühstück. Knut sollte nicht das Gefühl von Hast und Schlamperei haben. In der Lunchpause im Büro flog sie aus und machte Einkäufe. Und nach Büroschluß eilte sie heim, um das Mittagessen fertig zu haben, wenn Knut eine Stunde später kam.

Sie war froh über ihre Mansardenerfahrungen, sie verstand die Kunst, eine Mahlzeit rasch und mit leichter Hand zu bereiten. Eine lange gekochte Fleischsuppe ist natürlich sehr gut, und ein solider Fleischpudding schmeckt herrlich, aber so etwas kann man nicht in einer halben Stunde zaubern. Würstchen mit Kartoffelsalat sind auch gut, und ein rasch gebratenes Kotelett mögen alle Mannsleute. Wenn man dann das Essen noch mit einem Rohkostsalat belebt oder mit frischem grünen Salat, hat kein Mann Grund zur Klage.

Knut beklagte sich auch nicht. Im Gegenteil. Er lobte seine tüchtige kleine Frau, und Henni war glücklich.

Wenn sie am Sonntag keine Tagestouren machten, nicht auswärts aßen oder sich mit mitgebrachten belegten Broten begnügten, benützte Henni die Gelegenheit, „ordentliches Essen" zu kochen. Essen, das gerührt und bearbeitet werden mußte, und Nachtisch, der geschlagen, gekocht und abgekühlt wurde. Aber sie merkte, daß sie aus der Übung gekommen war mit „wirklichem" Kochen. Das alltägliche, einfache und leichte Kochen ging fein, es kam ja nur darauf an, das wohlbekannte Junggesellinnenessen in größeren Mengen herzustellen. Aber die komplizierteren Sonntagsgerichte, an denen sie sich versuchte, waren nicht immer geglückt. Es kam schon vor, daß die Creme zu dünn wurde und das Gelee Klümpchen hatte, und ihr erster Fleischpudding war eine kleine Katastrophe. Sie hatte doch wirklich so vorsichtig zugegossen und so gut geknetet, fand sie. Trotzdem wurde die Fleischfarce „kurz" und der Fleischpudding schwamm als harter Kloß in einer Masse dünner Brühe.

Sie bat Knut um Entschuldigung.

„Mehr Glück nächstesmal", lächelte er. „Übrigens frage doch Mutter, sie kann dir helfen. Sie tut es mehr als gern."

Ja, warum fragte sie die Mutter nicht?

Das war etwas, was Henni sich selber nicht beantworten konnte. Hätte sie die Kunst der Psychoanalyse beherrscht, dann hätte sie ihren Hemmungen einen klaren Ausdruck geben können: Dann hätte sie gewußt, daß Mutter zu bereitwillig, zu hilfsbereit war, zu leicht geneigt, Henni wie ein süßes kleines Mädchen zu behandeln und nicht wie eine ernsthaft arbeitende junge Frau. Henni hätte gewußt, daß es ihr Drang nach Selbständigkeit war, der danach strebte, sich geltend zu machen. Und noch etwas: Die alltägliche Arbeit, ob es nun die Zubereitung eines Puddings oder Staubwischen war, sie tat es doch für Knut, den Mann, den sie liebte. Es waren stille, kleine Liebesbeweise für den Mann ihres Lebens. Wenn sie Kochlöffel und Quirl handhabte, ähnelte ihr Gefühl der Zärtlichkeit, mit der sie Knut über den Kopf strich.

Mit der Mutter stand sie sich ja ausgezeichnet. Henni war sehr aufmerksam. Sie hatte sich angewöhnt, jeden Samstag Blumen oder Schokolade mitzubringen. Sie fragte immer, ob Mutter gut geschlafen habe, sagte immer nett guten Morgen und gute Nacht und war höflich und betrat nie Mutters Zimmer, ohne anzuklopfen. Aber es wurde nicht mehr so viel geredet wie früher. Die Sehnsucht nach einer Mutter, die Henni gehabt hatte, die Freude, mit einem klugen, liebevollen Menschen zu reden, das gehörte jetzt der Vergangenheit an; denn nun hatte sie ja Knut.

Knut war ihr ein und alles. Sie hatte ihn unbeschreiblich lieb gehabt in der Verlobungszeit. Jetzt, da sie ineinander aufgingen, da das junge Mädchen eine Frau geworden war, liebte sie ihn noch inniger und brauchte sonst niemand mehr.

Henni war sich kaum bewußt, daß sie Mutter nicht mehr um Rat fragte. Sie hatte sich nie die Mühe gemacht, sich selbst zu analysieren. Sie tat es auch jetzt nicht. Das Leben war nicht sonderlich kompliziert für sie gewesen. Wohl hatte sie in ihrer Kindheit eine Mutter vermißt, aber das war ein Mangel, keine Komplikation. Sie hatte ihre Ausbildung erhalten, und als Vater starb, eine Stellung angenommen. Sie hatte Knut kennengelernt, sie liebte ihn, sie hatte sich mit ihm verheiratet, sie wohnte mit ihm bei der Schwiegermutter. Das waren die einfachen Tatsachen, mit denen sie rechnete, und sie gab sich absolut nicht mit psychologischen Studien ab, weder bei sich noch bei anderen.

Darum kam sie auch leicht über die kleinen Enttäuschungen hinweg, die der Alltag mit sich brachte. Das Leben ging weiter, und es gab immer etwas, worüber man sich freuen konnte. Selbst wenn Kleinigkeiten im Augenblick das Glück trübten, so verblaßten sie doch wieder, weil Henni sie nicht aufrührte und damit verstärkte.

Das konnte gut und konnte auch schlecht sein. Wer es gelernt hat, sich durch kleine Schwierigkeiten hindurchzukämpfen, wird auch besser mit großen fertig, wenn sie kommen. Wer Kleinigkeiten hat vorübergleiten lassen, steht unerfahren und hilflos da, wenn Schwierigkeiten auftauchen, die so groß sind, daß man nur mitten durch sie hindurch und nicht außen herum kommt.

Eines Tages rief Monika an.

„Hallo, Henni, bist du immer noch so jung verheiratet, daß man mit dir nicht sprechen kann, oder kannst du dich Mittwoch losreißen und zu meiner Geburtstagsparty kommen? Bloß Mädels, Hermann geht in seinen Klub und hat versprochen, mindestens bis ein Uhr wegzubleiben. Kommst du? Um acht Uhr, das gute Kleid anziehen!"

Bei solchen Anlässen kam Mutters Hilfe gelegen. Henni mußte zum Frisör, da paßte es gut, daß Knut bei Mutter essen konnte und Henni aufgewärmtes Essen vorfand, als sie heimkam.

Nach dem Kaffee bei Mutter blieben sie noch ein wenig sitzen und plauderten. Die Zeitung kam, und Knut nahm sie wie selbstverständlich an sich. Henni lachte.

„Knut, du bist im Grunde ein schrecklicher Egoist. Kannst du dir nicht denken, daß Mutter ihre Zeitung gern vor dir lesen würde?"

Knut sah auf, völlig verständnislos. Schon als kleiner Junge hatte er sich immer als erster über die Zeitung hergemacht. Und – „ihre Zeitung"? Knut hatte nie darüber nachgedacht, wessen Zeitung es war, er hatte es nie nötig gehabt, zu unterscheiden zwischen den Begriffen „mein" und „dein" und „unser".

Aber er lächelte Henni gutmütig an. „Du hast vielleicht recht – bitte, Muttchen, ich dachte nicht daran..."

„Lieber Knut, lies du nur deine Zeitung in Ruhe, wie es immer Brauch bei uns war", sagte die Mutter. Man konnte nicht sagen, daß ihre Stimme scharf war. Auch nicht unfreundlich. Vielleicht waren es die Worte: „Wie es immer Brauch bei uns war", die Henni veranlaßten, aufzustehen, sich für den Kaffee zu bedanken. Sie müßte sich nun umkleiden.

Henni zog ihr hübsches Nachmittagskleid an. Es war im Rücken zu knöpfen, und es war Knuts größtes Vergnügen, ihr dabei zu helfen, mit so viel zärtlichen Unterbrechungen, wie es Knöpfe gab.

Aber Knut saß nebenan bei Mutter, und Henni hörte nur ab und zu das Rascheln der Zeitung. Sie reckte sich so gut es ging und knöpfte das Kleid selbst zu. Und wußte selbst nicht, warum sie Knut nicht bat, ihr zu helfen.

„Da haben wir ja die Flitterwöchnerin! Gratuliere, Henni. Du bist doch wohl noch verheiratet? Oder?"

Ach, Monika war doch zu schauderhaft mit ihren frechen

Reden! Frech war sie auch schon in der Schulzeit gewesen, aber da hatte Henni nur gelacht und sich amüsiert. Warum sollte sie jetzt empfindlicher sein?

„Wie geht's denn? Kochst du in schöner Eintracht mit Schwiegermama, oder ..."

„Monika, du Quatschkopf! Es geht großartig, wie ich ja von vornherein sagte. Mutter und ich sind die besten Freunde der Welt. Und im übrigen hat jede von uns ihren eigenen Haushalt."

Hennis Stimme klang eifrig. Monika warf ihr einen raschen Seitenblick zu und antwortete nicht. Es klingelte, und sie hatte zu tun, die andern Gäste zu empfangen.

Henni setzte sich hin und sah sich um. Monika hatte Geschmack, das ließ sich nicht leugnen. Die Blumen, die Farben, das große Fenster mit den exotischen Pflanzen, und Monika selbst in einem mattgrünen Kleid – schön zu dem schwarzen Seidenhaar!

Sie strömten herbei; die Freundinnen aus der Schulzeit, das heißt die, welche zur „Clique" gehört hatten und noch in der Stadt wohnten. Da kam Randi, die noch nicht mit ihrem Studium fertig war – sie studierte Medizin. Da kam Turid, die Leiterin eines Kindergartens war, da kam Eva die Sekretärin, die sich mit neunzehn Jahren verlobt hatte und immer noch verlobt war und sich eine Wohnung wünschte, da kam Signe, die seit vorigem Jahr verheiratet war und bereits ein Baby hatte.

Monikas kleine Mansarde war gesteckt voll.

„Sechs ist das Maximum", sagte Monika. „Wenn wir hier

essen wollen, dürfen es unmöglich mehr sein. Signe, setz dich drüben aufs Sofa zu Henni, ihr Ehefrauen müßt zusammenhalten. Nein, Randi, nicht in diesen Stuhl, da muß ich sitzen, damit ich in die Küche kann."

Es war nett, wieder mit den Freundinnen beisammen zu sein. Fragen und Antworten flogen über den Tisch, während Monikas gutes Essen verspeist wurde.

Wirklich, Monika war geschickt. Die kleinen delikaten Pasteten mit dem raffiniert gewürzten Inhalt glitten wie von selbst hinunter. Alles war amüsant und apart. Die kleinen bunten Sets auf der blanken Tischplatte, der leichte Landwein in dem dickbauchigen Tonkrug, altes Zinn, Holzsachen und Keramik in einer bunten Mischung – Henni genoß alles. Einen Augenblick gingen ihre Gedanken zu Mutters Mittagstisch und Mutters solidem Essen. Sie erinnerte sich an die Frikadellen, die sie zu Mittag gehabt hatten, hübsch serviert, auf einer geblümten Platte, auf einem weißen Tischtuch. Alles war sehr hübsch, aber bei Monika war alles so prickelnd amüsant.

„Monika, ich muß unbedingt das Rezept für diese Pastetenfüllung haben. Knut wird dir dafür einen Dankesbrief schreiben."

„Kochst du denn, Henni?" fragte Turid. „Ich dachte, du bleibst davon verschont, da du doch bei deiner Schwiegermutter wohnst."

„Aber gewiß koche ich! Hört euch das an!"

„Wie findest du dazu Zeit, wo du doch dein Büro hast?"

„Ach, ich verstehe mich auf die Kunst, in einer halben

Stunde ein Mittagessen herbeizuzaubern."

„Ja, das geht, solange man nur für sich zu sorgen hat. Aber wie bringt dein Mann es fertig, deine fertiggekauften Fischfrikadellen zu essen, wenn es nach Mutters Erbsen, Pökelfleisch und Speck duftet?"

Warum mußte Turid ausgerechnet Erbsen, Pökelfleisch und Speck beschwören? Hennis Stimme klang beinahe hitzig, als sie antwortete.

„Fertiggekaufte Fischfrikadellen! Glaubst du, das ist das einzige, was mein Mann vorgesetzt bekommt?"

Monika horchte auf beim Klang von Hennis Stimme. Sie warf ihre schwarze Mähne zurück und lachte.

„Nicht so hitzig, Henni! Ich verstehe wohl, was Turid meint. Es ist gut und schön, die Küche mit einem angenehmen Menschen gemeinsam zu benutzen, solange es glatt geht. Aber wenn man einmal Pech hat oder eine Sache verpfuscht, kann es einen schon nervös machen, dabei beobachtet zu werden. Ich bin heilfroh, daß ihr nicht gesehen habt, wie ich die Pastetenfüllung gemacht habe. Ich habe etwas anbrennen lassen, was hinein sollte, und habe dann etwas ganz anderes dazu getan. Aber Hauptsache, daß das Ergebnis zufriedenstellend ist. Es kommt auf das Resultat an."

„Meine Schwiegermutter belauert mich aber nicht."

„Nein, nein, da hast du ja Glück."

Signe sah nachdenklich aus. „Ich bin oft verzweifelt darüber, wie wenig Platz wir haben. Jörgens Junggesellenwohnung ist ja nicht für ein Ehepaar mit Kind berechnet. Und die sogenannte Küche ist nicht größer als ein besserer Kleiderschrank. Trotzdem muß ich sagen, es ist herrlich, alles für sich allein zu haben, daß keine Seele da ist, mich zu kritisieren, wenn ich einmal das Fußbodenwischen überschlage oder keine Zeit finde, die Betten zu machen. Ich bin nur mir selbst und Jörgen verantwortlich."

Henni schwieg. Nicht eine Seele kritisiert, hatte Signe gesagt. Nun ja, aber Mutter kritisierte doch wirklich nicht. Nein, das tat sie nicht. Mutter war großartig, sie dachte nur daran, alles so gut und behaglich wie möglich für ihre Kinder zu machen.

„Aber du, Henni", es war die verlobte Eva, die sprach, „findest du es nicht sehr anstrengend, den ganzen Haushalt zu haben, wenn du vormittags im Büro gearbeitet hast? Ich muß ja auch meine Stellung behalten, wenn ich heirate."

„Oh", Henni zögerte ein wenig, „es ist schon anstrengend auf eine Weise. Es gibt ja im Grunde viel mehr zu tun, als ich gedacht habe, und ich möchte es doch gern schön halten."

„Da haben wir es", rief Monika. „Du willst es hübsch halten, weil du nicht allein bist. Es gibt unzählige junge Frauen, die solche Doppelarbeit bewältigen, weil sie sich einrichten können, wie sie wollen und nur sich selbst und ihrem Mann gegenüber verantwortlich sind. Aber wenn man die Küche mit jemand teilen muß, ist man natürlich ewig nervös, weil dieser ‚Jemand' kritisieren könnte, daß das Aluminium nicht blank genug ist oder der Abwasch eine halbe Stunde zu lange stehenbleibt."

Henni fühlte, daß Monikas Worte einen wunden Punkt bei ihr getroffen hatten. Gerade deshalb antwortete sie laut und eifrig.

„Ja, aber meine liebe Monika, dieser ‚Jemand' ist in diesem Falle Knuts Mutter, und sie ist so voller Verständnis."

„Und außerdem wette ich, daß Knut beim Abwaschen hilft", warf Eva ein.

„Du bist ledig und voller Illusionen, mein Kind", sagte Monika. „Sieh mich an, ich bin auch ledig, aber glücklicherweise ohne Illusionen. Oder, wie ist das, Henni, zieht sich dein Knut gleich die Jacke aus und stürzt sich über den Abwasch, wenn ihr gegessen habt?"

„Nein, jetzt müßt ihr aber wirklich die arme Henni in Frieden lassen", sagte Signe. „Nicht wahr, Henni, wir wollen kleine Haushaltsgeheimnisse für uns behalten. Außerdem bist du erst so kurz verheiratet, daß du es sicher noch nicht über hast, in dem molligen kleinen Nest herumzupusseln. Heißt es nicht so?"

Henni brauchte nicht zu antworten, und sie war froh darüber. Nie im Leben hätte sie erzählt, daß Knut gleich nach dem Essen in einem Lehnstuhl versank, mit seiner Zeitung oder einem seiner geliebten Bücher. Er war ein Bücherwurm, und Henni war froh darüber, denn was wußte er doch alles, was hatte er doch alles aus seinen Büchern gelernt! Er las selten einen Kriminalroman oder anderen leichten Stoff, sondern hatte von Kindheit an gute Literatur gelesen.

Henni hatte nie darüber nachgedacht, daß Knut in dieser Lektüre einen Ausgleich fand für seine trockene Büroarbeit und daß Bücher ihm soviel gaben, daß er sich im Dasein zurechtfand und ganz selbstverständlich bei seinem Beruf blieb, bis zu einer höheren Gehaltsstufe, wie es sein Vater vor ihm getan hatte. Übrigens, wenn sie Knut darum bat, würde er ihr sicher helfen. Ja, ganz sicher.

Eva begann eine Begebenheit aus ihrem Büro zu erzählen, und Turid mußte eine putzige Sache aus dem Kinderheim berichten, und das wiederum erinnerte Randi an eine Geschichte aus der Schulzeit, und damit waren sie beim „Erinnert ihr euch“ angekommen, eine Unterhaltung, die alte Schulkameraden nie ermüdet.

Sie tranken dem Geburtstagskind zu, und Monika erzählte, daß sie eine neue Stellung bekommen hatte, als Redaktionssekretärin bei einer Frauenzeitschrift. So wurde aufs neue gratuliert und die Zeit flog dahin.

Sie verflog so rasch, daß sie gestört wurden von einem Schlüssel in der Wohnungstür.

„Hilfe“, sagte Monika, „jetzt hat Hermann einen Skandal gemacht und ist aus dem Klub geflogen oder – nein. Wahrhaftig, die Uhr ist eins!“

„Das überwältigt mich“, sagte Hermann, „so viel weibliche Schönheit auf einmal! Guten Abend, meine Damen, nein, tatsächlich, da haben wir das Gottesengelchen auch wieder, das mit der Schwiegermutter. Na, kleine Leidensgenossin, sind Sie noch ebenso optimistisch, oder brauchen Sie Trost von einem alten Onkel?“

„Glücklicherweise nicht“, lachte Henni. „Ich fürchte sehr, der Trost, den Sie mir geben könnten, würde ziemlich... ziemlich...“

„Negativ sein“, sagte Monika.

„Zweifellos, kleiner Gottesengel, zweifellos. Wissen Sie, ich war einmal verliebt in ein Mädchen. So verliebt, daß ich sie heiratete. Dummheit Nummer eins. Wir wollten nicht warten, wir hatten keine Geduld. Dummheit Nummer zwei. Nahmen mit Freude das Angebot von eineinhalb Zimmern bei Schwiegervater und Schwiegermutter an. Dummheit Nummer drei. Nach einem Monat beschränkte sich mein Verkehr mit den Schwiegereltern darauf, daß ich ‚guten Morgen' und ‚guten Abend' sagte. Meine Geliebte weinte abwechselnd bei mir und bei Mama. Nach zwei Monaten weinte sie nur noch bei Mama. Und nach drei Monaten war ich bloß noch ein Fremdling in dem schwiegerelterlichen Heim. Und nun ist meine Jugendgeliebte verheiratet mit einem korpulenten Großhändler mit Einfamilienhaus in einem Villenvorort."

Es wäre zu viel gesagt, daß Hermann Krage angeheitert oder gar betrunken war. Aber ganz alkoholfrei war es wohl im Klub nicht zugegangen; seine Stimme und seine Redseligkeit deuteten jedenfalls darauf, daß er sich einiges genehmigt hatte. Er füllte das Glas seiner Schwester und trank es aus.

„Sie sind doch der blasierteste Mensch, den ich je getroffen habe", sagte Signe. „Sie müssen doch im Namen der Gerechtigkeit auch den Einsatz sehen, den diese verhaßte Klasse, die Schwiegermütter, leisten, gerade in unserer Zeit, wo so viele junge Frauen eine Stellung haben. Meine Schwiegermutter kommt und hütet das Kind, wenn Jörgen und ich ausgehen, nicht zu reden davon, daß sie für mich näht und flickt. Aber ich will einräumen, daß ich nicht gern mit ihr zusammenwohnen möchte."

„Sehen Sie, Gnädigste, da ist mein kleiner Gottesengel weitergekommen als Sie. Sie hat wirklich Mut, einen Löwenmut, muß man sagen. Aber denken Sie trotzdem an das, was ich gesagt habe, Engelskind. Kommen Sie zu Onkel, es ist besser, in gegebenen Augenblicken an einer fremden Schulter zu weinen. An einer – sozusagen erfahrenen Schulter."

Die andern lachten, Hermann Krage war zweifellos charmant, wie er dastand und philosophisch in sein Glas starrte, das er noch in der Hand hielt. Seine Züge waren schön, und das bittere kleine Lächeln verlieh ihm einen gefährlichen Reiz.

„Kind hüten!" murmelte er. „Ja, natürlich. Aber Sie haben ja noch kein Kind, kleiner Gottesengel, nicht wahr? Sie brauchen ja die Sorge nicht vorwegzunehmen."

„Nein", sagte Henni, „das ist falsch ausgedrückt. Die Freude vorwegzunehmen muß es heißen in diesem Fall."

„Jetzt werdet ihr mir zu ernst", lachte die Wirtin. „Hermann, du bist ein ungesunder Verkehr für Henni. Setz dich hin und erzähl ein paar amüsante Geschichten, aber denk bitte daran, daß du in Damengesellschaft bist."

Hermann setzte sich ungeniert auf die Sofalehne neben Henni. Er erzählte ein paar putzige Geschichten, er erzählte sie mit Witz und Geist, und die ganze Gesellschaft amüsierte sich köstlich.

Es war überhaupt ein lebhafter und wohlgelungener Abend. Henni dachte, wenn sie selbst Geburtstag hatte, würde sie auch eine solche Mädchenparty geben. Knut? Nun, Knut konnte ja zur Mutter gehen.

War es vielleicht nicht herrlich und praktisch, eine Schwiegermutter zu haben?

Henni wiederholte das sich selbst gegenüber, als sie im Taxi heimfuhr. Sicher war das herrlich und praktisch. Und sie dachte daran, was Signe gesagt hatte von den treuen Großmüttern. Sie hörte noch Hermanns spöttische Stimme in den Ohren: „Diese Sorge!"

Nein, ein Kind mit Knut zu haben würde gewiß keine Sorge sein. Großer Gott – konnte man sich etwas Schöneres auf der Welt denken?

Aber natürlich müßten sie dann eine eigene Wohnung haben. Es würde herrlich sein, das Kind allein zu haben – nur sie und Knut.

Denn wenn ein Kleines kam, während sie noch bei Mutter wohnten, so –

Henni war müde. Und ihre müden Gedanken hatten plötzlich ein großes und unlösbares Problem zu verarbeiten. Sie und Knut hatten wohl in heißen Stunden davon gesprochen, wie wunderbar das sein würde, wenn –. Aber, nein, dachte Henni, vorläufig haben wir genug aneinander.

Damit schob sie das Problem zur Seite.

Knut schlief schon. Als sie Licht machte, wachte er auf und lächelte sie schlaftrunken an.

„Bummlerin", murmelte er. „Wie hübsch du aussiehst, kleine Hexe. Komm her und laß dir das Kleid aufknöpfen. Wer hat es übrigens zugeknöpft, wenn ich fragen darf?"

„Ich selbst."

„Aha, die Gnädige kann es also, wenn sie will! Warum hast du mich nicht gerufen?"

„Du warst ja bei Mutter."

„Und deshalb konntest du nicht rufen? Hast du Hemmungen, kleines Schaf?"

Knuts Hände fanden die dichte Knopfreihe. Seine Finger strichen behutsam über den Nacken mit dem weichen goldenen Flaum. Er setzte sich im Bett auf und knöpfte langsam ihr Kleid auf. Die Fingerspitzen machten kleine Pausen und Abstecher.

Hennis Haut schimmerte matt und weiß im gedämpften Schein der Nachtlampe.

Henni konnte nicht begreifen, woran es lag. Sie war von Natur aus geschickt und praktisch, aber jetzt ging einfach alles schief.

Es fing mit einer Kleinigkeit an, nämlich damit, daß sie eines Tages die Suppe versalzen hatte.

„Du bist sicher zu verliebt“, lachte Mutter gutmütig.

„Ich mag es gern, wenn das Essen würzig schmeckt“, entgegnete Henni. Sie ließ die Suppe weiterkochen und machte sich etwas im Zimmer zu schaffen. Als sie wiederkam, sagte Mutter: „Nicht, daß ich mich in deine Sachen einmischen will, Henni, aber koste diese Suppe! Ich habe eben einen Löffel probiert, und ich muß sagen, nach meinem Geschmack ...“

„Die ist auch nach meinem Geschmack gekocht!“ Etwas

später kostete Henni und wurde flammend rot. Mutter hatte recht. Diese Salzlauge konnte sie Knut unmöglich vorsetzen. Wütend goß sie die Suppe in den Ausguß.

„Aber liebes Herz“, sagte Mutter, „das brauchtest du doch nicht zu tun. Du hättest sie verlängern und eine rohe Kartoffel hineinlegen können, die hätte einen guten Teil des Salzgeschmacks an sich gezogen.“

„Ach, laß mich in Frieden!“ stieß Henni unwirsch hervor.

Mutter sah sie an und sagte weiter nichts.

Henni war sich nicht bewußt, daß in ihr Herz Drachensaat gesät war. Wenn man Pech hat, macht es einen nervös, beobachtet zu werden, ungefähr so hatte Monika gesagt. Ach, warum konnte sie sich nicht durch ihre Irrtümer allein durchkämpfen ohne Mutters freundliche Stimme! Nicht, daß Mutter ihr Vorwürfe machte, durchaus nicht. Mutter war immer hilfreich, immer interessiert. Interessiert, jawohl!

Gerade das war es, was Henni auf die Nerven ging. Das Bewußtsein, ständig beobachtet zu werden, selbst wenn es gute und liebevolle Augen waren, die sie beobachteten, das machte sie ungeschickt und reizbar, und ein kleines Mißgeschick folgte dem anderen. Wenn sie allein gewesen wäre, hätte sie darüber gelacht, aber es ärgerte sie, daß sie eine Zeugin hatte.

Aber Knut lachte alles fort und war mild und liebevoll zu ihr, und die Stunden, die sie für sich allein hatten, gaben tausendfach Ausgleich für die kleinen Ärger in der Küche.

Knut war sterblich verliebt in seine Frau. Und je näher sie sich kamen, desto lieber hatte er sie. Wenn er vom Büro heimkam, stürzte sie sich in seine Arme – sie lächelten einander über den Mittagstisch zu – Henni machte ihr Mittagsschläfchen in der Beuge seines Armes, und ihr eheliches Zusammenleben war die schönste Harmonie.

Knut und Henni hatten gewissermaßen noch immer Flitterwochen.

Frau Thorheim sah nicht viel von ihrem Jungen. Die ersten Tage nach der Hochzeitsreise war er oft auf einen Sprung bei ihr gewesen, hatte in ihrem Zimmer gesessen nach alter Gewohnheit, aber er wurde mehr und mehr von seiner kleinen Frau in Beschlag genommen. Sie erfüllte ihn immer mehr, so daß er keinen Gebrauch hatte für anderes und andere. Frau Thorheim sagte nichts.

Natürlich war sie froh, daß ihr Junge glücklich war, daß er es so gut hatte.

Abends saß sie mit einer Handarbeit in ihrem Zimmer und hörte gedämpft die Stimmen aus dem Eckzimmer. Manchmal lachten sie, dann wieder flüsterten sie. Und dann gab es lange Pausen.

Oft sah sie Knut überhaupt nur am Morgen und wenn er mittags heimkam. Und am Abend steckte er den Kopf zur Tür herein. „Na, Muttchen, wie geht es dir? Ich wollte dir nur gute Nacht sagen. Ich ... wir geh'n jetzt schlafen."

Dann legte Frau Thorheim auch ihre Handarbeit zusammen und ging in ihre Kammer. Sie fühlte sich einsam. Unwillkürlich bewachte sie ihren Sohn aus der Entfernung. Ob er auch die Betreuung hatte, die er haben sollte – die gute Verpflegung, an die er gewöhnt war?

Ohne sich dessen bewußt zu sein – oder richtiger, ohne den

Grund zu wissen –, richtete sie sich so ein, daß sie gleichzeitig mit Henni in der Küche arbeitete. Sie wußte selbst nicht, wie viele rasche kleine Blicke von ihr zu dem Tisch gingen, an dem Henni rührte und hackte und schälte. Aber Henni merkte es nur allzu gut. Sie fühlte sich belastet und irritiert.

„Henni", sagte Mutter, „Montag sind wir dran mit der Waschmaschine im Keller. Ich glaube, das einfachste ist, daß ich die ganze Wäsche wasche, findest du nicht?"

„Du sollst dir nicht so viel Mühe machen", entgegnete Henni. „Ich könnte ja unsere Sachen in eine Wäscherei bringen."

„Dazu würde ich dir nicht raten", sagte Mutter. „Man riskiert dabei, daß die Wäsche allzu schonungslos behandelt wird. Für mich spielt es keine Rolle, ich tue es gern."

„Wenn Mutter wirklich will", mischte Knut sich ein, „finde ich, sollten wir tausend Dank sagen, Henni. Es ist ja nicht leicht für dich, es selber zu machen. Wo du doch die Büroarbeit hast."

„Ja", kam es zögernd von Henni, „wenn Knut findet, daß es angeht, so sage ich natürlich vielen herzlichen Dank."

Henni half der Schwiegermutter, die Wäsche zu legen und zu mangeln. Das ging in Frieden, Harmonie und Freundschaft.

Heute habe ich einen Haufen Wäsche zu bügeln, dachte Henni. Und dann muß ich noch Knuts Socken stopfen. Sie fühlte sich ganz als Frau und Hausmutter und freute sich auf die Arbeit. Ihre eigenen Sachen hielt sie instand, weil sie ordentlich war, aber die von Knut in Angriff zu nehmen, das war ein Erlebnis, da es das erstemal geschah.

Henni tanzte beinahe über die Straße, als sie das Büro verließ. Gut, daß sie so viel vom Hammelragout von gestern übrig hatte und kein Mittagessen zu kochen brauchte. Zum Nachtisch konnten sie Kirschen essen. Und nach dem Abwaschen wollte sie sich gleich ans Werk machen.

„Hallo, Mutti!"

Henni war in so guter Laune, daß sie zärtlich war gegen alles und alle. Warum sollte sie nicht besonders zärtlich sein gegen Mutter, die so gut zu ihr war? Rasch riß sie die Kostümjacke herunter. Wie warm es heute war!

Pfeifend öffnete Henni die Kommodenschublade, aber plötzlich hörte sie zu pfeifen auf. Der Sonnenschein über ihrem Gesicht war weggewischt, ihre Augen füllten sich mit Tränen. Da lagen Knuts Hemden, gebügelt und ordentlich zusammengelegt, seine Taschentücher, die Pyjamas, daneben die Wollsocken, gestopft, in Reih und Glied ausgerichtet.

Henni schluckte und schluckte. Und dann strömten die Tränen ungehindert. Würde sie denn nie etwas anderes sein als eine süße kleine Puppe für Schwiegermutter? Würde es ihr denn nicht erlaubt sein, für Knut etwas anderes zu sein als eine – eine Geliebte?

Wollte man ihr nicht einmal so viel anvertrauen, wie seine Sachen in Ordnung zu halten? Glaubte Schwiegermutter, daß sie zu nichts taugte? Sollte sie immerzu riskieren, daß ihre Schubladen geöffnet und geordnet wurden von einem anderen Menschen? War sie denn nicht eine erwachsene, verheiratete Frau?

Je mehr sie darüber nachdachte, desto verletzter fühlte sie sich, und die ganze Geschichte nahm Riesendimensionen an.

Da hörte sie Mutters Schritte im Vorzimmer. Soso! Jetzt begann sie wohl zu überlegen, warum Henni nicht mit dem Kochen anfing.

Laß sie nur, dachte Henni wütend. Das ist mein Mittagessen, und das ist mein Mann. Zu allererst ist es mein Mann und dann erst ihr Sohn. Und das werde ich noch in ihren Kopf hineinbringen.

Ihre Tränen versiegten. Die Enttäuschung wich einem verbissenen Trotz. Nein, Schwiegermutter sollte nicht sehen, daß sie geweint hatte.

Henni wusch sich die Augen und puderte sich, ehe sie in die Küche ging. Schweigend fing sie an, das Ragout aufzuwärmen.

Mutters Augen folgten ihr. „Na? Heute schon wieder Ragout? Hattet ihr das nicht gestern?"

„Ja", antwortete Henni. „Wie du weißt."

Mutter sagte nichts mehr. Die Stille war angefüllt mit ungesprochenen Worten: Mein armer Junge, er ist es nicht gewöhnt, dasselbe Essen zwei Tage hintereinander zu bekommen, ich hätte das anders gemacht.

Henni fühlte Mutters Gedanken, und Zorn stieg in ihr hoch. Aber sie biß die Zähne zusammen und rührte fleißig im Topf.

Mutter beobachtete sie weiter. Da waren keine Anzeichen für Suppe oder Nachtisch, und nun mußte Knut in ein paar Minuten kommen.

„Du, Henni, ich habe so reichlich Polentapudding; vielleicht wollt ihr davon ein bißchen zum Nachtisch?"

„Nein danke, ich habe Nachtisch", antwortete Henni kurz.

Gleich danach kam Knut.

„Hallo, Mutter, hallo, Hennilein! Ich bin hungrig wie ein Wolf. Hier riecht es lecker. Soll es gebratene Flundern geben?"

„Nein", beeilte sich Henni zu sagen, „es ist Mutter, die gebratene Flundern hat. Wir haben den Rest vom Ragout. Geh nur hinein, Knut, du bekommst dein Essen sofort."

Knut schluckte die Enttäuschung sehr nett. Und Ragout ist ja wirklich gut, er haute ordentlich ein.

Nachher setzte Henni eine Schale Kirschen auf den Tisch. Sie war heute schweigsam. Sie wollte nicht mit Knut über die Sache mit der Wäsche reden, ehe Mutter in ihre Kammer gegangen war. Knut mußte begreifen, daß sie nicht wie eine zwölfjährige Göre behandelt werden wollte. Mutter sollte sie allein lassen mit ihren Schnitzern und Schwierigkeiten und zerrissenen Socken.

„Kirschen", sagte Knut. „Du mit deinen Vitaminen! Ich dachte, wir sollten Pudding haben, stand denn nicht so etwas in der Küche?"

„Das war Mutters!" sagte Henni. Plötzlich saß ihr ein dikker Knödel im Hals.

„Ach was, ich klaue einfach etwas davon", lachte er, und ehe Henni sich gesammelt hatte, um etwas zu sagen, war er in der Küche. Die Tür stand halb offen, Henni hörte seine muntere Stimme:

„Du, Muttchen, ich habe vor, etwas von deinem Pudding zu stibitzen –" und Mutters überströmende Antwort:

„Ja, mein Junge, nimm so viel du willst, du ißt doch Polentapudding so gern" – und nun war die Stimme nicht mehr so überströmend: „Ich habe ihn schon Henni angeboten, aber sie hatte einen Nachtisch, wie sie sagte."

„Das waren bloß Kirschen", sagte Knut. „Also tausend Dank, Muttchen!" Er kam zurück mit einem vollgefüllten Teller und vollem Mund.

„Willst du nicht kosten, Henni? Es ist phantastisch gut." Knut war munter und nichtsahnend.

Der Kloß in Hennis Hals fing an, gefährliche Dimensionen anzunehmen. Sie versuchte noch einmal, ihn zu verschlucken, aber es ging nicht. Sie beugte sich über den Tisch und heulte.

„Ja aber, Henni, was ist denn?"

Henni antwortete nicht. Die Tränen flossen reichlich.

„Was gibt es denn, Kleines?" Knut schob den Teller von sich und legte den Arm um ihre Schultern. „Was ist denn, mein Schatz, erzähl es mir. Wenn du Kummer hast, mußt du es mir sagen."

Henni schluckte und schluckte. Sie drückte ihren Kopf an Knuts Jackenaufschlag, und die Worte kamen stammelnd und ungeschickt.

„Mut-Mutter hat deine Wäsche gebügelt und deine Socken gestopft, und sie bemängelte, daß wir aufgewärmtes Essen haben, und sie wollte uns ihren Nachtisch geben."

Henni hörte selbst, wie dumm das klang.

„Ja aber, Henni! Ist das vielleicht zum Weinen? Sei doch froh daß du diese langweiligen Arbeiten nicht zu machen brauchst, mein Schatz! Du hast die Büroarbeit und die Hausarbeit. Mutter hat viel mehr Zeit und ist es gewöhnt, das zu tun."

„Ja, das ist sie gewöhnt, für dich zu kochen und dich zu – zu – verwöhnen, und sie ist unzufrieden mit dem Essen, das du bei mir hast."

„Henni, hör mal zu. Hat Mutter so etwas gesagt?"

„Nicht direkt gesagt, nicht mit Worten, aber ich fühle es."

„Nein, hör mal, nun malst du wohl einen gewissen Mann an die Wand. Übertreibst du nicht ein wenig? Du darfst nicht vergessen, daß Mutter daran gewöhnt ist, mich zu versorgen, und es ist wohl nicht so leicht, aus so einer alten Gewohnheit herauszukommen. Das nächstemal mußt du ihr sagen, daß du die Wäsche bügeln willst und sie es nicht selber machen soll."

Henni fuhr auf.

„So, nun fängst du auch an! Sie ist es also, die im Verhältnis zu dir ‚selber' ist – und ich dachte, ich wär's! Vergißt du, daß ich deine Frau bin? Hat sie nicht so viel Einsicht, daß sie ihre Finger von meinen Sachen halten kann? Ich will mich jedenfalls nicht so demütigen und darum betteln, die Wäsche bügeln zu dürfen."

Knut schüttelte den Kopf. Für ihn war alles so einfach. Mutter hatte immer für ihn gewaschen und gebügelt, und wenn es ihr Spaß machte, dies weiterhin zu tun, dann bitte gern! Henni sollte sich freuen, daß ihr diese Arbeiten abgenommen wurden.

Aber er konnte Henni nicht mit Logik beikommen. Deshalb begnügte er sich damit, sie zärtlich an sich zu drücken und mit seiner guten sanften Stimme zu sagen:

„Kleines Hennilein! Was haben denn meine Hemden zu sagen im Vergleich damit, daß wir uns liebhaben und das glücklichste Ehepaar der Welt sind? Laß doch unser Glück nicht gestört werden durch Wäsche und Socken oder einen Teller Polentapudding!"

Es klang so drollig, daß Henni durch Tränen hindurch lächeln mußte. Aber es war ein wehmütiges kleines Lächeln; die Kränkung saß noch in ihr, und sie begriff, daß es Bereiche gab, wo Knut sie niemals verstehen konnte.

Hätte er sie verstanden, dann hätte er sich jetzt, nachdem er sie beruhigt hatte, nicht hingesetzt, um den Polentapudding mit gutem Appetit zu verspeisen.

„Meine Liebe", sagte Mutter einige Tage darauf. „Wäschst du denn dein Zeug im Bad aus?"

„Es sind nur ein paar kleine Sachen", antwortete Henni.

„Die kann ich doch mit in die große Wäsche nehmen", sagte Mutter freundlich, aber ihre Augen waren wachsam hinter der Freundlichkeit.

„Danke", sagte Henni, „ich ziehe es vor, diese Kleinigkeiten selbst zu waschen."

Frau Thorheim war im August für drei Wochen zu ihrer Kusine eingeladen. Sie schlug vor, Knut und Henni sollten versuchen, zur selben Zeit Ferien zu bekommen, so daß sie die Wohnung einfach abschließen konnten. Sie mußten bedenken, wie beschwerlich es für Henni sein würde, die ganze Arbeit und Verantwortung allein zu haben, während die Mutter weg war. Würde das so nicht besser sein?

Aber Henni dachte anders. Sie sehnte sich danach, mit Knut allein zu sein. Wenn sie beide im Juli Urlaub bekämen, würden sie im Anschluß daran die Wohnung drei Wochen lang für sich allein haben.

Henni war schon ein Diplomat geworden. Deshalb sagte sie nicht zu Knut: „Denk mal, wie schön, deine Mutter loszuwerden", sondern sie gab ihm zu überlegen, daß Juli die beste

Zeit war, und wenn er es ordnen konnte – ihr Chef war sehr einsichtsvoll gewesen und hatte gesagt, daß die kleine jungverheiratete Frau natürlich zur selben Zeit wie ihr Mann Urlaub haben müßte.

Das Glück stand Henni bei. Knut war schon auf der Ferienliste für Juli eingetragen, und so klappte alles wundervoll. Sie waren sich einig, an die See zu gehen.

„Meine Liebe", sagte Mutter. „Ihr könnt sicher Platz in der „Seeperle" bekommen, es ist eine sehr nette Pension in Südnorwegen. Die Besitzerin ist eine alte Bekannte von mir, ich werde ihr gleich schreiben."

„Das ist sehr nett von dir, Mutter", erwiderte Henni freundlich. „Aber ich habe schon so halb und halb die Zusage für etwas anderes."

„Oh", sagte Frau Thorheim, und da war ein kleiner, fast unmerklicher Beiklang in ihrer Stimme. „Das wußte ich nicht."

„Nein, wie könntest du das auch wissen?" sagte Henni überaus freundlich und hob den Kartoffeltopf vom Gas. Dieser Wortwechsel fand wie die meisten ihrer Gespräche in der Küche statt, während sie kochten. Diesmal war Frau Thorheim beinahe verletzt. Was sollte die Geheimniskrämerei? Warum konnten Knut und Henni ihr nicht erzählen, wo sie ihre Sommerferien zubringen wollten? Henni, ja, das war so eine Sache, aber ihr Junge, der nie Heimlichkeiten vor ihr gehabt hatte?

Henni sah die Frage voraus und kam Mutter zuvor. Während sich Knut an Hennis wohlgeglückten Frikadellen gütlich tat, brachte sie die Sache aufs Tapet.

„Hör mal, Knut“, sagte sie, „hast du Lust in Tjömö Urlaub zu machen?“

„Tjömö? Ja, warum nicht? In einer Pension meinst du?“

„Nein, in einer Hütte. Bloß du und ich. Wäre das nicht gemütlich?“

Knut blickte von den Frikadellen auf und strahlte übers ganze Gesicht. „Prima! Du und ich auf einer Hütte. Hennilein, wie hast du das fertiggebracht?“

„Ich habe es noch nicht abgemacht, ich wollte dich erst fragen. Aber ich glaube, ich schaffe es. Fräulein Grönnevik, unsere Buchhalterin, besitzt eine kleine Hütte, und sie hat erst im August Ferien. So glaube ich, wir könnten sie mieten. Ich werde morgen fragen.“

Henni fragte.

„Nein, wie schade, Frau Thorheim“, sagte Fräulein Grönnevik. „Hätten Sie nur früher gefragt. Nun ist die Hütte leider schon vermietet.“

Hennis strahlende Laune war mit einem Schlage weg. Teufel auch! Warum hatte sie das nicht früher geordnet? Warum hatte Knut nicht früher davon gesprochen? Warum saß er bloß über seinen Büchern und wartete darauf, daß alles wie reife Früchte in seinen Schoß fallen sollte? Daß doch Knut alles als Selbstverständlichkeit hinnahm, gewöhnt war, andere für sich denken zu lassen – oder richtiger gesagt – gewöhnt war, daß Mutter für ihn dachte und handelte!

Nein, wirklich, dachte Henni, Knut hat einiges zu lernen. Sie würde es ihm noch beibringen, wenn sie ihn nur einmal eine Zeitlang für sich allein hatte. Nicht in einer Pension oder in einem Hotel, sondern eben in einer Hütte. Hüttenleben fördert die Kameradschaft; in einer Hütte lernt man es am besten, seinen Anteil an Arbeit auf sich zu nehmen.

Aber nun war die Hütte also außer Reichweite. Jetzt würde Mutter sicher fragen. Mußte Henni nun die großen Worte von gestern zurücknehmen, sollte sie zu Kreuz kriechen und Mutter bitten, nun doch an diese Pension zu schreiben?

Mit einemmal kam Henni eine Idee. Sie nahm sich ein Taxi und fuhr zu Monika.

Monika war in der Küche. Sie legte kalte Makrelen auf eine rote Fayenceschüssel und dekorierte mit Petersilie und Tomaten.

„Hallo", sagte sie. „Auch eine Zeit, hierher zu kommen! Geh zu Hermann hinein, ich komme gleich."

„Kleiner Gottesengel", sagte Hermann, als sie eintrat. „Furchen auf der Stirn und betrübte Augen. Ist es geplatzt?"

„Quatsch", lächelte Henni, aber es war ein blasses Lächeln. „Die Furchen auf der Stirn kommen allerdings von Kummer, aber ..."

„Weinen Sie beim alten Onkel", sagte Hermann Krage. „Hat der Ehemann Sie betrogen, oder hat Schwiegermama geschimpft?"

„Keines von beiden." Henni mußte über Hermann Krages Redeweise lachen. „Ich bin auf der Jagd nach einem Platz, wo ich in meinen Ferien wohnen kann. Das ist der Knoten."

„Ich – und meine Ferien – Donnerwetter, wollen Sie denn allein verreisen?"

„Allein mit meinem Mann. Ich möchte gern eine Hütte auf drei Wochen haben, damit wir nicht in einer Pension wohnen müssen, wie Schwiegermutter vorgeschlagen hat."

„Richtig, Gottesengel, richtig. Vermeiden Sie Pensionen, die Schwiegermutter vorgeschlagen hat. Warten Sie mal, Hütte – allein mit Ehemann – großer Gott – ich weine vor Rührung über so viel Idylle. Wann sollte denn das sein?"

„Vom siebten bis dreißigsten Juli."

„Und so kommen Sie hierhergeeilt, weil ein kleiner Vogel Ihnen gesungen hat, daß ich Aktien in einer Hütte in Südnorwegen habe?"

„Ja, mir fiel plötzlich ein, daß Monika mal so was erwähnt hat."

„Kleines Engelskind, ich habe ein Herz wie Butter und Wachs. Ich habe geschwankt zwischen Gebirge und See, nun wähle ich das Gebirge, und Sie können mein Gut ‚Steinröjsen' auf drei Wochen haben, gratis sogar, mit Erstattung eventuell zerbrochener Whiskygläser. Nein, danken Sie mir nicht, alles für den Familienfrieden. Kann ich zu dem Frieden in Ihrer Familie beitragen, so habe ich nicht vergebens gelebt."

„Herr Krage, ich bin so schrecklich froh, was kann ich als Gegenleistung für Sie tun?"

„Geben sie mir einen töchterlichen Kuß auf die Wange. Ganz platonisch, vogelleicht. Sie können das gern Ihrem Mann erzählen."

Henni erfüllte seinen Wunsch. Er hielt sie einen Augenblick fest. Seine Haut war warm und braun, sie duftete leicht nach Virginiatabak und feiner Seife.

„Kleines Püppchen", flüsterte er. „Dein Mann hat unverschämtes Glück, dich zu haben."

Er nahm ihr Gesicht zwischen die Hände und küßte ihre Stirn. Dann ließ er sie los, drehte sich heftig zum Fenster um und studierte Monikas Kakteen. So stand er noch, als die Schwester hereinkam.

Kleine Wellen plätscherten zwischen glattgeschliffenen runden Steinen, und die Sonne brannte auf „Steinröjsens" teerbraune Wände. Die Fenster standen weit offen. Leichte Vorhänge wehten im Wind.

Draußen auf dem See glitten ein paar Kutter vorüber. Taktfester Ruderschlag und Knirschen in den Ruderdollen verkündete, daß Andreas von Nesset auf Heimfahrt war. Und auf dem glatten Felsen unterhalb ‚Steinröjsen' lagen Knut und Henni, so lang sie waren, mit Fett im Gesicht und sonst nichts.

Sommer in Südnorwegen! Sie waren so glücklich, wie man nur sein kann.

Die Hütte war praktisch eingerichtet, leicht in Ordnung zu halten und wunderbar gemütlich; bei Tage, wenn die Sonne durch Fenster und Türen auf das blaukarierte Tischtuch des Kaffeetisches hereinstrahlte, am Abend, wenn das Wetter kühl wurde und sie ein paar Scheite in den kleinen Kamin legten, und in den stillen Nächten, wenn Henni in Knuts Armbeuge kroch und sie sich wie allein auf der Welt vorkamen. Wunderbar allein in einer Welt von weicher Sommernacht und dem fernen Laut kleiner Wellen und Möwenschreie.

Das bißchen Arbeit ging wie im Spiel. Knut holte Wasser, und Knut hackte Holz, Knut trocknete Geschirr und ging die zehn Minuten zum Landhändler. Henni brauchte ihn nie um etwas zu bitten. Hier war er „auf der Hütte". Viele Ostern mit Kameraden im Gebirge hatten ihn zu einem richtigen „Hüttenmenschen" gemacht.

Ab und zu dachte Henni, daß sie doch mit List und Geschick versuchen müßte, dies auch in der Stadt beizubehalten. Knut hatte ja gute Anlagen, wenn sie bloß nicht erstickt wurden durch Mutters unaufhörliche Fürsorge.

Sonst dachte sie wenig an die Stadt. Schwiegermutter schien so fern. Nun gab es nur sie und Knut. Nur sie und Knut in der ganzen Welt...

War sie mit ihren Gedanken so weit gekommen, dann mußte sie Knut umarmen, selbst wenn er gerade zur Tür hereinkam, mit einem Wassereimer in jeder Hand, oder wenn er über den Hackstock gebeugt stand, mit der zum Schlag gehobenen Axt.

Knut lachte und war in seine kleine braungebrannte Frau glühend verliebt.

Henni hatte ihm erzählt, daß die Hütte dem Bruder ihrer Freundin Monika gehörte, und Knut fand es großartig, daß er sie ausgeliehen hatte.

Aber was Hermann Krage als „Bezahlung" verlangt hatte, hatte Henni nicht erwähnt. Warum sollte sie auch? Es war doch bloß Unsinn. Aber obwohl es nur Unsinn war, absoluter, klarer Unsinn, bekamen Hennis Wangen eine noch tiefere

Farbe, wenn sie daran dachte.

Dann kam ein Brief von Mutter.

Knut brachte ihn an einem Vormittag mit, als er in dem Laden Brot geholt hatte. Er las ihn Henni beim Mittagessen vor.

„Meine lieben Kinder“, schrieb Mutter, „hier ist es so still und leer ohne Euch. Ihr könnt Euch vorstellen, wie oft meine Gedanken zu Euch gehen.

Ich hoffe nur, es ist nicht zu viel Arbeit für Euch, Du solltest ja gut ausruhen können, mein Junge, da Du Dich das ganze Jahr über so plagst. Aber ich verstehe Euch natürlich, daß eine Hütte in vieler Hinsicht gemütlicher ist als eine Pension. Obwohl „Seeperle“ meiner Ansicht nach der friedlichste Fleck ist, den man finden kann. Ich habe nun diese Tage benützt, um die Wohnung gründlich sauberzumachen. Es ist schlimm, wie es hier staubt, besonders im Eckzimmer. Aber nun sollt Ihr ein strahlend sauberes Heim vorfinden. Übrigens, Henni, weil ich gerade daran denke, ich habe herrliche Himbeeren aufgetrieben und mache für uns alle ein, so brauchst Du Dich nicht damit zu plagen. Kirschen habe ich auch besorgt und eingeweckt, und Johannisbeeren sind mir versprochen worden.“

An dieser Stelle legte Henni Messer und Gabel nieder, und ihr Ausdruck war weit von jener freundlichen Aufmerksamkeit entfernt, wie sie von der netten Schwiegertochter zu erwarten gewesen wäre, die Hilfe von der süßen Schwiegermutter bekam.

„Jetzt langt’s mir aber!“ platzte es aus Henni heraus.

„Wie meinst du?“ fragte Knut verwundert.

„Kann ich nicht mit meinem eigenen Staub und meinem eigenen Hausputz fertig werden? Und soll ich verpflichtet sein, lauter Schwiegermuttermarmelade zu essen, wo ich gerade anfangen wollte, die herrlichen wilden Himbeeren hier herum einzumachen? Es muß doch Grenzen geben dafür, mir mein Selbstbestimmungsrecht zu nehmen."

„Aber liebes Kind, willst du denn die kostbaren Ferientage zum Einmachen benützen? Sei doch froh, daß du darum herumkommst. Außerdem ist Mutters Himbeermarmelade berühmt in der Familie, du ahnst nicht, wie gut sie schmeckt."

„Doch, ich ahne es. Pfund Zucker auf Pfund Beeren, nicht wahr? Ich verabscheue diese süße Schmiere. Ich selbst kann mit viel weniger Zucker einmachen. Eines schönen Tages wird sie wohl anfangen, mir auch die Nase zu putzen und mich daran zu erinnern, daß ich mir die Hände vor dem Essen waschen muß."

Hennis Stimme zitterte vor Wut.

„Aber Henni – Henni! Du mußt doch verstehen, Mutter meint es bloß gut."

„Ich weiß genau, was sie meint. Sie meint, daß ich ihren Goldjungen nicht gut genug versorge. Sieh hier" – Henni nahm den Brief auf und las mit leicht ironischem Tonfall –: „Du solltest dich ja gut ausruhen können, mein Junge. Mein Junge ist es, der ausruhen soll. Sie fürchtet, daß ich dich zur Hausarbeit ausnütze, dich, der kaum ein sauberes Taschentuch selber finden konnte, ehe du verheiratet warst!" Jetzt rollten die Tränen ungehemmt über Hennis Wangen.

Knut schüttelte den Kopf. Da kam er nicht mit. „Das verstehe ich nicht, Henni. Es ist wahr, Mutter war immer unsagbar gut zu mir, das würde wohl jede Mutter sein zu ihrem einzigen Kind, aber sie ist doch wirklich auch sehr nett dir gegenüber, Henni. Sie hat dich doch wie eine Tochter empfangen, das mußt du zugeben."

„Ja, wie eine minderjährige Tochter, die man erziehen, der man helfen und auf die man aufpassen muß. Nicht wie eine erwachsene Tochter mit eigener Verantwortung. Eins sage ich dir, Knut, ich habe mich darauf gefreut, einmal ein Kind mit dir zu haben. Aber solange wir bei Schwiegermutter wohnen, will ich kein Kind haben, nie im Leben. Sie würde dann wohl alles machen, vom Windelwaschen bis zur Erziehung, und unser Kind wollen wir für uns haben, für dich und mich, damit du es weißt. Selbst wenn wir zehn Jahre warten müssen, lieber das als ein Kind haben, bei dem sie die – Aktienmajorität hat."

Knut wurde blaß unter der Sonnenbräune. „Henriette!"

„Ja, sag nur Henriette! Dies ist mein Ernst! Himmel, soll ich nicht einmal diese Ferien in Frieden mit dir haben? Wenn sie schon nicht mit ihren Blicken in meinen Töpfen und meiner Abwaschschüssel herumschnüffeln kann, dann schreibt sie Briefe mit Ermahnungen und Predigten."

Knut schluckte. Um seinen Mund zitterte es vor Zorn, aber er wartete einen Augenblick, ehe er sprach, zwang sich zur Ruhe.

„Henni", sagte er, und seine Stimme klang gepreßt, „ist das nicht etwas viel, bloß wegen ein bißchen Marmelade?"

„Marmelade! Verstehst du nicht, was hinter dem allen

steckt? Sie will ihre Macht über dich nicht fahrenlassen, sie will deine Dankbarkeit, und sie will, daß du von ihr abhängig bist. Du sollst ihr als Sohn einen Gedanken schenken, wenn du die von ihr gestopften Socken anziehst und ihre Marmelade ißt. Sie hat Todesangst, daß du deine Mutter vergißt, weil du eine Frau hast."

Knut wartete etwas. Es dauerte eine Weile, ehe er Hennis Worte richtig aufnahm. Er vergaß seinen Teller mit dem halb erkalteten Essen. Er stützte sein Kinn in die Hand und sah seine Frau an.

„Das kommt wie ein Blitz aus heiterem Himmel über mich, Henni", sagte er schließlich, langsam und wohlüberlegt. „Ich finde, daß du schrecklich übertreibst, und es ist nicht nett, was du sagst, aber ich will versuchen, gerecht zu sein."

„Denk mal an! Wie schön von dir", fertigte ihn Henni ab.

„Pfui, Henni! Laß mich ausreden. Ich verstehe, daß du Schwierigkeiten hast, von denen ich keine Ahnung hatte. Ich werde die Augen offenhalten, wenn wir heimkommen, und wenn was nicht stimmt, komm zu mir damit und trag es nicht allein. Zusammen müssen wir doch diese Schwierigkeiten meistern, glaubst du nicht?"

Jetzt hatte Knut wieder sein gutes Lächeln, aber Hennis Augen waren tränenblind, und sie sah nicht die Hand, die er ihr über den Tisch reichte.

„Höre, Henni. Findest du, daß es so besonders merkwürdig und unvernünftig ist, wenn eine Mutter oder Schwiegermutter, die viel Zeit und eine große Küche hat, es übernimmt, für ihre Schwiegertochter mit einzumachen? Wieviele

Schwiegermütter tun das nicht? Was glaubst du?“

Knuts ruhige warme Stimme hatte nun doch ihre Wirkung. Henni begegnete seinem Blick, und ihr wurde bewußt, daß dies der Mann war, den sie liebte, mit jeder Fiber ihres Wesens liebte. Es war wohl nicht leicht für ihn, so zwischen Baum und Borke zu stehen.

„Gut“, sagte sie, „mag es so sein. Aber jetzt reden wir nicht mehr davon, Knut. Laß das nicht unsere Ferien verderben.“

Henni hatte viel zu tun, während Knut sein Mittagsschläfchen hielt. Zuerst schrieb sie einen Brief an Mutter.

„Liebe Mutter, entschuldige, daß ich mich kurz fasse, ich bin nämlich auch gerade mitten im Einmachen. Es gibt hier wilde Himbeeren und Brombeeren in Massen. Die sind ja besonders aromatisch und geben eine vorzügliche Marmelade ab. Ich bin sicher, daß ich eine ganze Ladung mit heimbringe. Ich hoffe, es geht dir gut. Wir haben es großartig, und das Wetter ist wunderbar. Grüße! Henni.“

Dann flog Henni zu Andreas auf Nesset und beauftragte seine vier Kinder, Himbeeren zu pflücken.

Die Kinder pflückten, angespornt von der guten Bezahlung, die die Stadtdame versprochen hatte. Inzwischen eilte Henni zum Dorfkrämer. Es war eine Enttäuschung für sie, daß der Krämer keine Weckgläser hatte. Himmel, was sollte sie nun machen? Sie konnte nicht warten; die Kinder pflückten ja schon, daß die Gefäße überquollen.

So mußte sie Tontöpfe kaufen und Konservierungsmittel

und roh einmachen. Mit den kostbaren Vitaminen war es dann nicht mehr so weit her, aber einmachen wollte sie. Sie würde es schon der Schwiegermutter zeigen! In ihrer supersüßen Marmelade waren jedenfalls alle Vitamine totgekocht!

Bei dem Gedanken, mit vielen Kilo Eingemachtem heimzukommen, wurde Henni beinahe guter Laune.

Als Knut seinen Mittagsschlaf beendet und Kaffee getrunken hatte, kam er in die Küche, die mit Beeren, Zucker und Tontöpfen angefüllt war.

Er blieb in der Tür stehen, etwas unsicher, nicht sehr begeistert.

„Ist das etwa eine Demonstration, Henni?“

„Nenn es, wie du willst. Ich nenne es Einmachen“, antwortete Henni kurz, schüttete Beeren in die große Tonschüssel, wog Zucker ab und begann zu rühren.

Sie brachte Knut einen kleinen Probeteller.

„Ja“, sagte er langgezogen, „das schmeckt ja gut, aber ...“

„Aber?“

„Das ist doch keine Marmelade, das sind nur gezuckerte Himbeeren.“

Henni riß den Teller an sich. „Das ist gut genug für mich und meine Freunde“, sagte sie, „aber iß du nur von dem Zukkerkleister, den deine Mutter macht, das steht dir ja frei.“ Damit schlug sie die Küchentür hinter sich zu. Knut blieb sitzen und starrte betrübt und nachdenklich vor sich hin. Wie war das doch mit dem alten Märchen von dem Trollspiegel? Er ging kaputt, und jeder der davon einen Splitter ins Auge bekam, sah nachher alles schief und verkehrt. Henni hatte von dem Trollspiegel einen Splitter in die Augen bekommen.

Die Sommernacht war mild, und die Wellen plätscherten gegen die Steine. Sogar eine Mondsichel war da, die um die Nacht Silberglanz und Märchenstimmung wob. Aber sie sahen sie nicht. Henni hatte Knut den Rücken zugedreht. Sie lag da mit geschlossenen Augen, schweigsam und einsam.

Leicht genug zu sagen, man solle unangenehme Dinge vergessen; es aber zu tun, ist eine andere Sache. Henni war nett und freundlich zu Knut, und Knut war nett und hilfsbereit und versuchte ab und zu einen Spaß, aber der Spaß fiel matt aus, und Henni mußte sich zusammennehmen, um einigermaßen munter zu lächeln.

Beide hatten das Gefühl, es liege etwas in der Luft, etwas Unausgesprochenes zwischen ihnen, etwas, worüber die Liebe keine Brücke zu schlagen vermochte. Etwas, das aus dem Wege mußte, ehe sie wieder ganz glücklich sein konnten.

Henni war bitter. Nicht so sehr über Schwiegermutters unermüdlichen Eifer als über die Tatsache, daß Knut sie nicht verstand. Immer wieder dachte sie: Es ist mir nicht erlaubt, mehr zu sein als ein kleines süßes Spielzeug. Mutter duldet mich als ein Anhängsel von Knut, aber ein Selbstbestimmungsrecht habe ich nicht, und ich komme nie dazu, mich zu behaupten, kraft dessen, was ich selbst bin und kann.

Und noch ein Gedanke drängte sich mehr und mehr in den Vordergrund: Knuts Verwöhnung durch Mutter. Es war Knut, der Erholung brauchte, nicht Henni, obwohl sie auch Büroarbeit hatte und ihren Haushalt dazu. Knut hatte nie in seinem Leben abgewaschen oder Besorgungen gemacht – abgesehen von den Hüttenaufenthalten mit Kameraden und nun mit Henni. Aber ein guter Hüttenkamerad war er, das mußte Henni einräumen. So wurde die Erbitterung gegen die Schwiegermutter noch größer. Sobald er von der Mutter weg war, kamen seine guten Seiten ans Tageslicht. Die guten Seiten, die Mutters Verwöhnung systematisch zunichte zu machen versuchte.

Sie hatten eine Woche in der Hütte gewohnt, als sie eines Morgens zeitig von einem ungewohnten Lärm geweckt wurden. Viele lautsprechende Menschen, Motorenlärm und Trampeln auf dem Weg.

Henni zersprang fast vor Neugierde. In Eile warf sie ein paar Kleidungsstücke über und lugte hinaus. Auf dem schmalen Sandstrand vor der Hütte sah sie eine bunte Gesellschaft. Junge Männer mit Sonnenbrillen und aufgekrempelten Hemdsärmeln, ein paar junge Mädchen. Henni machte große Augen. Das dort war doch die Schauspielerin Anja Ehlers, sicher, das war sie. Henni hatte sie in einem Musical gesehen, vor ein paar Monaten, und auch in einem Film.

Zwei Filmkameras waren am Strand aufgestellt, und neben

der einen saß ein fesches junges Mädchen mit Bleistift und Block in der Hand. Henni wußte so viel von Filmaufnahmen, daß sie erkannte, das war das Skriptgirl.

Einer der jungen Männer erspähte Henni. „Morgen“, rief er zu ihr hinauf, „sind wir hier auf privatem Grund, oder ...“

„Ja“, sagte Henni und ihr Herz klopfte. Sie war sich über das Gesicht hinter der Sonnenbrille nicht im klaren, aber die Stimme kannte sie, sowohl von der Bühne als vom Rundfunk. Das war der Schauspieler und Schlagersänger Torkild Ager, es konnte kein anderer sein.

Er kam über den Pfad zum Haus.

„Mein Name ist Torkild Ager.“

„Das weiß ich. Frau Thorheim.“

„Sagten Sie Frau? Himmel, ich dachte, Sie sind sechzehn Jahre. Sagen Sie, dürfen wir hier einige Meter Film drehen? Wir haben uns in der Pension in Tangbukta einquartiert, aber da werden wir von neugierigen Zuschauern dauernd gestört. Wir wollen bloß ...“

„Ja, aber gewiß“, sagte Henni. Ihre Augen glitzerten. Oh, was für ein Spaß das war! „Schießen Sie nur los, das ist ja sehr spannend anzusehen.“

Henni flog hinein, um Knut von dem unerwarteten Besuch zu erzählen, und Knut kam heraus, noch mit verschlafenen Augen und sagte, ja, gewiß, es ist natürlich ein Vergnügen, so berühmten Besuch zu bekommen, und wenn sie ihnen helfen konnten ...

Anja Ehlers war heraufgekommen, legte ihren Kopf schief und äugte Knut lächelnd an, unbestreitbar mehr Knut als

Henni.

„Sie könnten uns einen Riesendienst erweisen, Herr Thorheim. Dürfen wir Mädels hereinkommen und unsere Schminke in Ordnung bringen? Es ist damit so hoffnungslos draußen in der Sonne, die Schminke schmilzt ja wie Butter."

„Mit Vergnügen", sagte Knut, und so hielten Anja Ehlers und ihre Kollegin Etta Damm Einzug in Steinröjsens Stube, und im nächsten Augenblick floß der Tisch über von Puderdosen, Kämmen, Haarspangen, Schminkstiften und tausend anderen Kleinigkeiten.

Henni sah mit großen Augen zu, wie Anja mit ihren vielen Schminkstiften hantierte und zuletzt die langen falschen Wimpern befestigte.

„Ich dachte, Sie hätten immer einen Maskenbildner", sagte Henni.

„Haben wir auch, aber er kümmert sich um die Männer. Etta und ich schaffen es selbst. Ach, schmeißen Sie doch Ihren Mann einen Augenblick hinaus. Ich muß mir ein paar Zentimeter Kostüm anziehen."

Knut wurde in die Küche verbannt, wo Henni einen Schnellimbiß bereitet hatte, und Anja stieg in den minimalsten Bikini-Badeanzug, den Henni jemals gesehen hatte.

Dann schmierte sie ihre langen wohlgeformten Beine mit Sonnenbräune ein. Henni half ihr, auch den Körper einzusalben, und so war Anja fertig zu Taten.

„Sie können gern mitkommen und zusehen, wenn Sie Lust haben", sagte Anja. „Allerdings soll ich bloß ein bißchen im Wasser plätschern und dann Leo Hell küssen, aber wenn ich

Torkild recht kenne, werden wir diese Szene mindestens dreißigmal spielen müssen, ehe er zufrieden ist. Jawohl, Torkild ist der Regisseur. Diesmal soll er nicht persönlich Herzen brechen, er soll nur uns andere dazu kriegen, es zu tun." Henni zog den Badeanzug an und ein Sonnenkleid darüber. Knut war zum Küchenausgang hinausgegangen und plauderte mit Torkild Ager.

„Fertig, Anja? Also stürz dich in die See und schwimm hier herüber, nein, genau hierher, da fällt das Licht gut herein, schau auf die Sonnenstrahlen im Wasser. Könntest du dich übrigens überwinden, von dem Vorsprung dort abzuspringen, würde das ein phantastisch guter Gag sein – genau gegen die Sonne, also eine raffinierte Silhouettenwirkung."

„Nein, entschuldige, Torkild, dazu habe ich mich nicht verpflichtet. Schwimmen kann ich, aber Springen steht nicht im Kontrakt."

„Das ist aber ganz einfach", beeilte Henni sich zu sagen. „Ich springe von dem Felsen jeden Tag, das ist keine Spur gefährlich, denn das Wasser ist brunnentief."

„Zeigen Sie es bitte", schlug Torkild vor. Henni ließ sich das nicht zweimal sagen. Schwimmen konnte sie, springen konnte sie, und mit Booten war sie vertraut. Als Kind hatte sie in einer Stadt an der Küste gewohnt, und später war sie im Sommer immer an der See gewesen.

Sie ließ das Kleid fallen und kletterte auf die Felsnase.

„Halt, halt", rief Torkild, „ich meine nicht den hohen Felsen, soviel kann ich nicht von Ihnen verlangen."

„Sie meinen doch nicht diese kleine Semmel an der Seekante dort?" lachte Henni. „Man muß schon höher hinauf, wenn es Spaß machen soll."

Rank und schlank stand Henni auf einem vorspringenden Felsen. Sie wäre keine Frau gewesen, hätte sie diesen Augenblick nicht genossen. Sie streckte die Arme aus, nahm Anlauf und in einem geglückten Schwalbenflug erreichte sie die Wasserfläche und glitt wie ein lebender Torpedo durch das kristallklare Wasser, ehe sie an die Oberfläche kam. Torkild lief ihr entgegen.

„Kommen Sie her. Stellen Sie sich neben Anja. Seht her, Jungs, – dieselbe Größe, dieselbe Figur, bloß den Haaren einen anderen Schwung geben – hier ist das Double für Anja. Zieh'n Sie Anjas Anzug an und springen Sie noch einmal. Honorar dreihundert Kronen. Also los!"

„Ja, aber", sagte Henni.

„Beeilen Sie sich, Menschenskind, die Sonne steigt schon höher. Jetzt müssen wir das machen, also vorwärts. Auf die Frisur pfeif' ich übrigens, Sie haben ja eine Badekappe auf. Also runter mit dem Fetzen, Anja!"

Anja hatte Filmerfahrung und verstand sich auf die Kunst, Befehlen zu gehorchen. Ehe Henni sich von ihrer Verwirrung erholt hatte, stand sie schon in der Stube, angetan mit diesem Minimum von Badeanzug, den Anja eben abgelegt hatte.

„Nein, hör mal, Henni", sagte Knut, „ich möchte nicht, daß alle Menschen meine Frau so quasi netto sehen."

„Es weiß doch niemand, daß ich das bin", lachte Henni und küßte ihn auf die Wange. „Alle werden glauben, daß es Anja Ehlers ist. Und bedenke, dreihundert Kronen für einen einzigen Sprung! Für die Bezahlung würde ich gern den ganzen Tag springen."

Henni wiederholte ihren Schwalbenflug dreimal. Eine Kamera am Strand nahm es auf Entfernung auf, eine andere, mühsam auf dem kleinen Felsen postiert, den Henni verächtlich eine Semmel genannt hatte, verfolgte ihre Bewegungen unter Wasser.

„Prima", sagte Torkild. „Einfach Klasse! Georg, rück drei rote Lappen für Frau Thorheim heraus."

Und da stand also Henni in einem triefend nassen Minimum von Badeanzug und mit den leichtverdienten dreihundert Kronen in der Hand.

„Wir haben einen Raum für Probevorführung in Tangbukta eingerichtet", sagte Torkild. „Eine alte Baracke. Wir gucken uns diese Meter morgen abend an. Kommen Sie rüber, wenn Sie Lust haben."

Natürlich hatten sie Lust.

Es war seltsam, sich selbst im Film zu sehen. Und wahrhaftig, sie konnte springen! Vergessen waren Ärger und Kummer. Dies machte Spaß! Die ganze Filmbande bestand aus jungen, munteren Menschen, und Henni genoß das Zusammensein mit ihnen. Man bedenke, an der Seite des berühmten Torkild Ager zu sitzen und nachher beim Abendessen in der Pension von Anja Ehlers „Henni" gerufen zu werden. Man nannte einander nur mit Vornamen bei diesen Filmleuten, da war keine Zeit für Förmlichkeiten.

„Gott segne dich, Henni", sagte Anja. „Ohne dich hätte ich vielleicht springen müssen und wäre vor Schreck gestorben. Ich leide nämlich an Klaustrophobie."

„An was?"

„Angst vor geschlossenen Räumen", erklärte Knut. „Anja meint, sie verträgt nicht das Gefühl, eingeschlossen zu sein, und wahrscheinlich auch nicht, den Kopf unter Wasser zu haben."

„Genau das", sagte Anja. „Ich wage nie im Fahrstuhl zu fahren, und wenn ich ins Gefängnis käme, würde ich wahnsinnig werden."

Knut nickte. „Haben Sie die Novelle gelesen von dem Schauspieler, der zu schreien lernte dadurch, daß man ihn in einen Schrank sperrte?"

„Meinen sie die Herman-Bang-Novelle von dem jungen Mann, der den Elias spielte in ‚Über unsere Kraft'?"

„Ja, gewiß. Die kennen Sie?"

„Ja. Es lief mir kalt den Rücken herunter, als ich sie las. Ich verstand so gut, daß der Ärmste aus lauter Todesangst zu schreien lernte. Wenn mich jemand in einen Schrank eingesperrt hätte, wäre ich gestorben."

„Wie nett, daß Sie die Novelle kennen."

„Ich habe alle Novellen von Herman Bang gelesen und natürlich besonders die Künstlernovellen."

Knut und Anja vertieften sich in Literatur. Henni lauschte mit dem einen Ohr auf ihr Gespräch und mit dem anderen hörte sie Torkild Ager zu. Wieviel Knut doch wußte!

Gegen elf brachen sie auf.

„Wir müssen zeitig auf, wir müssen diese Szenen in der Morgensonne drehen", erklärte Torkild, als er Knut und Henni heimfuhr. „Heute ist ja der Morgen mit diesen Sprungaufnahmen vergangen, nun müssen sich Anja und Leo für die Kußszenen zeitig am Morgen fertig machen. Dürfen wir morgen wieder Ihre Gastfreundschaft in Anspruch nehmen?"

„Klar", sagte Knut.

„Großartig!" sagte Henni.

„Waren Sie zufrieden mit den Aufnahmen von Henni, Thorheim?" fragte Torkild.

„Ja, ich fand sie ausgezeichnet."

„Stimmt. Ganz erstklassig. Was für ein Glück, daß Ihre Frau dieselbe Figur hat wie Anja. Also vielen herzlichen Dank und auf Wiedersehen morgen."

Knut legte den Arm um Hennis Schultern, und sie gingen langsam den gewundenen Pfad nach Steinröjsen.

Der Sommerabend war mild und warm, und heute sahen beide die Mondsichel. Deshalb mußten sie stehenbleiben, und nachher gingen sie noch langsamer weiter und noch enger aneinandergedrängt.

Tags darauf waren die Hütte, der Strand und die Felsen wieder angefüllt mit Leben und munterer Arbeit. Ja, Filmen war Arbeit, das erkannte Henni bald. Sie mußte lachen, als sie Anja und Leo sich in Nahaufnahmen zärtlich küssen sah. Himmel, was für ein Apparat da in Gang gesetzt wurde, um einen einzigen Kuß zu filmen! Und wie das liebende Paar es fertigbrachte, hingerissen glücklich auszusehen mit diesem ganzen Stab von Kameramännern, Regisseur und Scriptgirl, und was sie nun alles waren, um sich herum, das war mehr, als Henni begreifen konnte.

Die Kußszene und noch ein paar andere Szenen wurden am Vormittag fertig, und dann bat Henni zum Kaffee. Der Schwatz ging munter um den Tisch auf Steinröjsen.

„Ein Glück, daß wir heute mit diesen Szenen fertig geworden sind", sagte Leo. „Ich traue dem Wetter nicht."

„Ich auch nicht", warf Knut ein. „Mein Freund Andreas von Nesset prophezeit Sturm für morgen. Ich weiß nicht, ob er es in der großen Zehe fühlt, oder ob er es am Himmel erkennt."

Torkild saß in tiefen Gedanken. Er merkte nicht, daß Henni seine Tasse füllte, und ließ geistesabwesend die Kuchenplatte vorbeigehen. Mit einem Male zog er Bleistift und Block vor und machte sich Notizen.

„Aha", lachte Anja, „jetzt hast du wieder Ideen gekriegt. Was ist es nun, willst du das Drehbuch verändern? Soll ich Leo nun doch nicht bekommen? Oder soll ich verzweifelt ins Gebirge wandern und unter dramatischen Umständen verschwinden? Du weißt", sie wandte sich lächelnd an Henni, „Torkild bekommt dauernd neue Ideen, ‚Gags', wie er sagt. Und wenn die letzten Szenen nicht schon aufgenommen worden wären mit den notwendigen Küssen und allem, so wäre ich gar nicht sicher, wie es weiter geht. Ich überlege gerade, ob Torkild es nicht lieber hätte, wenn Leo mich mit Etta betrügt."

„Sei still, Anja", sagte Torkild. „Ich denke an die Szene, die wir dummerweise gestrichen haben – in der du beinah ertrinkst, weißt du?"

„Nein, Torkild, das ist eine Überrumpelung. Du hast versprochen, daß ich das nicht brauche. Ich weigere mich, zu ertrinken."

„Es ist Henni, die ertrinken soll, du Schaf! Was meinst du, Henni, bist du gewillt, beinahe zu ertrinken, wenn wir den Wetterumschlag bekommen, den Andreas vorhergesagt hat?"

„Tja", sagte Henni. „Wenn es bloß ‚beinahe' ist..."

„Ja, wir werden dich schon auffischen. Das heißt, unser Held Leo wird dich auffischen, und sollte etwas nicht klappen, so sind wir ja mit dem Motorboot da, vier Meter von dem Boot entfernt, in dem du kentern sollst."

Torkild war so eifrig, daß er gar nicht merkte, wie er du zu Henni sagte.

„Hör mal", sagte Knut, „ich hatte eigentlich nicht vor, in so jungen Jahren Witwer zu werden."

„Beruhige dich. Henni kann schwimmen, und rudern kann sie sicher auch. So fehlt uns nur der Sturm, den Andreas prophezeit hat. Dafür bekommst du ein ordentliches Honorar, Henni, mehrere große Scheine. Wir sind nicht kleinlich, wenn wir verlangen, daß die Leute beinahe ersaufen."

Andreas behielt recht. Am nächsten Morgen wehte ein steifer Nordwind. Es wurde keine leichte Aufgabe für Henni, aber ein Spaß war es trotzdem.

Es wurde ihr befohlen, die Küste entlang zu rudern, so daß

die Kamera auf der „Semmel" montiert werden konnte. Dann sollte eine Sturzsee das Boot füllen und Henni samt Boot in den Fluten verschwinden, Henni in voller Kleidung. Damit mußte sie dann unter Wasser schwimmen, so lange sie konnte, auftauchen, mehr tot als lebendig – wieder verschwinden, und dann sollte Leo zur Stelle sein und sie retten. Wenn sie das so machen könnte, würde die ganze Szene in einem Zug gedreht werden, erklärte Torkild, und das wäre ein großer Vorteil.

Die Szene wurde zweimal gedreht, dreimal, viermal. Es wurden Pausen eingelegt, es wurde kommandiert. Henni wechselte Kleider und wieder Kleider. Sie ahnte, daß diese Filmleute eine ganze Kollektion von Sommerkleidern mit sich hatten, sie ertrank nacheinander in mehreren.

Nach drei Stunden war sie völlig erschöpft.

Sie mußten eine Pause einlegen, und dann ging's weiter. Der erste Teil des Unglücksfalls war jetzt in Ordnung, meinte Torkild, aber Leo und die Rettung müßten sie noch einmal drehen.

Henni war so müde, als alles vorüber war, daß sie sich außerstande fühlte, die ganze Bande zum Kaffee zu bitten. Knut spürte Unbehagen. Nicht nur deswegen, weil diese Filmfritzen so mit seiner kleinen Henni umsprangen, da war noch etwas anderes. Er war von seiner tüchtigen Frau ganz in den Schatten gestellt, vollkommen überflüssig, während sich alles um Henni drehte. Und sie würde ebensoviel Geld verdienen an diesem einen Vormittag, wie sie in vierzehn Tagen im Büro verdiente. Eine lächerliche Art, Geld zu verdienen, fand

Knut.

Einmal protestierte er, als Henni nochmals kentern und im Wasser verschwinden mußte.

Da bekam er ein „Halt's Maul, zum Teufel!" von Torkild direkt ins Gesicht geschleudert. Knut erstarrte. Es gab ja schließlich Grenzen.

Aber nachher, als die Szene gedreht war, zeigte sich Torkild wieder ganz sanft gegen Knut und ahnte augenscheinlich nicht, daß er, mild gesprochen, unhöflich gewesen war.

Ja, ja, Knut verstand das. Diese Künstler hatten Temperament, und Torkild trug natürlich die Verantwortung dafür, daß der Film gut wurde, und es war kein Vergnügen, mitten in einer schwierigen Szene gestört zu werden.

„Also", sagte Torkild, „jetzt soll Anja bewußtlos den Strand entlang getragen werden. Ja, meine Süße, laß uns das gleich aufnehmen. Zieh dir das nasse Kleid an, tauch die Mütze ins Wasser – nein, schminken brauchst du dich nicht."

„Die Schuhe", sagte Betten Berg, das Skriptgirl, „du mußt Hennis Schuhe anziehen. Und das nasse Haar über das Gesicht, auf der linken Seite, nicht auf der rechten." Sie schaute in ihre Notizen. „Die Gürtelschließe andersrum, Anja."

Henni hörte Betten bewundernd zu. Allerhand, wo so ein Skriptgirl die Augen überall haben mußte.

Henni ließ sich auf den Diwan in der Stube fallen. Knut brachte ein großes Handtuch und trocknete sanft ihr Haar.

„Überanstrengt, Kleines?"

„Nein, bloß müde. Massier stärker, Knut, das ist so schön."

Knut massierte, und bald darauf begannen die Haare sich wieder in die goldenen Locken zu ringeln, mit denen er so gern spielte.

„Bist du hungrig, Knut?"

„Ja, wie ein Eisbär in der Sahara."

„Verrückter Vergleich! Sag, kannst du nicht einfach eine Dose Fleischklöße aufwärmen? Und auch kalte Kartoffeln von gestern sind noch da. Mein Rücken ist wie entzweigebrochen."

Henni blieb unbeweglich auf dem Rücken liegen, den Kopf zurückgebogen. Auf ihrem Gesicht lag ein müdes und glückliches Lächeln.

Knut gefiel dieses Lächeln nicht recht. Es war gleichsam eine ganz, ganz leise Andeutung eines Primadonnenlächelns.

Die Filmleute waren noch eine Woche in Tangbukta und kamen jeden Tag mit Sack und Pack nach Steinröjsen, um Aufnahmen zu machen.

An dem Tag, als sie mit dem Gröbsten fertig waren, brachte Torkild Kuchen und Sekt mit und veranstaltete in der Stube bei Knut und Henni ein Fest „als Dank für das Ausleihen des Hauses, des Strandes und des süßen Mädels", wie Leo es ausdrückte in der munteren Rede, die er hielt.

Das mit dem „süßen Mädel" ärgerte Knut. Sicher war seine Frau ein süßes Mädel, aber das ging andere nichts an. Er war es und kein anderer, der Henni ein süßes Mädel nennen durfte. Aber gemütlich waren sie alle zusammen, vergnügt und unbeschwert. Knut verstand eigentlich nicht, warum seine Gefühle so gemischt waren.

Er hatte sich so gefreut auf diese Ferien, allein mit Henni. Die ersten Tage waren wunderbar gewesen. Aber dann kam Mutters Brief, und Henni hatte sich ganz verändert.

Herrgott, was war denn das nur mit Mutter und Henni! Das hatte so strahlend angefangen, und jetzt war Henni gereizt und auffahrend und viel zu leicht verletzt. Knut konnte nichts anderes sehen, als daß Mutter wunderbar zu ihr gewesen war, die ganze Zeit – immer und ausnahmslos.

Und dann fing diese Filmgeschichte an. Seitdem war Henni wieder guter Laune, jedoch auf andere Weise als früher. Knut kannte ihre gleichmäßige, sanfte Stimmung, kannte sie, wenn ihre Augen vor Glück leuchteten. Aber so war sie jetzt nicht. Jetzt glitzerte sie, und ihre Stimme hatte einen neuen, hellen Klang.

Kein Zweifel, Torkild warf mehr Blicke auf Henni, als es notwendig war, und Henni schien das zu gefallen.

Eifersüchtig? Unsinn! Hätte jemand zu Knut gesagt, er sei eifersüchtig, hätte er das glatt verneint. Er und Henni hatten es doch so gut. Die Mißstimmung von dem Tag, als Mutters Brief eintraf, war verflogen. Henni war zärtlich und süß zu ihm, wenn auch auf andere Art als früher, und Knut war jung und auf gewissen Gebieten ziemlich unerfahren. Er verstand nicht, woher diese Veränderungen eigentlich kamen oder worin sie lagen. Henni war nicht länger sein liebes Schätzchen, das in seine Armbeuge krabbelte oder ihn plötzlich küssen mußte, wenn er abtrocknete oder Holz hackte, ganz einfach deswegen, weil sie verliebt in ihn war. Sie küßte ihn jetzt auch und hatte zärtliche, scherzhafte Worte für ihn.

Aber es schien eine ganz andere Liebe zu sein, ja selbst ihre Küsse waren anders, Küsse einer erwachsenen Frau, die ihren Wert kennt und dem Mann etwas Kostbares schenkt. Henni selbst ahnte nicht, dachte nicht, fühlte nicht, was tief in ihrem Unterbewußtsein lag. Könnte man ein unterbewußtes, nebelhaftes Gefühl in Worten ausdrücken, würden sie etwa so lauten:

Es muß schon etwas an mir sein, wenn der bekannte Filmliebling Torkild Ager sich für mich interessiert. Ich kann also filmen! Das kann nicht jeder! Wer weiß, ob ich nicht ernsthaft zu filmen anfange? Habe ich nicht dieselbe Figur wie Anja Ehlers? Und was Anja kann, das wissen alle! Knut ist ein guter Kerl. Er soll einen Kuß haben, ja, das soll er, mein lieber Junge.

Aber all das dachte Henni keineswegs. Sie dachte auch nicht: Pah, was hat das schon zu sagen, wenn meine Schwiegermutter Marmelade kocht und an meine Sachen geht? Laß sie doch, mag sie sich einbilden, daß ich ein dummes kleines Gör bin, das nichts kann. Andere wissen, daß ich etwas kann. Aber, wie gesagt – was in ihrem Unterbewußtsein lag, darüber war sie sich durchaus nicht klar.

Es kam der Tag, an dem Torkild mit seinen Leuten von Tangbukta abreisen sollte. Knut und Henni wurden zum Abschiedsfest eingeladen.

Man hatte den großen Aufenthaltsraum in der Pension beschlagnahmt, und die Stimmung war ausgelassen.

Später am Abend setzte sich Etta Damm ans Klavier. Sie war eine gute Begleiterin, und nun hatte Anja versprochen zu singen. Sie sang kleine Chansons und bekannte Schlager aus Musicals und zuletzt ein bißchen „klassische Operette".

„Sing das Halleluja aus Nitouche, Anja", bat Leo. Anja hatte Nitouche vor einem Jahr gespielt und ihr Halleluja aus dem ersten Akt hatte stürmischen Beifall gefunden.

Henni saß da und hörte mit glänzenden Augen zu. Sie hatte Nitouche zweimal gesehen, hatte die Platten gekauft und sie immer wieder gespielt. Unwillkürlich begann sie jetzt mitzusummen.

Torkild bemerkte es und lauschte. Henni hatte keine große Stimme, aber sie war weich und rein.

Anja lächelte Henni an, und da wurde ihr bewußt, daß sie sang. Sie wurde brennend rot und brach ab.

„Sing doch weiter, Henni", sagte Anja. „Komm her zum Klavier. Du kannst es ja. Und dies muß ja zweistimmig gesungen werden, du sollst der ganze Chor sein."

Zögernd ging Henni zum Klavier. Aber als Anja wieder zu singen anfing, schüttelte Henni die Hemmungen ab und sang die zweite Stimme, voll und glockenrein.

„Henni", rief Torkild, „du singst ja bezaubernd."

„Oh, sicher", lachte Henni, „eine neue Callas! Allerdings platzt meine Stimme beim hohen f, und in der Tiefe werde ich heiser, aber drei Töne in der Mitte kann ich tatsächlich singen."

„Quatschkopf! Ich habe nicht gesagt, daß du eine große Stimme hast, und du wirst nie eine Schlagersängerin werden, aber kleine Chansons liegen dir. Sing weiter!"

Anja zog sich lächelnd zurück. „Löse mich ab, Henni", bat sie. „Für mich ist es doch herrlich, mal jemand anderen zu hören."

„Was kannst du?" fragte Etta Damm, die anscheinend alle leichte Musik kannte, jedenfalls flossen flotte Operettenmelodien sozusagen aus ihren Fingerspitzen.

„Vielleicht – vielleicht das Goldfischlied aus der Geisha?"

„Zu Befehl, also Goldfisch. Du gehst nicht in die Höhe, gut, dann transponieren wir ein wenig."

Einige Akkorde, dann trillerte die Begleitung hervor, eine Terz niedriger als sonst.

Und Henni sang. Torkild lauschte. Anja lächelte und nickte aufmunternd. Etta begleitete sicher und einfühlsam. Leo zwinkerte Knut zu. Knut lächelte, aber etwas gezwungen.

„Kannst du mehr aus der Geisha? Das Kußduett?" fragte Torkild.

„Ich kann es wohl, ich konnte beinahe alles aus der Geisha, als ich sechzehn war."

„Das ist noch nicht lange her. Fang an, Etta."

„Ja, aber Torkild, ich habe das nie gesungen, nie im Ernst."

„Einmal muß ja das erstemal sein."

Dann stand Torkild an ihrer Seite, und sein schöner Tenor, der so viele Mädchenherzen zum Schlagen brachte, sang gegen Hennis errötendes Gesicht:

„Du mein Mädchen, kleines Liebchen,
Geisha aus dem Teehausstübchen
Es gibt etwas, das ihr hier nicht kennt.

Bei uns man es küssen nennt."

Nun war Henni nicht mehr bange, sie sang drauflos, mit Charme und Verschmitztheit und einer bezaubernden Koketterie.

Und dann kam das Küssen. Torkild beugte sich scherzend über sie. Knut sah, daß es nur eine Andeutung war, nur ein fingierter Kuß, nur ein Schauspielertrick. Aber trotzdem, das aufgeklebte Lächeln zerplatzte, und er war mit einem Male ernst.

Torkild nahm ihre Hände. „Henni, du kannst es ja! Solche kleinen altmodischen Liedchen liegen dir einfach! Du gebrauchst in aller Bescheidenheit die süße kleine Stimme, die du hast, und reißt den Mund nicht zu weit auf, und du singst mit Vortrag, trotzdem natürlich, Mädel!"

„Allzuviele Blumen", lächelte Henni glücklich und verlegen.

„Henni, hör mal. Bist du dir klar, daß es der unwiderstehliche Film- und Radioliebling Torkild Ager ist, der vor dir steht?"

„Ja, und ich bin mir klar darüber, daß derselbe Torkild Ager einige Drinks unter der Weste hat – ich meine, unter dem Pulli." Knut schüttelte es vor Unbehagen. Und dann sagte Torkild mit Pathos: „Henni, wenn ich dich nun mal in der Tasche mitnähme, wenn ich süßes Schmalz singen soll, im Rundfunk oder noch besser für Schallplatten – du kennst doch Platten von mir ‚Im Silbermondenschein sollst du werden mein', oder ‚Ich denk' an deine bebende Stimme, nie kann ich vergessen dich, Schlimme' –, also kurz gesagt, wenn ich dich mal in der Tasche mitnähme und dich mit einem netten Mann bekannt machte, bei dem du viel, viel verdienen könntest..."

Knut hatte es fertiggebracht, wieder eine Art Lächeln hervorzupressen. „Jawohl", sagte er. „Darf ich mich um eine Stellung als Manager bei der gnädigen Frau bewerben? Ich habe Carnegie Hall in der Hand für ein Konzert im Oktober und vielleicht paßt es der Gnädigen, die Isolde an der Metropolitan zwischen Weihnachten und Neujahr zu singen?"

„Leider", antwortete Henni todernst, „gerade da soll ich einen Romanzenabend in Covent Garden geben."

So ging das Ganze in Spaß auf, aber Torkild sah forschend auf Henni, und sie fühlte seinen Blick und ihr Herz klopfen.

Knut war schweigsam, als sie heimkamen. Er hielt sich selbst eine Vernunftpredigt. Torkild Ager war Filmmann und Operettenliebling. Er war Fachmann auf dem Gebiet. Und natürlich war es der Fachmann in ihm, der für Henni begeistert war, selbstverständlich, ach, das war so selbstverständlich! Denn was in aller Welt hatte sonst dieser professionelle Schönling mit Henni zu tun, mit Knuts Henni, mit Knuts eigener kleiner Frau?

Henni sollte Platten besingen? Henni im Rundfunk? Das nächste würde wohl sein, Henni in einer Sommerrevue, angetan mit Minibikini! Ach nein, da würde Knut schon verstehen, seine Ehemannsrechte geltend zu machen. Blödsinn und Albernheit. Torkild hatte zu viele Gläser gekippt. Am nächsten Morgen, wenn er mit einem Kater erwachte und wieder nüchtern war, würde er das Ganze vergessen haben.

So sagte Knut zu sich selbst und war mächtig nüchtern und vernünftig.

Henni lag mit den Armen unter dem Nacken und starrte lächelnd in das nächtliche Halbdunkel.

„Du, Knut, Anja ist süß, findest du nicht?"

Knut war froh, daß es Anja war, die Hennis Gedanken erfüllte, und er antwortete: „Ja, sicher, Anja ist bezaubernd."

„Und sie war kein bißchen eifersüchtig, als Torkild meine Stimme lobte. Dabei habe ich doch so viel über Eifersucht unter Schauspielern gehört."

Nach kurzem Schweigen erwiderte Knut – und Henni konnte förmlich sein überlegenes kleines Lächeln sehen: „Lieber Himmel, Henni, eine Schauspielerin wie Anja Ehlers kann es sich doch leisten, liebenswürdig gegen eine kleine Amateurin wie dich zu sein."

Jetzt war es Henni, die einen Augenblick schwieg. Aber dann erinnerte sie sich an Torkilds Stimme, hörte den überzeugenden Ton darin, und sie fühlte, daß Torkild etwas für sie tun würde, und so war es Henni, die es sich leisten konnte, überlegen zu lächeln. Sie strich Knut über die Wange:

„Ach du, Freundchen! Du mein feierlicher Ehemann!"

Hennis Hand war warm und geschmeidig, und mit einem Male wurde sich Knut innerlich bewußt, daß diese begehrenswerte Frau ihm gehörte, nur ihm in der ganzen Welt, und er konnte es sich leisten, überlegen auf Torkild Ager zu pfeifen.

Im Ganzen betrachtet, Anja hatte sich überlegen gezeigt, Henni war überlegen und Knut war überlegen. Eine Masse

Überlegenheit!

Du mein feierlicher Ehemann, hatte Henni eben lächelnd gesagt.

Aber plötzlich wurde dieses kleine, halb ironische Lächeln zerdrückt und getötet unter Knuts Kuß. Sein Mund brannte auf dem ihren, und er griff sie und hielt sie fest. Sie gehörte ihm, nur ihm und niemand anderem auf der Welt! Mochte sie ihn zum Spaß einen feierlichen Ehemann nennen, er *war* ihr Ehemann, und er liebte sie, liebte sie mit jeder Fiber seines Wesens.

Endlich war das Unruheelement weg, und die letzte Woche in Steinröjsen verlebten Knut und Henni ungestört und glücklich. Henni hatte die Aufmunterung gebraucht, die diese Filmgeschichte und Torkilds vorbehaltlose Bewunderung ihr verschafft hatten. Jetzt fand sie den Gedanken, das Alltagsleben in der Eckstube bei der Schwiegermutter fortzusetzen, nicht mehr so schlimm. Denn jetzt wußte Henni, daß sie etwas konnte, sie konnte etwas, das Knut bei all seiner Vorzüglichkeit und Schwiegermutter bei all ihrer Tüchtigkeit nicht konnten. Ihre Schwiegermutter würde große Augen machen, wenn im Rundfunk angesagt wurde: „Sie hören nun ein Duett mit Henni Thorheim-Lindner und Torkild Ager."

Nein, Henni fürchtete sich nicht vor dem Alltag. In Zukunft würde er kleine goldene Lichtpunkte bieten. Neben dem Glück mit Knut. Und Knut war glücklich, Henni wieder für sich zu haben, und dachte nicht darüber nach, was es war, das ihrem Lächeln die geheimnisvolle Süße gab, die alle bezauberte. Er wußte bloß, daß er sie liebte wie nie zuvor, und er fühlte instinktiv, daß Henni in kurzer Zeit gereift war. Sie war nicht mehr nur sein kleines Hennilein – sie war eine erwachsene Frau – und eine wunderbare Frau.

Als ein neuer Brief von Mutter kam, in dem sie ihnen Willkommen daheim wünschte und von dem Eingemachten in der Speisekammer und den frischgewaschenen Vorhängen im Eckzimmer erzählte, da lächelte Henni ein wenig, sagte ein paar freundliche Worte und ließ es dabei bewenden. Sie konnte es sich leisten, freundlich und überlegen zu sein. Und sie genoß dieses Gefühl.

Sie machten die Hütte gründlich sauber. Knut schleppte Wasser und schrubbte, und es kam kein Nein über seine Lippen. Henni blickte mit heimlicher Freude auf ihren Mann und mit nicht geringem Triumph. Soweit hatte sie ihn also gekriegt – er war nicht länger Mutters verwöhnter Goldjunge, sondern ein guter Kamerad.

Ja, das hätte Mutter sehen müssen! Steinröjsen wurde in vorbildlicher Ordnung hinterlassen, mit ein paar Leuchtern auf dem Kamin als Gastgeschenk.

An einem sonnigen Nachmittag standen Knut und Henni Hand in Hand an Deck des Schiffes, das sie hinauf zum Oslofjord brachte, zurück zum Alltag und zur Arbeit. Sie sahen einander an und lächelten.

„Wir hatten es wunderbar“, flüsterte Knut. Henni drückte seine Hand. „Wir werden es weiterhin wunderbar haben, Knut.“

„Das werden wir, Geliebte.“

Mutter hatte ein warmes Abendessen für sie, und der Ton war gemütlich und freundlich. Es wurde gefragt und erzählt, und Henni bedankte sich für alles, was Mutter in ihrer Abwesenheit getan hatte. Und Mutter hörte nun, wie Henni Anja Ehlers gedoubelt hatte und wie sie gesprungen war und untergegangen und damit viel Geld verdient hatte.

Nach dem Essen bekamen sie eine Tasse Kaffee, und der Schwatz ging weiter, freundlich und lebhaft. Mutter erklärte Henni allerlei; sie sollte ja nun drei Wochen allein den Haushalt und die Verantwortung haben. Dienstag und Freitag waren die Müllabholtage. „Vergiß nicht, den Mülleimer hinunterzubringen, sonst wird er zu schwer“, ermahnte die Mutter.

„Pah, ich habe einen starken Mann“, lächelte Henni. „Nicht wahr, Knut?“

„Wie ein Löwe“, versicherte Knut und strich ihr über die Wange. „Es gibt keinen Mülleimer, den ich nicht mit dem kleinen Finger hinuntertragen könnte.“

„Es tut mir so leid, dir all das zumuten zu müssen, Henni“, sagte Mutter.

„Meine Liebe“, erwiderte Henni, „Knut hilft mir doch.“

„Ja, daran zweifle ich nicht. Aber Knut hat doch sein Büro, also ...“

„Und ich habe meins, Mutti. Du läßt die Speisekammerfenster immer offenstehen, nicht wahr? Und wie oft wird die

Hintertreppe aufgewischt?“

Henni saß ein wenig vorgebeugt und notierte sich, was Mutter erklärte. Sie hatte ganz blanke Augen, war so jung und geschmeidig und sah reizend aus in dem geblümten Sommerkleid. Um den Hals hatte sie ein buntes Zigeunertuch, das ihr ein etwas verwegenes Aussehen gab.

Mit einemmal wurde es Knut unerträglich, dieses Hausfrauengeschwätz anzuhören. Sollte Henni es nicht fertigbringen, die Mülleimer zu leeren und die Treppen aufzuwischen ohne Belehrungen? Deswegen war er doch zum Kuckuck nicht heimgekommen. Morgen gab's wieder Alltag und Tretmühle, aber heute waren noch Ferien, und er hatte eine kleine Frau, nach der er sich sehnte. Er nahm sie bei den Schultern und zog sie aus dem Lehnstuhl empor.

„So, mein Schatz, jetzt machst du einen Knicks und bedankst dich schön. Jetzt soll das Kind in die Heia.“

Henni lachte, reichte Mutter die Hand und sagte gute Nacht. Und plötzlich hob Knut sie hoch, stieß die Tür auf und trug sie in das Eckzimmer. Die Türe schlug hinter ihnen zu.

„Mein Herz, mein Liebling, ich bin noch viel verliebter wie zur Zeit, als wir verlobt waren.“

„Still, Knut“, flüsterte Henni, „nicht so laut, Mutter kann uns hören.“

Er setzte sie behutsam nieder. Gewiß. Es war Schluß mit dem Hüttenleben. Sie waren wieder zu Hause. Aber Mutter würde ja in zwei Tagen verreisen. Dann würden sie noch drei Wochen für sich haben. Drei Wochen, in denen sie kleine dumme Worte sagen konnten; sich in der Küche umarmen und im Vorzimmer küssen, wenn sie wollten; sagen konnten, was sie wollten und so laut, wie sie wollten und Knut eine spontane Liebeserklärung abgeben konnte, ohne daß Henni ihn zu erinnern brauchte: „Pst, Mutter kann uns hören."

Zwei Tage darauf waren Knut und Henni wieder allein.

Wenn Knut gewußt hätte, wie intensiv Henni das genoß, wäre er vielleicht für seine Mutter verletzt gewesen. Henni trällerte und sang in der Küche am Morgen. Sie trippelte flink durch die Zimmer, sie rief laut und ungeniert nach Knut, und sie war heftig und heiß in ihren Zärtlichkeiten.

Das Frühstück am ersten Tag war so gemütlich, daß sie es allzu lange hinauszogen. Knut mußte zum Büro rasen, und Henni konnte nur noch das gebrauchte Geschirr zusammenstellen, dann mußte auch sie fort.

In der Lunchpause rannte sie in die Stadt und kaufte eine Menge Delikatessen. Sie war gut bei Kasse, ihr Filmhonorar noch unberührt. Jetzt sollte sich Knut an etwas extra Feinem gütlich tun. Sie ging auch ins Weinmetropol und war leichtsinnig. Als es drei schlug, setzte sie den Deckel auf die Schreibmaschine und lief davon.

Wie es nur zu Hause aussah! Henni wusch auf, staubte ab, solange sie Zeit hatte, dann mußte sie das Mittagessen aufsetzen.

Knut war freudig überrascht über das gute Essen. Es gab ein prachtvolles Ochsenfilet mit teuren Büchsenerbsen und nachher Himbeercreme. Aber man wird so schläfrig von gutem Essen. Knut und Henni konnten der Versuchung nicht widerstehen, alles stehenzulassen, während sie ein langes Mittagsschläfchen hielten.

Dann kam das Erwachen bei unaufgeräumter Küche und ungewischten Fußböden.

Henni ging schlaftrunken an die Arbeit. Knut ergriff die Abendzeitung und gähnte ab und zu.

Na? dachte Henni, überläßt er mir alles allein? Sie räumte auf, wusch und wartete. Nein, kein Knut.

Doch, endlich rührte er sich. „Du, Henni, machst du eine Tasse Kaffee?"

Hennis Feststimmung war verflogen.

„Ja, wenn ich mit dem Aufwasch fertig bin. Kannst du nicht abtrocknen?"

„Abtrocknen? Doch, das könnte ich schon." Knut ergriff ein Küchentuch und begann.

Henni blickte ihn von der Seite an. Gehörte nicht mehr als die gewohnte Umgebung dazu, um seine Hilfsbereitschaft und die gute Kameradschaft aus der Hütte zu vergessen?

Nun, sie wollte nicht anfangen zu schimpfen und zu predigen. Sie mußte hoffen, daß es sich einrenken würde. Denn sie wollte absolut nicht die ganze Schererei allein haben, da sie doch auch den ganzen Vormittag im Büro arbeitete, genau wie Knut.

Aber das würde sie schon hinkriegen! Sie zog den Stöpsel aus dem Abwaschbecken, trocknete den Tisch ab und setzte Kaffeewasser auf. Sie warf einen Blick auf den Küchenboden. Hm, der sollte aufgewischt werden. Und der Ausguß war grau und fettig. Brr!

Nun, sie würde morgen zeitig anfangen. Jetzt wollten sie es gemütlich haben.

Sie tranken Kaffee und hörten Radio, und Henni setzte sich hin, um ein Handtuch zu stopfen, nicht, weil dies so dringend nötig gewesen wäre, sondern weil sie dazu aufgelegt war, zu einer geruhsamen Arbeit, und sie genoß es, mit ihrem Mann allein zu sein.

Knut hörte sich einen Vortrag im Radio an, und Hennis Gedanken sprangen ein wenig umher, machten kleine Abstecher dahin und dorthin.

Ob Torkild Ager bald von sich hören ließ? Ob sie wirklich dazu kam, im Rundfunk zu singen?

Sie mußte sich bei Hermann Krage noch für die Überlassung der Hütte bedanken. Aber noch waren Sommerferien. Von Torkild würde sie wohl nichts hören, ehe die Theatersaison anfing. Und Hermann Krage war sicher im Gebirge.

Damit überließ sie sich der Ruhe, lächelte vergnügt und legte das ausgebesserte Handtuch zusammen.

Dann war der Vortrag beendet, und Knut schaltete das Radio ab. Er blieb sitzen und sah auf Henni und lächelte ihr zu.

„Es kleidet dich gut, so sonnenverbrannt zu sein, mein Schatz!“

„Dich auch.“

Knut stand auf, strich ihr übers Haar und ging in die Küche. Henni hörte ihn rumoren. Was machte er denn? Sie lauschte. Jetzt kam er in die Tür. Er trug ein Tablett mit zwei Gläsern und einer halben Flasche Sekt.

„Knut, du Schuft, wie hast du denn die gefunden?“

„Gefunden? Glaubst du, man findet eine Veuve Cliquot, Mädchen? Nein, die habe ich nicht gefunden, sondern für teure Moneten gekauft."

Henni brach in Lachen aus. „Ach Knut, ich habe auch eine gekauft!"

„Famos! Du hast dich also auch an den Tag erinnert?"

An den Tag erinnert? Für Henni war es kein anderer Tag als der, an dem sie und Knut zum erstenmal allein im Haus waren, so herrlich allein.

Der Tag – zweiter August –

Der zweite – Himmel, daß sie das vergessen konnte! „Knut – glaubst du nicht, daß ich weiß, daß wir miteinander schon ein Vierteljahr ausgehalten haben? Und so sitzen wir hier mit gegenseitigen Überraschungen, mit zwei halben Flaschen Sekt."

Knut wickelte den Draht auf und ließ den Korken an die Decke knallen.

„Das sollte Mutter wissen!" sagte Henni später.

„Wie meinst du das? Glaubst du nicht, daß sie uns das Glas Champagner gönnt?" fragte Knut.

„Doch", sagte Henni, „sie gönnt es uns sicher, aber ..." Sie beendete den Satz nicht und Knut fragte nicht weiter.

Es wurde ein großer Abend.

„Den Mülleimer", rief Henni.

Knut war schon halb die Treppe hinunter. „Ach zum Teufel! Hab' keine Zeit, Henni, laß den bis Freitag stehen."

Henni blieb nachdenklich vor dem Mülleimer stehen. Sicher konnte sie ihn selbst hinuntertragen. Aber Knut hatte diese Aufgabe übernommen. Man kam nicht darum herum, Knut mußte endlich erzogen werden.

Henni war müde.

Allerdings genoß sie es immer noch, die Wohnung, und besonders die Küche, ganz allein zu haben. Aber wieviel doch in einer Wohnung zu tun war! Hier fiel ja Staub, als ob alte, rußspeiende Lokomotiven jeden Tag durch die Straßen fuhren. Und was für eine Menge Blumen Schwiegermutter hatte, die mußten jeden Tag gegossen werden, denn sicher sollte Mutter nicht ein verwelktes Blatt finden, wenn sie heimkam. Und Hennis Blusen mußten gewaschen und gebügelt werden, und dann lief eine Masche in der Strumpfhose, und dann sollte die Hintertreppe aufgewischt werden, und dann war es die Vordertreppe zweimal die Woche. Viele, viele Sachen, an die Henni im Grunde nicht gedacht hatte, weil die sonst gemacht wurden, ohne daß sie davon wußte.

Bat sie Knut um Hilfe, war er immer willig. Aber sie mußte immer bitten. Es ärgerte sie, daß er nie von selbst darauf kam, ihr zu helfen. Aber Henni hatte eine ganz schöne Portion gesunder Vernunft, die sich jetzt entfalten durfte – jetzt, wo sie mit allem allein war: Kochen, Abwaschen und täglichen Problemen. Jetzt, wo ihre Gedanken nicht mit den Schwierigkeiten in Anspruch genommen waren, die das Zusammenleben mit der Schwiegermutter mit sich brachten.

Und Hennis gesunde Vernunft sagte so:

„Du hast einen guten und netten Mann, Henni. Er kann

nichts dafür, daß er verwöhnt ist. Sprich dich mit ihm aus, erklär ihm deine Ansicht von der Sache, er wird es verstehen."

Wie gedacht, so getan.

„An die Arbeit, junger Mann", sagte Henni lustig, als sie gegessen hatten. „Das Wasser ist warm, hier soll aufgewaschen werden."

Knut erhob sich und lächelte ein wenig. „Ach, du kleine Sklaventreiberin!"

„Tja", sagte Henni, „wenn nur du nicht der Sklaventreiber bist und ich die Sklavin! Sieh her, das rotkarierte Tuch sollst du für die Gläser nehmen, du Pascha!"

„Pascha? Wie meinst du denn das?"

„Ja, sitzt du im Grunde nicht lieber im Lehnstuhl und winkst mit dem kleinen Finger und sagst: Weib, nimm deine Pflichten wahr und bring deinem Herrn und Gebieter seinen Mokka und die Wasserpfeife?"

Hennis Stimme war munter und ihr Lächeln ungezwungen. Trotzdem lauschte Knut auf etwas im Klang ihrer Stimme.

„Du, Hennilein, ich habe so das Gefühl, als versuchtest du auf eine heitere Weise, ernsthaft mit mir zu sprechen. Stimmt das?"

„Ehrlich gesagt, ja!"

„Dummerle du! Du brauchst doch deine Worte nicht in Watte zu wickeln. Brüll doch los, Mädchen!"

„Ja, siehst du, Knut, erstens habe ich dich lieb, nein, küß nicht meine Nasenspitze, ich rede im Ernst! Und zweitens sehe ich deine guten Seiten."

„Da ist nicht viel zu sehen", warf Knut ein.

„Aber außerdem sehe ich auch deine weniger guten. Die besten sah ich, als wir in der Hütte waren. Da warst du ein tadelloser Kamerad, und es war eine Wonne, dort die Hausarbeit zu machen, weil wir alles zusammen taten. Und nun überlege ich, warum du hier in der Stadt nicht dasselbe tust."

Knut sah sie nachdenklich an. „Du hast recht, Henni. Ich bin wohl ein unverbesserlicher Egoist."

„Nein, weit entfernt. Aber – sei nicht böse, Knut, du bist arg verwöhnt von Mutter, nicht wahr? Du denkst zum Beispiel nie daran, daß sie selbst die schweren Mülleimer hinunterträgt; und wie oft holst du Koks und Holz herauf? Nein, du denkst darüber nicht nach, weil Mutter das tut, während du im Büro bist. Wärst du daheim, würdest du es selber machen, das ist mir klar. Ich werfe dir nichts vor, aber – nicht wahr, du warst ein Muttersöhnchen?"

Knut wurde rot. Er stand verlegen da und fummelte mit dem Geschirrtuch. „Kann sein, aber ist das meine Schuld?"

„Nein, absolut nicht, und ich hätte kein Wort gesagt, wenn ich nicht eine berufstätige Frau wäre. Sieh mal, Knut, wenn ich nichts anderes hätte als den Haushalt, dann wäre das meine Arbeit und das Büro deine. Aber da wir beide berufstätig sind, beide Geld für den Haushalt schaffen, beide müde am Abend heimkommen, wäre es da nicht vernünftig, daß wir beide ..."

„Henni, du hast vollkommen recht. Gott sei Dank, daß du es ausgesprochen hast, mein Kleines. Es wäre idiotisch von dir gewesen, wenn du heimlich bitter geworden wärst über meine Gedankenlosigkeit. Paß auf mich auf, Henni, wenn ich in meine alte Faulheit zurückfalle. Rom wurde ja auch nicht an einem Tage erbaut, und du wirst sicher noch manche Enttäuschung an mir erleben, aber gib nicht auf."

Henni ließ die Abwaschbürste fallen und schlang die Arme um Knuts Hals. „Knut, du bist eine Seele von Ehemann!"

Eine Umarmung ist schwierig, wenn man in nasse Geschirrtücher und Abwaschlappen verwickelt ist. Zwei Hände sind zu wenig, um seine Frau zu umarmen und gleichzeitig Teller zu trocknen. Es kostete einen Teller, der ging auf dem Fußboden zu Bruch.

Knut zeigte wirklich guten Willen. An dem Tag, da Henni ihn mit einer Schürze angetan vorfand, im Begriff den Fußboden aufzuwischen, war sie gerührt. Sie war nicht so dumm, um nicht zu verstehen, welche Umwälzung das bedeutete. Henni fühlte eine ungehörige kleine Freude bei dem Gedanken daran, was Mutter dazu gesagt hätte.

Nun ja, Knut hatte auch seine trägen Stunden, aber im großen und ganzen war Henni zufrieden und mehr als das.

Er war gut, ihr Mann. Mit jedem Tag, der verging, wurde er mehr und mehr ihr Mann, weniger und weniger Mutters Sohn.

In dieser Zeit kamen sie einander näher auf eine andere Art als vorher. Bisher hatten sie in einem Rausch von Verliebtheit gelebt, unterbrochen von ein paar disharmonischen Szenen, über die jedoch ihre Liebe hinweggeholfen hatte. Jetzt waren sie Kameraden. Während sie zusammen aufwuschen, während sie das Große und das Kleine der Hausarbeit teilten, plauderten sie gemütlich und kameradschaftlich. Sie erzählten einander Kleinigkeiten aus ihren Büros, sie verstanden einander, lachten über dieselben Sachen. Es war nicht so, daß die Kameradschaft an Stelle der Liebe trat. Im Gegenteil, die Liebe wurde nur noch mehr gefestigt.

Aber es gab etwas, worüber sie nie sprachen: über die Möglichkeit ein Kind zu bekommen. Da war Henni entschlossen: Solange sie nicht ihr eigenes Heim hatten, wollte sie kein Kind haben. Vielleicht verstand Knut, daß hinter ihrem rasenden Ausbruch damals Ernst gesteckt hatte. Jedenfalls sprachen sie nicht davon.

Dagegen kam es oft vor, daß sie sagten „wenn wir einmal eine Wohnung bekommen", – „wenn wir mal in unser Eigenes ziehen", aber sie vertieften sich nicht näher darin, weil sie wußten, solange sie ein geräumiges Zimmer mit Küchenbenutzung und Bad hatten, würde das Wohnungsamt ihnen nie etwas anderes verschaffen. Und das notwendige Geld für eine Eigentumswohnung hatten sie nicht.

Auch über Torkild Agers goldene Versprechungen an jenem Abend in Tangbukta wurde niemals gesprochen. Knut war durchaus nicht dafür, daß Henni anfangen wollte, aufzutreten und Geld mit ihrer Stimme zu verdienen. Gewiß mochte er es gern, wenn Henni daheim trällerte und zwitscherte, und gewiß war sie musikalisch. Sie hatte ihm erzählt, daß sie in der Schule immer die zweite Stimme hatte singen müssen, weil sie so sicher war und in der Regel nach dem Gehör singen konnte, aber das konnten tausend andere auch, das reichte nicht zu einem Auftreten. Knut ärgerte sich, daß Torkild Ager ihr solche Rosinen in den Kopf gesetzt hatte, und er wünschte heiß und innig, daß Torkild die ganze Geschichte vergessen hätte.

Diesen Wunsch teilte Henni nicht. Andererseits hatte sie es nun so gut und war so glücklich, daß sie durchaus keine Aufmunterung brauchte, wie der Gedanke an Torkilds Versprechungen es hätte sein können.

Jetzt, wo sie so gute Hilfe von Knut bekam, ging die Hausarbeit spielend leicht. Und dann diese Wohltat, allein in der Küche zu sein. Ein paar kleine Mißgeschicke nahm sie mit Humor auf, sie erzählte sogar Knut davon und machte sich über sich selbst lustig. Aber wenn Mutter Zeuge einer Patzerei war, wurde sie nervös.

Jetzt arbeitete sie ruhig und viel geschickter als früher, weil ihr keiner dreinredete. Keiner sagte ein Wort, wenn einmal eine Arbeit ausfiel, und noch besser, da waren keine hilfreichen Hände, die ihr die Arbeit abnahmen, außer denen von Knut natürlich. Aber Knut half nur, er beobachtete nicht mit wachsamen Augen alles, was sie tat.

Die Zeit verging nur allzu schnell.

Henni sah Mutters Heimkehr ruhig entgegen. Jetzt hatte sie Knut auf ihrer Seite, nun würde er sie verstehen und ihr helfen, was auch geschehen mochte. Ja, sie hatte ihn ganz in ihren Händen – er war abhängig von ihr, wie sie von ihm.

Wie auf Verabredung gestalteten sie den letzten Tag so festlich wie möglich. Knut brachte Blumen mit, und Henni bereitete ein ausgezeichnetes Essen. Am Abend knallte wieder ein Sektkorken im Eckzimmer.

So etwas hätten sie niemals getan, wenn Mutter daheim gewesen wäre. Sollte sie, im Nebenzimmer sitzend, den Knall eines Sektkorkens hören und ihre Munterkeit, den beinahe kindlichen Übermut, wenn sie in ausgelassen verliebter Stimmung waren? Nein, das war unmöglich.

Sie wußten es beide, sprachen jedoch kein Wort darüber.

So genossen sie ihr Alleinsein, genossen bewußt jede einzige Sekunde. Der Abend war wunderbar lang und trotzdem zu kurz.

An einem Samstag erwarteten sie Mutter zurück.

Henni eilte vom Büro heim, setzte den Kaffeekessel auf und schmierte ein paar Semmeln.

„Du mußt dich jetzt damit begnügen, Knut, Mittagessen bekommst du heute abend." Henni nahm sich kaum Zeit, etwas zu essen, dann begann sie schon mit dem Generalaufräumen und Generalputz. Sie putzte das Silber und Aluminium, wischte die Fußböden auf, staubte ab, und vor allem sorgte sie dafür, daß die Küche glänzend sauber war.

Knut ging an die Bahn, um Mutter abzuholen, und Henni begann zu kochen. Sie deckte den Tisch im Eckzimmer. Sie zog die Rotweinflasche auf, die neben dem Herd gestanden hatte. Als sie das Taxi draußen hörte, zog sie einen Kamm durch die Locken und riß die Schürze herunter. So nahm sie ihre Schwiegermutter in Empfang, frisch und hübsch in ihrem Sommerkleid.

„Nein, was für eine reizende Heimkehr", lobte Mutter. Während sie ihren Mantel auszog und sich zurechtmachte, wanderten ihre Augen überall herum.

„Wie hübsch du alles gehalten hast, Henni. Sieh mal, die Begonie steht ja in voller Blüte. Laß mich nur das Wichtigste auspacken."

„Willst du nicht zuerst essen, Mutti?" fragte Henni freundlich. „Wir haben mit dem Mittagessen auf dich gewartet."

„Aber meine Liebe, ihr habt noch nicht gegessen? Und du, mein Junge, hast doch immer so einen Wolfshunger, wenn du vom Büro kommst."

„Ich habe jetzt auch einen Wolfshunger", lachte Knut gutmütig. „Komm jetzt essen, Mutter."

„In fünf Minuten. Ich muß noch etwas auspacken. Ich habe einen herrlichen Braten mit vom Lande, ja, morgen müßt ihr bei mir essen. Ja, und zwanzig Eier und etwas Sahne, ach, der Braten ist zu groß für den Kühlschrank, den bringe ich schnell in den Keller."

„Das tut Knut für dich, Mutti, während du dich wäschst", entgegnete Henni.

„Selbstverständlich", sagte Knut.

„Wie nett von dir, mein Junge. Der Schlüssel hängt neben der Speisekammer."

„Na hör mal", sagte Henni, „glaubst du, Knut weiß nicht,

wo der Schlüssel ist – in seinem eigenen Heim?"

Mutter warf ihr einen Blick zu und antwortete nicht. Und Henni ging in die Küche.

Sie legte das Roastbeef auf die Schüssel, garnierte es mit Petersilie, Tomaten und Zwiebeln und machte alles hübsch und sorgfältig, aber es war keine Freude dabei. Sie konnte es selbst nicht erklären, warum. Mutter war doch gut und lieb, das Schlimme war nur, daß sie überhaupt da war. Sie war wieder da, mit den wachsamen Augen und den lauschenden Ohren.

Henni seufzte und wußte nicht einmal, daß sie es tat.

„Bist du so gut, zu tranchieren, Knut?" Henni stellte die Schüssel mit dem Roastbeef neben ihn. Ihr selbst unbewußt wollte sie damit betonen, daß Knut der Hausherr war, ein Hausvater mit häuslichen Pflichten.

Knut sah einen Augenblick verblüfft drein. Es war das erstemal, daß sie einen Braten hatten, der aufgeschnitten werden mußte. Gewöhnlich machte ja Henni schnelle und einfache Gerichte. Aber er ging es mutig an.

„Dünner, mein Junge, viel dünner – soll nicht ich – –," Mutter hatte sich bereits im Stuhl halb erhoben.

„Ich glaube, Knut ist alt genug, um es selbst zu können", sagte Henni und legte einen kleinen Nachdruck auf „selbst". „Wir sind richtige Fleischesser, Knut und ich, aber du sollst schon ein paar dünne Scheiben bekommen."

Das Roastbeef war außen knusprig braun und innen blutrot. Henni war stolz darauf.

„Knut, sei so gut und gib mir etwas vom Abschnitt, der ist nicht so roh." Mutter reichte ihm ihren Teller.

Henni spitzte die Ohren. Soso! Sollte das nun auch ein Mißgriff sein?

„Nein, daß du so rohes Fleisch ißt, mein Junge“, sagte Mutter. „Das ist etwas ganz Neues für mich.“

„Ich finde es prima“, sagte Knut.

„Früher hast du doch nie...“

„Früher hatte Knut vielleicht keine Gelegenheit zu vergleichen“, sagte Henni und reichte Mutter eine Schüssel mit Rohkostsalat.

Mutter bediente sich und aß langsam. Henni hatte das beklemmende Gefühl, daß die Stimmung anfing, schwül zu werden.

Nachher bot sie eine Tasse Tee mit Keks, Käse und Marmelade an.

Mutter nahm sich einen Teelöffel Himbeermarmelade. Sie kostete davon, sagte nichts, aber zu dem nächsten Keks nahm sie Käse.

Knut fragte, wie es ihr ergangen sei, und Mutter erzählte von dem gleichmäßigen Alltagsleben bei Kusine Else. Sie hatten es gut und friedlich gehabt, und Mutter hatte beim Einmachen geholfen. Es war eine große Arbeit gewesen. Else hatte so viele Beeren im Garten.

„Wir sind in der Beziehung auch fleißig gewesen“, sagte Knut. „Ich glaube, Henni hat eine Tonne Beeren eingemacht.“

„Nun ja, es kommt darauf an, welche Rezepte man braucht. Else macht auf gute altmodische Weise ein, da braucht sie keine künstlichen Konservierungsmittel zu verwenden. Man kann sagen, was man will, aber es schmeckt doch immer durch."

Henni biß die Zähne zusammen. Ihre Marmelade schmeckte ein klein wenig nach Benzoesäure, das wußte sie. Sie wollte etwas entgegnen, aber plötzlich überkam sie eine große Gleichgültigkeit. Mutter konnte von ihr aus sagen und glauben, was sie wollte. Pah!

Immer brachte es Mutter fertig, daß sie sich klein und dumm vorkam, immer drehte sie es so, daß Henni etwas falsch gemacht hatte, so daß sie selbst Gelegenheit bekam, mütterlich nachsichtig zu sein.

Jetzt war sie gewiß bange, daß der Goldjunge einen Bandwurm bekommen könnte, weil er halbrohes Fleisch gegessen hatte, und womöglich wurde sein zartes kleines Engelsmägelchen von ein paar Milligramm benzoesaurem Natron angegriffen.

Henni war froh, als die Mahlzeit vorüber war. Und sie war froh, weil sie einen Vorwand hatte, allein in der Küche zu sein. Sie bat Knut, bei der Mutter drinnen zu bleiben, heute wollte sie das Aufwaschen allein besorgen. Sie durften Mutter am ersten Abend nach der Rückkehr nicht allein lassen.

So stand sie in der Küche und wusch und trocknete und räumte auf und wußte, nun glitt das Leben wieder in den grauen Alltag zurück.

Am nächsten Tag aßen sie zu Mittag bei Mutter. Der Rinderbraten war durchgebraten und der Blumenkohl gründlich gekocht. Zum Sahnereis nachher gab es Himbeermarmelade, süß und dick und ohne Konservierungsmittel.

Man kann vieles ohne Worte sagen, dachte Henni, und die Bitterkeit wuchs in ihr.

Was hatte Monika damals gesagt? Eine Küche ist die beste Brutstätte für Streit zwischen Frauen.

Sie stritten nicht. Es wurde nie ein heftiges Wort zwischen ihnen gewechselt. Aber Mutters Augen folgten Henni bei allem, was sie tat. Und das Gefühl, daß sie unfrei war, ging Henni mehr und mehr auf die Nerven.

Zwei Tage nach Mutters Heimkehr kam Knut in Hemdsärmeln in die Küche, um abzutrocknen. Mutter war auch da, überhaupt hatte Henni den Eindruck, daß Mutter immer in der Küche war.

„Aber nein, mein guter Junge“, sagte Mutter, „geh hinein und setz dich hin. Ich kann ja Henni beim Abtrocknen helfen.“

„Ich habe nichts dagegen...“ Knut wollte schon das Küchentuch weglegen, aber da fing er einen Blick von Henni auf und – verstand.

„...Henni zu helfen“, vollendete er den Satz. Dann polierte er Gläser und Silber mit Virtuosität und setzte Teller und Platten hübsch in den Schrank. Frau Thorheim schwieg, ihre Schweigsamkeit hallte von den Wänden wider.

Eines Morgens kam Knut aus dem Bad. Henni war dabei, die Betten zu machen.

„Hast du den Boden im Bad aufgewischt, Knut?“

„Werde es gleich machen. Will mir nur ein bißchen was anziehen.“

Knut warf sich in Hemd und Hose, aber ehe er die Schuhe

anziehen konnte, hörte man den Eimer im Bade rumpeln. Henni stürzte hinaus. Ganz recht, da stand Mutter mit dem Schrubber und wischte auf.

„Hör mal Mutter, konntest du denn nicht zwei Minuten warten, bis Knut sich angezogen hatte, so daß er selbst aufwischen konnte?"

Frau Thorheim blickte Henni an, ohne ihre Arbeit zu unterbrechen.

„Liebe Henni", sagte sie sehr ruhig, „ich habe seit siebenundzwanzig Jahren mein eigenes Badezimmer aufgewischt wann und wie oft ich es wollte, und ich habe vor, es weiterhin zu tun. Du mußt es ertragen, daß ich meinem Sohn diesen kleinen Dienst erweise. Laß ihm Zeit zu seinem Frühstück, er muß ja in einer halben Stunde gehen."

Es kochte in Henni. Es kochte so sehr, daß sie einfach nicht wagte, etwas zu sagen.

Sie ging zu Knut hinein, und ihr Gesicht sah aus wie eine Gewitterwolke.

„Na?" fragte Knut.

„Deine Mutter ist dir zuvorgekommen", sagte sie verbissen. „Du überanstrengst dich sicher, weil du mir beim Abtrocknen hilfst und nach deinem Bad aufräumst."

„Nun ja, Mütter", sagte Knut mit seiner guten Stimme. „Warte nur, wenn du selbst mal einen Sohn hast..."

„Ja, wenn ich einen bekomme", erwiderte Henni hitzig. „So merkwürdig das auch klingt, es ist das Wohnungsamt, das diese Frage entscheidet."

Knut seufzte. Es war nicht immer eine Lust zu leben. Er

und Henni waren in den Alltag zurückgeglitten, und die Alltagsprobleme hatten eine ernste und ein wenig bittere Frau aus seinem Sonnenscheinmädel gemacht.

Henni erwachte, blinzelte und gähnte. Wie hell es war!

Sie sah auf den Wecker, er zeigte vier. Sie horchte. Nein, er war stehengeblieben.

Dann angelte sie nach ihrer Armbanduhr, und im nächsten Augenblick sprang sie auf.

„Knut, Knut! Wir haben verschlafen. Beeil dich, es ist halb neun!"

Bloß mit dem Kimono angetan eilte Henni in die Küche, machte blitzschnell Kaffee und strich die Bürobrote für Knut. Das Frühstück wurde hinuntergeschlungen, während sie sich anzog, und dann mußte sie losrennen, und alles hinterlassen wie es war – Frühstückstisch, ungemachte Betten, Staub und Durcheinander, Kleider über Stuhllehnen.

Nun, sie erreichte noch pünktlich ihr Büro. In der Lunchpause kaufte sie fertiges Essen in einem Feinkostgeschäft, so daß sie mit der Mittagsmahlzeit in fünf Minuten fertig werden konnte. Pah, das war nicht schlimm, sie würde schon Ordnung machen, ehe Knut heimkam.

Sie machte lange Beine, kam atemlos heim – und blieb in der Tür stehen.

Das Frühstücksgeschirr war weg. Die Betten waren gemacht, alle Kleider im Schrank aufgehängt. Die Möbel hatten jene Frische, die vom gründlichen Staubsaugen herrührt. Die Tischplatte glänzte, die Fensterpflanzen waren gegossen.

Es kribbelte ihr in den Fingern. Am liebsten hätte sie die Kleider wieder aus dem Schrank gerissen, überall hingeschmissen, die Couch aufgeschlagen und die Betten durcheinandergebracht. Natürlich tat sie es nicht, weil ja die Vernunft doch etwas zu sagen hatte. Aber sie raste innerlich.

„Ja, zum Teufel!" fauchte sie und wurde sich erschreckt bewußt, daß sie laut und böse geflucht hatte.

„Ist es denn nicht möglich, irgendetwas hier im Hause allein zu tun?" murmelte sie und war so zornig, daß sie dem Weinen nahe war.

Da erinnerte sie sich auf einmal an eine Geschichte, die Vater von ihr erzählt hatte, als sie zwei Jahre war. Eine Geschichte, über die sie oft gelacht hatten.

Henni war mit Vater auf der Straße gegangen, war gestolpert und hingefallen. Vater hatte sie aufgehoben, abgebürstet, bei der Hand genommen und war weitergegangen. Aber plötzlich hatte Henni ihre Hand aus Vaters Hand gerissen und laut und verbittert gerufen: „Nein, Hennilein." Dann war sie zu der Stelle zurückgelaufen, wo sie gefallen war, hatte sich auf den Bauch geworfen, sich allein erhoben, sich selbst abgebürstet, und dann war sie zurückgekommen zu Vater und hatte vergnügt die Hand in die des Vaters gesteckt. Sie hatte bewiesen, daß sie „allein" fertig werden konnte! Es fiel ihr ein, daß es dasselbe Gefühl war, das sich nur geltend machte, wenn sie so einen rasenden Drang fühlte, alles wieder durcheinanderzubringen, was Mutter so umsichtig geordnet hatte.

Ach lieber Gott, warum durfte sie denn nicht allein sein mit ihrem Kram – warum durfte sie nicht selbst die Konsequenzen aus ihren Dummheiten und Schnitzern ziehen. Es war ihr, als ob sie unter einer Watteschicht langsam erstickt würde, einer weichen, lauen Schicht von Wohltätigkeit, die sich schmiegsam aber unbarmherzig um sie legte.

Das war nicht leicht für eine selbständige Natur wie sie, die sich immer selbst hatte helfen müssen und auf sich selbst gestellt war.

Oh, diese – diese verdammte Verwöhnung!

Mit einemmal bekam Henni eine Idee, die bewirkte, daß sie einen höflichen, wenn auch nicht gerade herzlichen Gesichtsausdruck aufzusetzen vermochte, als sie in die Küche ging, wo Mutter schon beim Kochen war.

Beiläufig sagte Mutter: „Ich habe ein bißchen aufgeräumt bei dir drin, Henni. Ihr hattet anscheinend verschlafen."

Drin bei dir! Henni notierte sich insgeheim, daß Mutter – natürlich unbewußt – „bei dir" gesagt hatte und nicht „bei euch". In ihrem Unterbewußtsein waren Knut und Henni keine Einheit.

„Das ist meiner Aufmerksamkeit nicht entgangen", sagte Henni mit unnatürlich ruhiger Stimme. „Danke", fügte sie hinzu. Das sollte Mutter ihr nicht nachsagen können, daß sie sich nicht bedankte für die Dienste, die sie ihr erwies, selbst wenn sie noch so unwillkommen waren.

Hennis Ton lud nicht zu weiteren Gesprächen über den Töpfen ein. Jede für sich machte sich mit ihrem Mittagessen zu schaffen.

„Ich gehe auf einen Sprung zu Mutter", sagte Knut nach dem Kaffee.

Henni sah ihm nachdenklich nach. Komisch! Er mit seinem „Sprung zu Mutter"! Er hatte damit angefangen, nachdem Mutter aus den Ferien zurück war. Vor den Ferien hatte er sich oft mit einem guten Morgen und gute Nacht begnügt. Aber jetzt saß er fast jeden Tag eine Weile bei ihr. Sie verstand nicht, daß Knut von Mitleid getrieben wurde, ja, beinahe von einer Art schlechtem Gewissen. In Wahrheit war ja Henni ein und alles für ihn, aber gerade deshalb paßte er auf, daß Mutter sich nicht vernachlässigt fühlte. Gerade deshalb war er bestrebt, herzlich und nett zu der Mutter zu sein.

Knut saß zwischen zwei Stühlen und hatte es nicht leicht. Henni wollte das Alleinrecht auf ihn haben, wollte das Monopol auf seine Zärtlichkeit, seine Liebe, seine Gedanken und Interessen, sie wollte ihn mit niemandem teilen.

Mutter kämpfte ihren stillen Kampf, um die Zuneigung ihres Sohnes zu behalten, ja mehr als das, mit unzähligen kleinen Wohltaten erkaufte sie sich seine Dankbarkeit. Aber dann dachte Henni wieder an die Idee, die ihr gekommen war, und sie fühlte eine schadenfrohe Vorfreude.

Sie verwirklichte diese Idee am nächsten Morgen.

Knut war ins Büro gegangen. Henni hatte ihren Küchentisch in fleckenlosem Zustand hinterlassen. Jetzt steckte sie den Kopf durch die Wohnzimmertür und sagte: „Auf Wiedersehen, Mutter."

Die Tür zum Eckzimmer war abgeschlossen, und der Schlüssel lag in Hennis Tasche.

Innerlich grinste sie bei dem Gedanken an das Heimkommen. Sicher würde Mutter etwas darüber sagen, daß abgeschlossen war, und dann wollte Henni mit verwundertem und sehr freundlichem Tonfall antworten:

„Ja gewiß, so war es, – aber wieso weißt du denn das, Mutter? Hattest du etwas bei uns zu tun? Dann würde Mutter ihr wohl endlich einmal die Antwort schuldig bleiben.

Henni hatte diesen Tag sehr viel im Büro zu tun. Der Anwalt war in einer Sitzung, und ehe er ging, hatte er Henni einen Haufen Dokumente zum Schreiben aufgehalst. Endlich kam er um halb drei wieder und diktierte dann noch eine Anzahl Briefe. Henni stenografierte mit Verzweiflung im Herzen. Das gab Überstunden – und der Schlüssel! Und Knut! Und Mutter! Und das Mittagessen! Vielleicht konnte sie den Anwalt bitten, heimgehen zu dürfen, und diese Briefe am Nachmittag fertig machen, sie würde gern zurückkommen und bis zum Abend arbeiten.

Aber ehe sie dazukam, darum zu bitten, sagte er: „Ich bedaure, daß ich Sie heute länger hierbehalten muß, Frau Thorheim, aber die Post muß mit dem Abendzug weg, Sie verstehen ..."

Niedergeschlagen setzte sich Henni an die Schreibmaschine.

Da war nichts mehr von der schadenfrohen Stimmung in ihr, als sie um fünf Uhr die Treppe hinaufschlich. Sie hatte geradezu Magendruck, und ihr graute vor der Szene, die kommen mußte, es graute ihr wie einem Kind, das etwas ausgefressen hat und weiß, jetzt gibt es Haue.

Knut kam aus Mutters Zimmer, als er Henni im Vorzimmer hörte.

„Es tut mir leid, Knut – ich mußte Überstunden machen, und ich konnte nicht dagegen protestieren, weil der Chef immer so nett zu mir ist."

„Das ist klar", sagte Knut. „Ich habe schon bei Mutter gegessen."

„Ja, das hast du wohl."

Knut sagte nichts mehr, ehe Henni den Schlüssel hervorgezogen und aufgeschlossen hatte.

Dann kam es, nachdem die Tür hinter ihnen geschlossen war.

Knut sah sie an, ruhig und ernst. Als er sprach, war er weder heftig noch unbeherrscht. Gerade deshalb machten seine Worte Eindruck.

„War das wirklich notwendig, Henni?"

Henni biß sich auf die Lippe. Es dauerte einen Augenblick, ehe sie antwortete. „Ich ahnte ja nicht, daß ich Überstunden machen mußte. Du kannst dir denken, daß ich nicht beabsichtigte, dich vor einer verschlossenen Tür stehen zu lassen."

„Umgehe nicht das Wesentliche. Daß ich eine Weile warten mußte, machte nicht viel aus, obwohl es nicht gerade angenehm war, daß Mutter zuschaute, wie ich an meiner eigenen Tür rüttelte, die verschlossen war. Aber Henni, war das notwendig?"

„Meiner Meinung nach – ja, Knut. Auf die eine oder andere Weise mußte ich es ja deiner Mutter klarmachen, daß ich mein Heim für mich selbst zu haben wünsche."

„Ihr würde es niemals einfallen, ihre Tür vor dir zu verschließen."

„Es würde mir auch nie einfallen, ihre offene Tür zu mißbrauchen."

„Und du meinst, Mutter hat das getan?"

„Ja, und nicht bloß einmal. Glaubst du, es sei so angenehm, heimzukommen und zu merken, daß ein Fremder in meinen Kommodenschubladen gewesen ist oder in meinem Heim aufgeräumt und geordnet hat?"

„Zunächst ist Mutter nicht ‚fremd'. Und dann kommt es wohl auf die Absicht an, Henni. Mutters Absicht war es nicht, zu schnüffeln."

„Ach, das weiß der Kuckuck!" brach es plötzlich hitzig aus Henni hervor.

„Was meinst du?"

„Ach, ich meine, bei dem enormen Interesse, das deine

Mutter zeigt, ob ich nun eine Kartoffel schäle oder eine Sauce mache, hat sie wohl auch Interesse für anderes, was dich und mich angeht, oder, sagen wir dich."

Die ganze Bitterkeit, die sich in Henni angesammelt hatte, stieg jetzt an die Oberfläche, und der Zorn war nicht länger zu unterdrücken. „Andere Menschen haben doch das Gefühl ‚My house is my castle', warum sollten wir denn das nicht auch haben können? Warum kann das einzige Zimmer, das wir haben, nicht unsere Burg sein? Warum soll man es sich gefallen lassen, daß die Türen und Schubladen geöffnet werden, bloß weil man die Wohnung mit jemand teilt? Warum – –?"

„Henni", sagte Knut, „dieser jemand ist meine Mutter."

Er sagte es mit Nachdruck.

„Ja danke, ich habe gewiß keine Gelegenheit gehabt, das zu vergessen."

„Es nützt nichts, heftig zu werden, Henni. Es nützt auch nichts, zu schimpfen. Selbstverständlich ist es nicht immer leicht für dich."

„Schau an! Darüber bist du dir also klar!"

„Aber glaubst du, es sei leichter für mich? Du weißt, wie lieb ich dich habe, Henni. Ich habe nie gedacht, daß ich einen Menschen so lieben könnte wie dich. Haben wir nicht viele schöne Dinge, an die wir denken und an die wir uns erinnern können und so viel Wunderbares zusammen erlebt? Sollten wir da nicht auch die Schwierigkeiten des Alltags gemeinsam überwinden können?"

„Ja", sagte Henni, „die Schwierigkeiten, die nur dich und

mich berühren. Lieber Gott, ich bitte ja nur darum, in Ruhe gelassen zu werden."

„Findest du denn, daß Mutter sich zu viel an uns hängt?"

„O nein! Wenn wir zu Hause sind, ist sie so diskret, daß wir es bis in die Knochen spüren! Sie ist – sie ist aufdringlich diskret! Aber jeder Blick auf deine Bügelfalten, deine Wäsche und meine Töpfe ist eine Zurechtweisung und eine Kritik. Wenn sie es so weit treibt, bei uns einzudringen, zu ordnen und rein zu machen, ja mir die Arbeit aus den Händen zu nehmen und in meiner Abwesenheit mit unseren Sachen zu schalten und zu walten, dann mag ich einfach nicht mehr. Dann verschließe ich meine eigene Tür hinter meinem eigenen Kram."

„Du drückst dich nicht korrekt aus", sagte Knut. „Du meinst, daß du, ohne mich zu fragen, *unsere* Tür hinter *unserem* Kram zugesperrt hast. Dieses Mal bist du zu weit gegangen. Du hättest die Sache auf eine andere Art ordnen sollen. Du hättest ruhig mit Mutter sprechen können!"

„Spricht sie vielleicht mit mir? Sie tut bloß Dinge, die mich verletzen, und da tue ich eben das, was ..."

„Was sie verletzt, jawohl. Aber Henni, du bist die Junge, sie die Ältere. Und es ist Mutters Wohnung, in der wir wohnen und ..."

„Durch ihre Gnade, ja, danke. Daß ich das nicht schon früher zu hören bekommen habe!"

„Das sind deine, nicht meine Worte. Aber Henni, ich habe nicht vor, weiter mit dir darüber zu diskutieren. Es tut mir leid, es sagen zu müssen, aber ich verlange von dir, daß du dich bei Mutter wegen dieser heutigen Demonstration entschuldigst."

„Verlangst – du ...?"

„Ja."

Henni stand vor ihm, bebend vor Wut.

„Henni", sagte Knut, „du kannst dir das erlauben. *Du* bist es, die ich liebe und von der ich abhängig bin. Mutter könnte ich entbehren, dich könnte ich nicht entbehren. Kannst du es nicht über dich bringen, einzuräumen, daß du einen Fehler gemacht hast, kannst du dich nicht überwinden, es wiedergutzumachen?" Knut sprach leise. Sie hatten sich daran gewöhnt, leise zu sprechen. Selbst wenn Henni rasend war, schrie sie nicht laut. Ihre Stimme wurde nur heiser und verbissen.

Mit einemmal hatte Henni das Gefühl, daß es nicht ihr Mann war, der zu ihr sprach. Diese Bestimmtheit, das erinnerte mehr an einen liebevollen, aber strengen Vater, der trotz aller Liebe sein ungehorsames Kind strafen muß.

Knut drehte sich auf dem Absatz um und wollte gehen.

„Du brauchst nicht zu gehen", sagte Henni und ihr Tonfall war eiskalt. „Bleib nur. Ich gehe."

Tränen brannten in ihren Augen, sie preßte die Lippen zusammen. Es wogte in ihrer Brust, und sie zitterte vor Zorn. Aber es war noch etwas anderes als Zorn. Ein sonderbares Gefühl, das Henni selbst nicht erklären konnte.

Demütigung – jawohl. Es war demütigend, derart in die Schule genommen zu werden.

Es war ein Gefühl der Unterlegenheit Knut gegenüber. Nie

hatte Knut sich so erwachsen gezeigt, so entschlossen, so bestimmt. Er war nicht bange gewesen, sie zurechtzuweisen, nicht bange davor, dieses Unmögliche von ihr zu verlangen, daß sie wie ein reuevolles kleines Mädchen um Verzeihung bitten sollte.

Henni kam es beinahe so vor, als ob sie Knut in diesem Augenblick haßte. Es gibt Situationen, wo man die beiden Begriffe Liebe und Haß nicht auseinanderhalten kann.

Henni wußte nicht, daß das, was sie zutiefst fühlte, mitten durch ihre Demütigung, die Raserei und Enttäuschung, eine brennende Liebe zu Knut war, nicht zu dem frohen und heiteren Kameraden vom Sommer, sondern zu dem reifen Mann.

Nein, das wußte Henni nicht, als sie mit brennenden Tränen in den Augen fortlief, zu Monika.

Henni mußte weg. Fort von Knut, fort von dem Eckzimmer, fort von der Schwiegermutter. Sie mußte mit jemand reden, der sie verstehen würde, der sie trösten konnte. Sie mußte mit Monika reden.

Dann war es gar nicht Monika, es war Hermann, der die Tür öffnete.

„Das Glück folgt mir dauernd", sagte er mit seinem leicht ironischen Lächeln. „Ich glaubte, es wäre die Lichtrechnung, und dabei ist es unser Engelskind. Komm herein, komm herein!"

Henni trat ein, und Hermann nahm ihren Mantel und hängte ihn auf.

„Ist Monika nicht zu Hause?"

„Glücklicherweise nicht. Ich sagte ja gerade, daß das Glück

mich verfolgt. Was ist los mit dir, mein Engel?"

Er nahm sie bei der Schulter und drehte sie zum Licht. „Großer Gott, das Mädchen hat ja geweint! Da haben wir den Skandal. Du kommst natürlich, um von Monika getröstet zu werden, aber das kann ich viel besser. Sei nicht bange, Engelskind, ich bin ein alter, erfahrener Mann und stelle meine teuer erkauften Erfahrungen zu deiner Verfügung. Komm und setz dich zum Onkel."

Sein herzlicher Tonfall stand in einem komischen Gegensatz zu seinem Jargon. Aber zusammen klang alles vertrauenerweckend, und Henni ließ sich willig in das Zimmer führen.

„Wo ... wo ist Monika?"

„Unterwegs zu einem Interview. Aber laß Monika sein. Warum hast du geweint?"

Henni mußte in all ihrer Verzweiflung doch ein bißchen lächeln. Es schien für Hermann selbstverständlich zu sein, daß sie sich duzten.

„Ja ... ich wollte bloß für die Benutzung der Hütte danken."

„Das wolltest du durchaus nicht, mein Kind. Das heißt, das wolltest du auch, als wohlerzogener Mensch, aber man kommt nicht mit rotgeweinten Augen auf Dankesbesuch. Es ist gewiß die Schwiegermutter. Raus mit der Sprache!"

Jetzt kamen die Tränen wieder. Henni biß sich auf die Lippe, aber das nützte nichts. Und dann wurden ihre Tränen mit einem großen weichen Taschentuch getrocknet, und dann kam ein Arm und zog ihren Kopf an eine breite und schützende Schulter.

Als das Weinen nachgelassen hatte, erzählte Henni.

Hermann fragte ein paarmal vorsichtig. Seine Fragen bewiesen, daß er sie verstand.

„Die alte Geschichte", sagte er schließlich. „Und zu denken, daß alles ausgezeichnet gegangen wäre, wenn ihr nur eine eigene Wohnung gehabt hättet! Denn wenn du es dir überlegst, mußt du zugeben, daß das alles zusammen lauter Kleinkram ist – kleine Alltäglichkeiten."

„Ja, aber besteht das Leben nicht aus lauter solchen kleinen Alltäglichkeiten?" rief Henni hitzig.

„Sicher tut es das. Und man kann viel besser ein paar dramatische Szenen ertragen, viel besser ein kräftiges Gewitter, das die Luft reinigt, als eine ewig schwüle Atmosphäre, wo es nie zu einer Entladung kommt."

„Ja, aber ich kann doch nicht jedesmal ein Donnerwetter loslassen, wenn meine Schwiegermutter einen Jackenknopf für Knut angenäht hat!"

„Nein. Und du kannst überhaupt kein Donnerwetter machen, solange ihr in Schwiegermutters Wohnung seid."

„Und durch ihre Gnade. Sie ist ein prächtiger Mensch."

„Ja, pfui Teufel, das verstehe ich. Ich hasse prächtige Menschen."

Henni mußte lächeln, trotz allem.

„Aber sie kann wirklich auch sehr lieb sein. Riesig nett. Ehe Knut und ich heirateten..."

„Ich kenne das, du brauchst mir nichts zu erklären. Siehst du, Henni" – es war das erste Mal, daß Hermann ernst war und sie Henni nannte, sonst hatte er sie immer nur Engelskind genannt –, „es ist nicht das erstemal in der Weltgeschichte, daß Mutterliebe in Eifersucht umschlägt. Du verstehst sicher, daß sie mehr oder weniger bewußt bestrebt ist, alles zu unterstreichen, was sie und Knut gemeinsam haben."

„Ja", nickte Henni. „Meine Schwiegermutter betont ständig, daß Knut dies so liebe und jenes so haben wolle, daß sie und Knut gewöhnt wären, dies und das so zu tun. Es scheint gerade, als ob sie fürchte, daß er von ihrem Schürzenband loskommen könnte. Sie überläßt ihn nicht meiner Fürsorge, sondern versucht, mich unter ihre eigene einzubeziehen. Verstehst du?"

Hermann nickte. „Und ob ich verstehe! Das Schwierige für dich bleibt, daß deine Schwiegermutter die Güte in Person zu sein scheint."

„Du bist wirklich ein Psychologe", sagte Henni.

„Wenn deine Schwiegermutter ein Ungeheuer wäre, würde alles leichter sein. Aber diese ewige Fürsorge..."

„... die unfrei macht, daß man sich bedrückt fühlt von einer ewigen Dankesschuld..."

„... und die dein Mann vermutlich gar nicht empfindet, weil er daran gewöhnt ist, so, daß er dich undankbar und unvernünftig findet, wenn du kräftig darauf reagierst..."

„Bist du – bist du Gedankenleser?" Henni sah Hermann mit großen Augen an. Sie brauchte Verständnis, gerade jetzt. Aber sie hatte es sich nicht träumen lassen, daß sie es in solchem Übermaß bekommen würde.

„Wir können es ja so nennen", lächelte Hermann. „Höre, Henni, wenn es dir hilft, davon zu reden, so tue es nur, aber ich fürchte, daß ich dir keinen Rat geben kann. Du weißt, ich habe selbst Bankrott gemacht und sehe nun einmal schwarz für ein Eheleben bei der Schwiegermutter. Nicht nur wegen der Unbehaglichkeit im Alltag, sondern weil der eine Ehepartner, in deinem Fall dein Mann, gezwungen ist, Partei zu ergreifen."

Partei zu ergreifen, ja, dachte Henni. Heute hatte Knut für die Mutter Partei ergriffen. Er hatte nicht den kleinsten Versuch gemacht, seine Frau zu verstehen. Er stand ganz auf der Seite der Mutter.

Mit einem Mal fühlte sich Henni von Knut verraten. Er, der behauptete, sie zu lieben! Alles war gut und schön, solange keine Schwierigkeiten auftauchten – da war es ja auch leicht, zu lieben! Aber sobald das Geringste in den Weg kam, ließ er sie im Stich – ließ sie, seine Frau, im Stich, wurde bloß der gute Sohn, der für nichts anderes Augen hatte als für seine Mutter und blind für ihre Fehler war.

Henni war ungerecht in ihrem Urteil. Sie war schreiend ungerecht, aber gerade jetzt paßte es ihr, so zu räsonieren. Sie tat es, um ihr schlechtes Gewissen zu betäuben. Knut hätte es nicht gelitten, daß sie an der Schulter eines anderen lehnte und Dinge erzählte, die keine dritte Person angingen.

Als Hermann wieder sprach, war seine Stimme keine Spur ironisch, nur freundlich und warm.

„Jetzt brauchst du eine Aufmunterung, Henni. Einen Augenblick, ich mache uns ein paar Drinks."

Er klapperte in der Küche mit Flaschen und Eisstückchen, und als er mit zwei hohen, schmalen, beschlagenen Gläsern zurückkam, setzte er sich wie selbstverständlich an Hennis Seite aufs Sofa und legte den Arm wieder um ihre Schultern.

„Prost, Henni!"

„Prost, Hermann! Es ist lieb von dir, daß..."

„...daß ich es über mich bringe, mit einem reizenden Mädchen im Arm dazusitzen?" Er kniff sie scherzend ins Ohr, lachte und nahm einen Schluck aus dem Glas. Henni fühlte Röte in ihre Wangen steigen.

Der Drink war gut. Hermann verstand sich auf diese Kunst. Henni leerte ihr Glas und bekam ein neues.

Es war still und behaglich in Hermanns und Monikas Zimmer. Und Hermann verstand sie so gut. Hier war niemand, der schimpfte oder der verlangte, daß sie sich entschuldigen sollte.

Bei dem Gedanken daran, daß Knut etwas so Unerhörtes verlangt hatte, brannten Hennis Wangen aufs neue, und Wut stieg in ihr auf.

Nein! Nicht daran denken! Jetzt saßen Knut und seine Mutter natürlich beisammen und sprachen von ihr. Sie sah sie vor sich. Knut im Lehnstuhl, und Mutter mit einer Handarbeit. Sicher war ihr geglückt, etwas zum Ausbessern für Knut zu finden. Und Henni hörte Mutters Stimme, so mild und so beherrscht, – ach, diese milde Beherrschung!

Henni nahm noch einen Schluck von dem Gin Fizz, der frisch und erquickend nach Zitrone schmeckte, sie fühlte nicht, wie stark er war. Es war tröstend, wenn Hermanns Arm sich dichter um sie legte. Sie entspannte sich und lehnte sich an ihn.

„Henni“, stöhnte Hermann – „es ist verdammt schwer, ein netter alter Onkel zu sein – und mehr nicht.“

Etwas in seiner Stimme ließ Hennis Herz unruhiger schlagen. Sie sah ihn an. Seine Augen waren dunkel und warm, und er hatte das gewisse Lächeln in den Mundwinkeln.

„Henni“, jetzt flüsterte er nur. „Wollen wir Zeit und Umwelt für zehn Minuten ausschalten? Wollen wir eine Pause im Alltagsleben machen, eine kleine Pause, die niemand etwas angeht, außer dich und mich?“

Sein Gesicht war dicht neben dem ihren.

„Eine ganz kleine Pause, wo wir nur tun, wozu wir Lust haben?“

Henni antwortete nicht. Sie schloß die Augen und rührte sich nicht.

Dann küßte er sie, wieder und wieder.

Und wenn Hennis Mund den seinen traf, weich und warm, war es wohl, weil sie wirklich Lust dazu hatte? Oder war es ein verzweifelter Versuch, für einen Augenblick die Sorgen zu betäuben?

Henni wußte es nicht. Sie fühlte seine Nähe, fühlte seine Hände, die sie festhielten. Dann küßte er sie wieder und flüsterte etwas, das Henni nicht erfaßte.

Im nächsten Augenblick hörten sie Monikas Schlüssel in der Wohnungstür.

Es war gegen neun, als Henni den Heimweg antrat. Sie hatte mit Hermann und Monika zu Abend gegessen, und das hatte ihr gutgetan. Die Wirkung der Drinks verzog sich einigermaßen, daher erwachte ihr Gewissen und trieb sie heim.

Sie nahm keine Straßenbahn, sondern ging die halbe Stunde zu Fuß. Sie brauchte frische Luft und mußte darüber nachdenken, was sie sagen sollte.

Natürlich war Knut bei Mutter. Und natürlich würde er fragen, wo sie gewesen sei. Und dann würde er wieder verlangen, daß sie sich entschuldigte, und sie würde sagen, daß ...

Henni malte sich aus, wie die Worte fallen würden, und erfand die überzeugendsten Argumente. Sie memorierte alles zwei- und dreimal und fühlte sich zum Schluß recht gut gerüstet, jedem Angriff zu begegnen.

Und dann – kam überhaupt kein Angriff.

Henni sperrte auf. Niemand begegnete ihr im Vorzimmer. Sie hängte ihren Mantel auf und ging in die Eckstube. Da saß Knut, hörte einen Radiovortrag und rauchte seine Pfeife.

„Nun, bist du da?" sagte er nur, und dann schwieg er.

Henni wartete. Nein, er fragte nicht, wo sie gewesen sei. Fragte nicht, was sie gemacht habe. Fragte nicht, ob sie gegessen habe – und er wußte doch, daß sie von daheim weggelaufen war, ohne Mittag zu essen. Zum Schluß fragte Henni, und ihre Stimme war merkwürdig matt und unsicher: „Hast du zu Abend gegessen?"

„Ja, danke, ich habe mir in der Küche ein paar Butterbrote gestrichen."

„Ist Mutter nicht zu Hause?"

„Doch, das ist sie wohl."

„Weil du nicht drinnen bei ihr bist, meine ich."

Keine Antwort. Der Radio-Vortrag war beendet. Es kamen Wettervorhersage und Nachrichten. Knut blieb sitzen und hörte zu.

„Ich bin müde", sagte Henni.

„Dann solltest du ins Bett gehen."

„Ja."

Henni legte ihr Kleid ab und zog den Morgenrock über. Sie ging ins Bad und hatte Angst, sie könnte Mutter im Vorzimmer treffen. Aber sie hörte und sah nichts von ihr.

Sie kam wieder herein, schlug die Betten auf und machte sie zurecht.

„Stört dich das Radio?“ fragte Knut.

„Nein.“

Henni kroch ins Bett. Sie zog die Daunendecke über den Kopf. Es wurde kein Wort gesprochen.

Als die Tanzmusik begann, drehte Knut das Radio ab. Henni lag da mit klopfendem Herzen und hörte, daß er noch etwas aufräumte und rumpusselte. Bis er endlich ins Bett ging, aber noch immer wurde kein Wort gesprochen.

Knut machte die Nachttischlampe aus und alles wurde dunkel und still.

Es wäre eine Lüge zu behaupten, daß Henni diese Nacht gut schlief. Ihre Gedanken kreisten immer wieder um das Geschehene. Ihr wurde klar, daß das Ganze eine Bagatelle gewesen war, die sie in ihrer Hitzigkeit aufgebauscht hatte.

Was war denn im Grunde geschehen? Daß sie verschlafen hatte und von einem unordentlichen Zimmer davongerannt war. Daß Mutter so gut gewesen war, für sie aufzuräumen.

Wenn es nun Mutter gewesen wäre, die von einem ungemachten Bett und ungewaschenem Geschirr hätte gehen müssen und Henni hätte für sie aufgeräumt und abgewaschen? Mutter hätte gelächelt und Dank gesagt. Nicht einen Augenblick wäre sie beleidigt gewesen, weil Henni in ihr Zimmer gegangen war und die Unordnung entdeckt hatte. Henni errötete in der Dunkelheit. Ja, so war es!

Warum war sie nur so gräßlich empfindlich?

Sie erkannte mit ihrem weiblichen Instinkt, daß die Triebfeder bei Mutter nicht nur Güte war und Drang zu helfen. Vor allem war es der Wunsch, sich unentbehrlich zu machen, eine Dankesschuld bei Henni zu erzeugen und Knut weiterhin von seiner Mutter abhängig zu machen. Sah man nur die äußeren Umstände, die einfache Tatsache, daß Mutter für sie Ordnung gemacht hatte, und daß sie, Henni, demonstrativ die Türe abgeschlossen und Knut in die lächerliche Lage gebracht hatte, daß er nicht in sein eigenes Zimmer konnte – dann war es schon Henni, die im Unrecht war.

Henni fühlte sich am nächsten Morgen elend. Die Erkenntnis, daß sie Unrecht hatte, die Erinnerung an Hermann gestern und dann Knuts Schweigen! Dieses schreckliche, beherrschte Schweigen!

Alle diese Dinge zusammen machten sie so klein und kläglich, daß sie zum Schluß, um sie loszuwerden, zu Mutter in die Küche ging. Sie hatte schon Hut und Mantel an, um ins Büro zu gehen, aber jetzt galt es rasch zu sprechen.

„Mutter, ich bedaure das von gestern. Es war unbedacht von mir."

Ehe die Mutter dazu kam, etwas zu antworten, war Henni schon zur Tür hinaus.

Als Entschuldigung betrachtet, waren diese wenigen Worte recht dürr. Aber wenigstens war es ausgesprochen. Jetzt konnte sie Knut wieder mit offenen Augen begegnen.

Denn das mit Hermann wußte er ja nicht. Henni mußte versuchen, es zu vergessen. Diese halbe Stunde mußte aus ihrem Leben gestrichen werden.

Was übrigens leichter gesagt als getan war.

Henni begriff nicht, wie unendlich dumm sie sich angestellt hatte.

Sie wollte ja nur, daß Mutter lernen sollte, sie wie eine erwachsene, verantwortungsbewußte Frau zu betrachten, nicht wie ein kleines Mädchen, auf das man aufpassen muß und das dauernd Hilfe braucht. Anstatt aber ruhig und beherrscht zu sein, wie es eine erwachsene Frau sein müßte, benahm sie sich dümmer und kläglicher als je zuvor.

Die Mutter fühlte, daß sie die Sache in die Hand nehmen mußte, daß das Zusammenleben auf ein falsches Geleise gekommen war, und so mußte sie als die Ältere und Erfahrenere versuchen, es wieder auf die rechte Bahn zu bringen. Es war eine Dummheit von ihr gewesen, nicht von Anfang an die Führung des gemeinsamen Haushaltes übernommen zu haben. Henni brauchte eine feste und hilfreiche Mutterhand, und die sollte sie bekommen!

Also mußte Henni in all ihrem Arbeitseifer eine Reihe von Demütigungen schlucken. Sie hatte das Gefühl, daß ihre kleine gestammelte Entschuldigung der Mutter eine Sicherheit gegeben hatte, die sich nicht erschüttern ließ.

„Ich koche heute für uns alle drei", konnte Frau Thorheim verkünden. „Sei nicht dumm, Henni, laß nicht deinen Ehrgeiz Knut daran hindern, eins seiner Lieblingsgerichte zu bekommen."

Henni schluckte. Es war schon richtig, in einer knappen Stunde, die sie zur Verfügung hatte, konnte sie nicht ein Irish-Stew fertig bringen.

Mutter hatte Großreinemachen in der Küche. Als Henni

vom Büro heimkam, glänzte es vor Sauberkeit. Hennis Kochplatte, Hennis Aluminium, Hennis Schrank, alles war geschrubbt und geputzt.

„Ja, jetzt ist es hier fein", sagte Mutter.

„Ich könnte doch selbst..." begann Henni.

„Warum denn?" meinte Mutter. „Ich finde, du siehst müde aus. Du hast so viel zu tun, daß du es allein nicht fertig bringst. Ich finde, Knut hilft dir tüchtig."

Nun wurde ihr noch vorgeworfen, daß auch Knut ab und zu abtrocknete und Staub wischte!

Aber es stimmte, Henni war müde. Je mehr die Mutter von Hennis Arbeit übernahm, desto fleißiger wurde Henni. Sie stand zeitig auf und war bemüht, möglichst viel zu erledigen, sie mußte Mutter zuvorkommen.

Es gab einen stillen und wortlosen Kampf um die Arbeit, ein ewiges, erbittertes Tauziehen.

Die Mutter hatte bald die Führung des ganzen Haushaltes in Händen. Es war nicht die Arbeit, die Henni müde machte. Es war die ewige Aufpasserei.

Eines Tages teilte Mutter mit, daß die Küche gestrichen werden sollte. Natürlich eine fürchterliche Schererei, alles auszuräumen, aber es war ja herrlich, es gemacht zu bekommen. Henni durfte die Kochplatte im Eckzimmer benützen, da war zum Glück eine passende Steckdose.

Das gab Henni eine Idee. Sie kramte unter alten Zeitungen und Magazinen, bis sie fand, was sie suchte; die illustrierte

Familienzeitung, die Monika ihr damals gegeben hatte, mit dem Bild der Liliput-Küche in einem Schrank.

Damit ging sie zu einer großen Schreinerfirma. Der Chef kratzte sich den Kopf und sah zunächst nur Schwierigkeiten. Zum Schluß interessierte ihn der Auftrag doch, und er versprach, ihn auszuführen.

Die Summe, die er nannte, war hoch. Aber Henni hatte ja ein Sparbuch, und ein Teil von Torkild Agers Filmhonorar war noch da.

Torkild Ager, ja. Warum ließ er nichts von sich hören?

Henni seufzte. Sie war müde und enttäuscht von allem.

Knut war immer ruhig und freundlich. Er tat, als ob er die Veränderung zu Hause nicht bemerkte, daß Henni nun tatsächlich von Mutter beherrscht wurde, daß ihr jedes Selbstbestimmungsrecht genommen war. Knut sah bloß, daß die gewohnte Alltagsarbeit ihren gleichmäßigen und reibungslosen Gang ging, so wie er es durch Jahre hindurch gewöhnt war. Und Henni war ruhig, pflichtgetreu und freundlich.

Die Wochen gingen friedlich dahin, aber es war kein Sonnenschein mehr darüber.

Dann kam der Tag, an dem gemalert werden sollte, und an diesem Tage war es auch, daß der große Schrank ankam.

„Himmel", sagte Mutter, als er morgens durch das Vorzimmer getragen wurde. Knut war schon fort, und Henni hatte sich zwei Stunden im Büro freigeben lassen gegen Überstunden an einem anderen Tag. „Das ist ja ein Riesenschrank!"

Henni nahm ihre Sachen aus der Küche und installierte sie

in ihrer „Kitchenette". Sie wurde beinahe guter Laune dabei. Nein, so etwas Praktisches! Die kleinen Aluminiumschubladen für Kolonialwaren und Gewürze – die Nirostaplatte mit Abwaschbecken – ja, da war übrigens etwas, woran sie nicht gedacht hatte: sie hatten kein Wasser und keinen Ausguß im Zimmer, sie wuschen sich ja immer im Bad. Na, dann mußte sie eben das Wasser hereintragen, das verdarb nicht ihre Freude. Die sauberen, spritzlackierten Flächen, die blanken, vernickelten Handtuchhalter, Haken für Topflappen und Schubladen und Fächer für alle erdenklichen Dinge. In den freien Raum unter der Arbeitsbank konnte sogar ein kleiner Kühlschrank gestellt werden. Aber das war ihr vorläufig zu teuer.

An diesem Tag freute sich Henni, heimzukommen und Mittag zu kochen.

„Gott bewahre", sagte Knut, als er den Schrank sah. „Doch, der sieht praktisch aus, aber er wird viel Platz in der Küche einnehmen."

„Ich werde ihn ja auch hier haben", sagte Henni.

„Hier? Kochen und Waschen hier drinnen?"

„Warum nicht? Die ganze Sache ist ja gerade für Leute berechnet, die bloß einen Raum haben."

„Aber du hast doch so schön Platz in der Küche?"

„Ja", sagte Henni und war klug genug, nicht mehr zu sagen. Und so lange sie nichts sagte, hatte Knut nichts zu antworten und zu argumentieren.

Er schaute sich die Einrichtung des Schrankes an und sein praktischer Sinn fühlte sich angesprochen von all den kleinen, fein ausgeklügelten Einzelheiten. Er räumte etwas widerstrebend ein, – ja gewiß, das war tatsächlich etwas für alle, die wenig Raum hatten.

Hennis erstes Mittagessen aus der neuen „Kitchenette“ war sehr geglückt. Sie holte Wasser im Bad. Was machte es schon aus, daß sie ein bißchen den Fußboden im Eckzimmer bekleckerte? Es gab ja Wischtücher, es hing sogar ein neues an einem vernickelten Haken in dem Wunderschrank.

„Es ist kalt, Henni“, sagte Knut etwas später, „wollen wir nicht das Fenster schließen?“

„Ja, wir können jetzt wohl zumachen“, meinte Henni. „Ich glaube, wir haben den Essengeruch hinausbekommen.“

Essengeruch, ja. Das war auch etwas, woran Henni nicht gedacht hatte.

Es war herrlich, alles für sich zu haben, und so leicht, alles in Ordnung zu halten in der praktischen „Kitchenette“, aber nach und nach war es, als ob der Geruch vom Mittagessen und von Käse und Fett überall im Zimmer hängenbliebe. Henni sah bald ein, daß die Auswahl der Mittagsgerichte, die sie kochen konnte, noch geringer wurde. Kohl war tabu, gebratene Makrelen nicht sehr wünschenswert und Irish-Stew unmöglich –, und das hatte sie sich doch für die Sonntage ausgedacht, wenn sie Zeit zum Kochen hatte. Es ist nun mal eine Tatsache, daß Essengeruch das Beste in der Welt ist, wenn man hungrig heimkommt – genau aber das Entgegengesetzte, wenn man satt ist und gern in einem frisch gelüfteten Zimmer ausruhen oder etwas lesen möchte.

Mutter hatte den Schrank betrachtet und ihre Bewunderung darüber ausgedrückt, wie praktisch er war, und hatte im übrigen keine weiteren Kommentare gegeben.

Knut holte eines Tages Wasser in der Küche. Das Malen war beendet, die Küche glänzte in zitronengelb und apfelgrün. Es waren neue kleinkarierte Vorhänge an das Fenster gekommen, und der Tisch, der Hennis Arbeitstisch gewesen war, hatte eine hübsche Decke und war nun Mutters Eßtisch.

Knut sah sich um. „Wie hübsch es hier geworden ist, Mutter."

„Ja, hier ist es gemütlich. Mir ist beinahe, als ob ich noch ein Zimmer dazu hätte."

„Und ich dagegen..." Knut unterbrach sich selbst. Die Mutter vollendete den Satz auch nicht, aber sie strich ihm über die Wange.

„Laß nur Henni ihren Willen haben, mein Junge. Sie muß durch Erfahrungen lernen."

Knut fühlte sich unbehaglich. Er mochte es nicht, wenn Henni Mutter verletzte, und er mochte es nicht, daß Mutter einen vertraulichen Ton anschlug, wenn sie mit ihm über Henni sprach.

Daß Henni nicht verstand, wie dumm sie war! Wenn sie etwas tat, das Mutter verletzte, zwang sie ihn ja, das wiedergutzumachen. Sie erzwang ein Vertrauensverhältnis zwischen ihm und Mutter, ein Vertraulichkeitsverhältnis, das auf einer anderen Ebene lag als das Zutrauen, das immer zwischen ihnen geherrscht hatte. Knut wünschte durchaus nicht, daß Mutter Henni auf eine „vertrauliche" Weise erwähnte. Er wünschte über seine Frau mit keinem Menschen zu diskutieren, nicht einmal mit seiner Mutter. Ja, am wenigsten mit seiner Mutter. Aber es war Hennis Schuld, daß es so geworden war.

Knut wußte, daß er zwischen zwei Stühlen saß, und er sah keinen Ausweg aus dem Dilemma. Er wandte sich an das Wohnungsamt und bekam einen negativen Bescheid. Und er ärgerte sich. Zum Kuckuck, wie kam es nur, daß zwei Frauenzimmer so viel Unbehagen verbreiten konnten, wenn alles für ein Dasein in Freundschaft und Harmonie vorhanden war!

Er sehnte sich bitter und niedergedrückt in den herrlichen Sommer zurück, als er und Henni allein gewesen waren. So wundervoll allein.

Es war nicht viel übrig von der Henni von damals. Henni war müde, müde und auf dem besten Wege, abgestumpft zu werden.

Sie machte sich nicht mehr die Mühe, sich über Mutters Geschäftigkeit und Mutters Einmischungsversuche aufzuregen.

Mit dem letzten Rest ihres Trotzes fuhr sie fort, in ihrem Zimmer zu kochen, in ihrer Kitchenette. Und sie sah ruhig zu, daß Knut nach dem Essen zu Mutter ging, weil es so ungemütlich war durch das offene Fenster in der Herbstkühle und das Aufwaschen und Klappern des Geschirrs in ihrem einzigen Zimmer.

Manchmal dachte Henni an Hermann Krage. Sie dachte an ihren damaligen Nachmittag ohne allzu große Gewissensbisse. Wenn Knut ihr nichts anderes bot als einen grauen Alltag, mußte sie selbst für Lichtblicke sorgen, ohne die das Dasein nun einmal nicht auszuhalten war.

Dieser Nachmittag war ein Lichtblick gewesen. Nicht nur das, es hatte nicht nur geleuchtet, es hatte geglüht. Es war nicht unangenehm, daran zu denken. Trotzdem war Henni seither nicht bei Hermann und Monika gewesen. Sie hatte es einfach nicht gewagt.

Henni machte Überstunden. Sie schuldete dem Anwalt zwei Stunden, und jetzt saß sie allein im Büro und schrieb einen Teil der Korrespondenz, die am nächsten Morgen fertig sein sollte.

Um sieben war sie fertig und schloß hinter sich ab. So stand sie auf der Straße in der herbstdunklen Stadt und hatte gar keine Lust heimzugehen.

Sie schlenderte langsam und ohne Ziel Richtung Stadtmitte. Sie blieb vor einem Kinoplakat stehen. Wann wohl „ihr" Film drankam? Und wann würde wohl Torkild von sich hören lassen? Gerade jetzt brauchte sie eine Aufmunterung. Gerade jetzt war das Dasein so grau.

Sie ging weiter. Als sie sich dem Theatercafé näherte, begann es zu regnen. Grau und ekelhaft war alles.

Musik erklang von innen. Jemand bewegte die Drehtüre. Licht und Wärme und viele Menschen –

Ja, sie wollte auch hineingehen und eine Tasse Tee trinken. Es war sehr voll. Während sie einen Tisch suchte, hörte sie eine Stimme hinter sich.

„Hallo, hallo, Henni!"

Sie wandte sich um. Da saßen Anja Ehlers und Monika.

„Ach ja, richtig, ihr kennt ja einander", sagte Monika.

„Ja, aber ich ahnte nicht, daß ihr euch kennt", lächelte Anja. „Bist du allein, Henni? Setz dich doch zu uns. Deine Freundin ist ein schreckliches Geschöpf, sie will mich für ihr Blatt interviewen, sie verlangt in meine Wohnung zu kommen und mich in allen möglichen Situationen zu fotografieren, von der Morgengymnastik bis zum Abendbad, oder war es umgekehrt? Laß dich anschauen, Henni!"

Henni strahlte. Wie wunderbar, Monika und Anja zusammen zu treffen!

Monika sah sie forschend an. „Blaß", stellte sie fest, „zu viel zu tun, zu viele Sorgen. Zum Kuckuck mit der Ehe!"

Henni erhob keinen Einwand, eine Tatsache, die Monika im Stillen notierte.

„Wie geht es denn mit dem Singen, Henni?" fragte Anja.

„Singen? Meine Liebe, ich singe doch nicht."

„Schade", sagte Anja, „du hast eine nette Stimme, einen so natürlichen Vortrag. Du solltest zusehen, etwas aus deiner Stimme zu machen."

Henni meinte zögernd: „Torkild wollte mich ja mit zum Rundfunk nehmen."

„Ach, Torkild", sagte Anja und zuckte die Schultern, „er springt wie ein Löwe an, und dann ist doch nur alles Bluff, weißt du."

„Das weiß ich doch nicht."

„Ja, so wirst du es noch erfahren. Nein, ernsthaft gesprochen, Henni, von ihm darfst du nichts erwarten. Er ist ein netter Kamerad, und wir sind gute Freunde, aber man muß ihn eben nehmen wie er ist. Begeistert er sich für etwas, und das tut er ständig, so setzt er hundert Räder auf einmal in Bewegung. Denk nur an all die ‚Einlagen', die er im Sommer in dem Film angebracht hat, ganz unüberlegte Dinge, die hinterher wieder herausgeschnitten werden müssen. Wenn er ein hübsches Mädchen singen hört, ist er sofort hingerissen und vergißt es eine Stunde später. Torkild hat das, was man mit einem bißchen Beigeschmack Künstlertemperament nennt. Er hat große Pläne und große Phantasien, die nie Wirklichkeit werden. Es gibt nur einen Bereich, in dem er zuverlässig ist, und das ist seine eigene Kunst. Er ist ein fabelhafter Schauspieler, das muß man zugeben, und kann selbst aus dem unwahrscheinlichsten Operettengrafen noch einen wirklichen Menschen machen."

Etwas zerbrach in Henni. Erst jetzt wurde ihr klar, wie fest sie damit gerechnet hatte, daß Torkild von sich hören lassen würde. Der Traum vom Singen war in dieser Zeit eine Stütze für sie gewesen.

Monika sah sie an. „Das war eine Enttäuschung für dich, Henni?"

Henni zwang sich zu einem Lächeln. „Ach, weißt du . . ."

Sie wandte sich an Anja.

„Warum hast du mir das nicht im Sommer gesagt, Anja?"

„Weil ich wußte, daß es nichts genützt haben würde. Du würdest es als Neid aufgefaßt haben, glaubst du nicht? Und in dem Augenblick, wenn Torkild von einer neuen Idee besessen ist, glaubt er selbst daran und kriegt andere dazu, daran zu glauben. Du würdest nie im Leben verstanden haben, daß ich dir einen Dienst erweisen wollte, wenn ich es gesagt hätte."

Henni biß die Zähne zusammen. Sie dachte nach, rief sich den Abend in Erinnerung zurück, da sie und Torkild das Kußduett gesungen hatten.

„Nicht wahr, Henni?" Anjas Stimme war gut und sanft.

„Ja", sagte Henni. „Ist das ein scheußliches Gefühl, sich lächerlich gemacht zu haben."

„Das hast du absolut nicht", sagte Anja ruhig. „Torkhild hat sich lächerlich gemacht mit seiner ewigen Begeisterung, die immer im Sande verläuft. Aber du hast dich bestimmt nicht lächerlich gemacht, Henni. Nein, Kinder, nun muß ich fort, ich soll beim Anfang des zweiten Aktes dabei sein."

„Eilt das so? Es ist erst halb acht."

„Ja, gewiß eilt es. Das ganze Theater steht Kopf vor Nervosität wegen unseres feinen Gastes."

„Ja, richtig, ihr habt doch Melitta Manzius als Gast."

„Erwähne sie nicht", sagte Monika. „Ich habe ein Vermögen verbraucht für Telefon und für Taxis, und trotzdem ist es mir nicht geglückt, ein Interview mit dem Biest zu bekommen! Sie läßt sich gnädigst ein paar Worte für die Tageszeitungen abpressen, aber für ein Frauenblatt ...“

„Nun, die Dame weiß, was sie will und besonders was sie nicht will“, erwiderte Anja. „Aber alles was Recht ist, sie sieht bezaubernd aus auf der Bühne, sie kann spielen, daß die Männer außer sich geraten, und singen kann sie auch, und meine Wenigkeit ist ganz geehrt, weil sie im zweiten Akt ein Duett mit ihr singen darf. Das wäre etwas für dich, Henni – kennst du es, ‚Oh, dieser Tag, er lacht mir zu. Heut bin ich mit der Welt per Du!‘“

Henni nickte.

„Ich habe es im Radio gehört.“

„Wir müssen fast jeden Abend da capo singen. Nein, wirklich, jetzt *muß* ich gehen. Ja, ja, Sie dürfen mich knipsen, von vorne und von hinten und unter der Brause und wo Sie sonst wollen. Mensch, Henni, was hast du für eine energische Freundin!“

Anjas strahlendes Lächeln und der Händedruck, den sie Monika gab, widersprachen ihren ungeduldigen Worten.

Monika blieb sitzen und sah ihr nach.

Anja drehte sich in der Tür um und winkte.

„Prima Mädel“, meinte Monika. „Das ist eine, die keine Primadonna-Allüren hat. Die mag ich gern.“

„Ja, Anja ist unsentimental und echt.“

„Genau das. Was zu rauchen, Henni? Wie geht es denn? Blaß um den Schnabel, Laune unter dem Nullpunkt?“

„Das Leben ist nicht immer lustig.“

„Da hast du aber recht. Komm mit mir nach Hause zu einem Tratsch. Es ist so sündhaft teuer, auswärts zu essen, und diesen Monat habe ich mich mit einem Kaschmir-Twinset ruiniert."

„Ich muß bloß daheim anrufen."

„Ja, aber warte einen Augenblick, ich muß dich schonend auf etwas vorbereiten."

Hennis Gedanken flogen zu Hermann. War etwas mit ihm?

„Nämlich darauf, daß du vor Neid sterben wirst. Wir sind umgezogen. Haben eine große Wohnung bekommen. Tausch, verstehst du? Vier wunderbare Zimmer, Balkon, alles tipptopp. Im Laufe einer Woche wurde alles geordnet. Aber wir mußten sie zusammen nehmen, ich bin meinen lästigen Bruder nicht losgeworden. Übrigens sind wir mächtig vernünftig und plagen einander nicht, haben die volle individuelle Freiheit. Stirbst du nun vor Neid über so einen Dusel?"

„Quatsch! Ich sterbe vor Spannung. Ich muß sie sehen, je eher, je lieber."

„Dann los. Du kannst von mir aus anrufen."

Es war schwierig für Henni, die Gedanken zusammenzuhalten, während sie mit der Straßenbahn zu Monika fuhren. Sie sollte also Hermann wiedersehen. Das erstemal seit dem damaligen Nachmittag. Ihr Herz tat einige aufgeregte Sprünge. Was würde er sagen, was würde er tun, wenn sie eine Weile allein waren? Vielleicht war er gar nicht daheim. Das würde das Beste sein.

Er war zu Hause.

Er erhob sich aus einem tiefen Klubsessel, als Monika und Henni zur Tür hereinkamen.

„Nein, Henni, bist du das? Wo hast du denn den holden

Engel aufgefischt, große Schwester?"

Das sah Hermann ähnlich, seine um zwölf Jahre jüngere Schwester „große Schwester" zu nennen.

„Aus dem Brunnen der Verzweiflung", lachte Monika. „Wir werden nett zu ihr sein und ihr einen Drink kredenzen und, falls nötig, ein Schinkenbrot. Aber erst muß sie anrufen. Führ sie bitte zur Quasselstrippe!"

Hermann legte den Arm um Hennis Schulter. „Komm mit Onkel, wir werden das Telefon suchen. Hier, sinke in meinen würdig aussehenden Stuhl und bediene dich. Telefonbuch? Nein, natürlich, die schwiegermütterliche Nummer kennst du auswendig."

Henni saß an einem großen Schreibtisch aus Ulmenholz, mit einem burgunderroten Telefon darauf, mit Briefpresse, Lampe und anderen Kleinigkeiten in der gleichen Farbe. So schlicht, so schön und so auserlesen! Sie warf einen Blick um sich. Gedämpfte Farben, schöne Teppiche, wenig Möbelstücke, aber die, die es gab, waren auserlesen.

Henni seufzte. Das war etwas anderes als das Eckzimmer mit der Patentcouch und der Kitchenette. Sie telefonierte, und die Mutter meldete sich. Sie war überströmend freundlich. Wie reizend, daß Henni ihre Freundin getroffen habe, sie solle sich nur Zeit lassen, sie und Knut säßen gerade beim Abendessen, Henni möge unbesorgt sein, Knut hätte Schinken mit Eiern bekommen.

Henni legte den Hörer auf. Na schön. Wenn die beiden es so gut hatten und sie sich Zeit nehmen sollte, würde sie das ganz sicher tun. Die kleinen Lichtpunkte im Dasein mußte man sich wohl selbst verschaffen.

Während Monika in der Küche war, zeigte Hermann die übrige Wohnung. Außer dem großen Wohnzimmer mit geräumiger Eßnische waren da das Arbeitszimmer mit dem Schreibtisch und dem burgunderroten Telefon, und dann noch zwei Schlafzimmer mit Bad dazwischen. Monikas Zimmer war in Creme gehalten, mit farbenfroher Bettdecke und Vorhängen. Bei Hermann –

„Ja, wie ist das, Henni“, neckte er sie, als er mit der Hand auf der Türklinke dastand. „Ist es nun korrekt, einer jungen Frau ein maskulines Schlafzimmer zu zeigen, was steht im Knigge darüber?“

„Döskopf“, lächelte Henni.

„Auf deine eigene Verantwortung, schöner Engel. Ich will mich nicht mit deinem Mann duellieren.“

Es war ein ruhiges, nüchternes Zimmer in gedämpften Farben. Im ersten Augenblick war kein Luxus festzustellen, doch wenn man sich näher umsah, entdeckte man die eine und andere Einzelheit, die von einem verwöhnten Mann mit Ansprüchen erzählte. Das Bett war glatt und ohne Verzierungen, aber es hatte eine riesige Breite. Hermann öffnete Schubladen und zeigte seine praktischen Schränke. Henni bekam Einblick in die Finessen, die moderne Möbelarchitekten verwöhnten Mannsleuten bieten. Alles hatte die richtige Höhe, die richtige Breite und richtige Tiefe. Die Krawatten hingen in Reihen auf Bügeln, die Schuhe hatten ihre schräggestellten Fächer, und die kleine, fein verarbeitete Kommode barg teure Seifen, Rasiercremes, Gesichtswässer und dergleichen mehr. In dem ganzen Raum schwebte ein Duft von Sauberkeit und solidem Wohlstand.

Henni mußte wieder an das Eckzimmer daheim denken, an den ewigen Essengeruch.

Einmal hatte sie es auch gemütlich gefunden, in aller Bescheidenheit. Aber nun, an diesem sicheren Geschmack gemessen, diesem soliden Luxus, fühlte Henni sich klein und jämmerlich mit ihrem Eckzimmer.

„Kommt und eßt", rief Monika. „Wo seid ihr denn? Aber Bruderherz, hast du Henni mit in dein Schlafzimmer genommen? Kommt, der Cocktail kocht über und der Senf wird kalt."

Henni lachte. Der verrückte Jargon, der in Monikas und Hermanns Mund so natürlich klang, amüsierte sie. Knut redete nie so. Bei Knut war nichts von der leichten Munterkeit, dem Spielerischen, Hemmungslosen, das Hermann und Monika eigen war. Selbst ihre Bewegungen, so selbstverständlich, so ungekünstelt, die Art, wie Monika ihre Kleidung trug, smart und etwas lässig, die Art, wie Hermann eine Platte reichte oder ein Glas einschenkte – Henni konnte sich nicht erklären, was es war, aber es gefiel ihr. Eine einfache, harmonische, überlegene Sicherheit im Kleinen und Großen.

Hermann reichte ihr eine Platte, und ihre Fingerspitzen berührten sich. Er sah sie an. Sie begegnete seinem Blick, und es ging wie ein elektrischer Schlag durch sie.

Sie lachten und plauderten; Henni fühlte in jedem Nerv die atemberaubende Spannung in der Luft.

Nach dem Essen mixte Hermann einen seiner unvergleichlichen Drinks, und Monika „ergoß“ sich, wie sie selbst sagte, in einen Lehnstuhl.

„Große Schwester“, sagte Hermann und sah sie mit Kennermiene an, „wenn du nicht meine Schwester wärst, würde ich mich todsicher in dich verlieben. Du siehst hinreißend aus.“

„Ich weiß es“, antwortete Monika ruhig.

Henni wunderte sich über sich selbst, weil sie dies gar nicht gern hörte. Sicher war Monika schön, sie hatte so prachtvolle Farben, und sie trug ihr schwarzes, seidig glänzendes Haar lang, beinahe bis auf die Schultern. Henni kam sich dagegen uninteressant und farblos vor mit ihren blonden Löckchen.

Hermann sah von der Schwester zu Henni, von Henni zur Schwester.

„Ihr kleidet einander“, sagte er. „Sagt mal, tue ich euch nicht leid? Hier sitze ich im Zimmer mit zwei schönen Frauen, die eine ist verheiratet und die andere ist meine Schwester!“

Henni und Monika lachten.

„Prost, schöner Engel“, sagte Hermann.

Ein wenig atemlos nippte Henni an ihrem Glas, die Augen auf Hermann gerichtet.

Laß dir Zeit, hatte Mutter am Telefon gesagt. Ja, sie wollte sich Zeit lassen. Jetzt hatte sie es schön. Hier konnte man alles vergessen, was traurig und peinlich und schlimm war.

Das Telefon klingelte. Monika nahm ab. Man hörte ihre Stimme durch die offene Tür.

„Ja? Was? Nein, Sie spaßen? Gott segne Sie, halten Sie sie

fest, halten Sie sie fest, halten Sie ihre Laune fest, meine ich, ich nehme gleich ein Taxi. Sie sind die Allerbeste. Ja, ich verstehe. Tausend Dank, daß Sie angerufen haben!“

Sie legte den Hörer hin, nahm ihn wieder auf und bestellte ein Taxi. „Henni, du ahnst es nicht. Es war Anja, sie hat mir ein Interview mit der Primadonna Melitta verschafft. Ich sollte mich eigentlich entschuldigen, daß ich losrenne, aber ich habe keine Zeit. Hermann, paß gut auf für mich – und haltet mir die Daumen!“

„Grüß Anja“, rief Henni ihr nach. Die Worte gingen im Knall der Wohnungstür unter.

Hermann wandte sein Gesicht Henni zu, sie standen einander gegenüber in dem schönen Zimmer. Schweigend breitete er die Arme aus – Henni zögerte eine Sekunde –, dann gab sie nach und warf sich in seine Arme.

Hermann hielt sie eng an sich gedrückt. Er flüsterte ihr etwas ins Ohr, das sie nicht erfaßte, dann fand er ihren Mund und küßte sie, wieder und immer wieder.

Henni schwindelte.

Und mit einemmal, in der heißen Umarmung, mit den heißen Küssen auf ihrem Mund, auf der Stirn, den Wangen, hörte sie eine innere Stimme:

Du bist es, die mich besitzt, ganz und vollständig, du bist es, die ich liebe.

Gott im Himmel, was tat sie? Dem Mann, den sie ganz und gar besaß, dem Mann, dem sie Treue bis zum Tod gelobt hatte?

Mit einer Kraftanstrengung riß Henni sich los.

„Nein, Hermann, das nicht, das nicht."

Sie stürzte zur Tür. Im Vorzimmer riß sie Mantel und Hut an sich, und ehe Hermann sich von seiner Verblüffung erholt hatte, schlug die Wohnungstür hinter ihr zu.

Mit Weinen im Hals lief sie, lief heim, heim zu Knut – zu seiner Mutter – heim zum Alltagsleben mit seinen Schwierigkeiten.

Henni warf sich unruhig im Bett hin und her. Sie konnte nicht schlafen. Ihre Nerven waren zum Zerreißen gespannt, und die Gedanken mahlten und mahlten in ihrem Kopf.

An ihrer Seite schlief Knut. Der schweigsame, resignierte Knut. Ja, sie kannte ihren Mann nicht wieder. Es war, als habe er alles aufgegeben und sich in das Unumgängliche gefunden. Wenn Knut gewußt hätte – Gott, wenn er geahnt hätte!

Henni wagte nicht, auf ihr Gewissen zu hören. Sie wußte, wenn sie das tat, würde es nicht auszuhalten sein. Deshalb argumentierte sie eifrig, gegen ihre bessere Überzeugung.

Hatte sie vielleicht Schuld, daß das Leben daheim nicht zum Aushalten war? Nein, das war doch bewiesen, wie gut sie es gehabt hatten, sie und Knut, als sie allein waren! Nein,

nein, nicht daran denken! Nicht an Liebe denken und Kameradschaft und wunderbare Sonnentage! Das war vorbei. Schöne Erinnerungen, nichts weiter. Seither war so viel Schlimmes geschehen. Warum sollte sie es immer schlimm haben? Warum sollte sie immer in dieser freudlosen Atmosphäre leben, wenn sie gute Freunde hatte, heitere Menschen, die ihre gute Laune weckten – wenn sie ein großes und behagliches Heim kannte, in dem sie jederzeit willkommen war.

Ach, was für ein Unterschied! Henni starrte in das Dunkel. Sie konnte gerade die Umrisse des schweren Küchenschrankes erkennen. Ach, dieser verflixte Schrank! Sowohl sie als auch Knut waren es mehr als leid, dieses Wasserholen und den Essensgeruch und alles, was es mit sich brachte, aber Henni fuhr fort damit, in verzweifeltem Trotz. Nachdem sie die großartige Geste gemacht hatte, sich aus Mutters Küche zurückzuziehen, konnte sie nicht zurückgekrochen kommen, klein und häßlich und reuevoll, samt Töpfen und Tellern.

Ein Zimmer mit Patentcouch und Patentküche. Andere Leute hatten vier herrliche Zimmer mit allem Komfort.

Andere Leute hatten gute Laune und helles Lächeln und amüsanten Jargon und – und –

Bei dem Gedanken an alles das, was andere Leute hatten, schlug Hennis Herz so laut, daß sie glaubte, Knut müßte es in seinen Schlaf hinein hören.

Knut, hätte er dasselbe tun können, was sie heute abend getan hatte? Konnte er sie mit Gewalt und Macht aus seinem Bewußtsein ausschalten? Und einen Flirt mit einer anderen Frau beginnen?

Henni suchte sein Gesicht im Halbdunkel. Es war so rein, so ruhig im Schlaf.

Aber warum verstand Knut so wenig? Warum wollte er nicht verstehen? Hermann hatte so viel Erfahrung, hatte so viel erlebt. Deshalb verstand er alles. Deshalb konnte er trösten. Aber Knut war daheim an Mutters Schürzenband gegangen, und das Leben hatte nie besondere Ansprüche an ihn gestellt. Wenn Schwierigkeiten kamen, war er nicht imstande, ihnen zu begegnen.

Aber Hermann —

Wieder stieg Henni das Blut in die Wangen.

Wenn Hermann das wirklich ernst mit ihr meinte, wenn, ja, wenn sie frei gewesen wäre, ob er sie dann geheiratet hätte?

Sie dachte an seine Küsse, fühlte noch seine Liebkosungen auf der Haut.

Es brannte in ihrem Gewissen. Ja, aber sie war doch zur Besinnung gekommen – die paar Küsse waren noch kein Ehebruch.

So diskutierte Henni verzweifelt mit ihrem Gewissen. Dann träumte sie wieder von Hermanns leuchtenden Augen und seiner weichen Stimme.

Tief in ihr hielt ihr Gewissen die Gegenrede:

So tief bist du gesunken, Henni, sagte es. Wehe, wenn es dir eines Tages ganz zum Bewußtsein kommt, was du getan hast. Du liegst an der Seite deines Mannes und träumst von eines anderen Mannes Liebkosungen und verliebten Worten.

Knut hatte begonnen, am Abend auszugehen.

Bald war er im Kartenklub, bald im Beamtenverein, und wo er sonst war, wußte Henni nicht. Nun ja, dachte Henni und zuckte die Schultern. Er fragt mich nicht, also frage ich ihn auch nicht. Zieht er andere Gesellschaft der meinen vor, dann habe ich auch meine Freiheit.

Sie verstand nicht den tiefen und eigentlichen Grund, weshalb Knut ausging. Nämlich den, daß er die Demütigung nicht ertragen konnte, ein verlassener Ehemann zu sein und ständig Mutters Blick zu fühlen, der voll Mitleid war. Selbst wenn ihre Bemerkungen über Henni spärlich und vorsichtig waren, so schmerzten sie doch.

Nein, er wollte mit Mutter nicht über Henni diskutieren. Lieber sollte Mutter den Eindruck haben, daß sie beide vergnügungssüchtig geworden waren und daher viel ausgingen. Man war doch modern, jeder konnte doch seinen eigenen Freundeskreis pflegen, selbst wenn man verheiratet war. Er konnte seinen Klub aufsuchen und seine Freunde. Henni konnte ihre Freundinnen haben und sie konnten deshalb genauso glücklich sein.

Aber „glücklich" war wohl das Wort, das jetzt am wenigsten zu Knut und Henni paßte.

Eines Tages rief Anja an. „Henni", sagte sie, „ich habe einen Job für dich. Hast du Lust?"

„Lust? Wozu?"

„Das ist zu lang, um es am Telefon zu erklären. Kannst du mich heute nachmittag treffen? Ich bin frei von sechs bis acht."

Henni war voller Spannung, als sie fortging.

„Es ist nämlich so“, sagte Anja, als sie in einem kleinen Café in der Nähe des Theaters saßen. „Nächsten Sonntag soll ich bei einer großen Mannequinparade für einen neuen Modesalon auftreten, mit künstlerischer Unterhaltung und sowas, weißt du. Ich soll dazu ein todschickes Cocktailkleid vorführen, soll gewissermaßen neben der Kunst auch Mannequin sein und ein Lied singen, das zu dem Kleid paßt. Da ist ja mein Duett mit Melitta Manzius gerade das richtige, aber ich kann ja nicht Duett mit mir selber singen. Daher die Frage: Willst du die zweite Stimme übernehmen?“

„Was?“ Henni war sprachlos.

„Ja, genau das, was ich gesagt habe. Wir können es bei mir einstudieren, du lernst es rasch. Ich habe dem Chef gesagt, daß ich eine gute zweite Stimme beschaffen könnte, und dann zeigte ich ihm ein paar Amateurbilder von uns beiden im Sommer. Er war begeistert und will das Modellkleid, das ich anhabe, kopieren – nur in einer anderen Farbe – und dann sollen wir uns schminken und frisieren, so ähnlich wie möglich. Also – hast du Lust?“

Hennis Augen leuchteten. „Ob ich Lust habe! Ob ich Lust habe!“

Henni hatte zum Kochen beinahe keine Zeit mehr. Und die Hausarbeit machte sie nur obenhin. Immerzu waren Proben. Probe für das Kleid, für das Lied und für die Schminke und Frisur.

Henni ahnte nicht, das Knut sofort vermutete, als sie ihm von dem Engagement erzählte: Das hat Anja in ihrer Güte getan, um Henni zu trösten, weil Torkild sie enttäuscht hatte. Aber Knut brachte es nicht übers Herz, Henni das zu sagen. Sie war so strahlend froh, und das gönnte er ihr, obwohl er ihr Verschiedenes vorwerfen mußte. Sie hatte es nicht leicht, die kleine Henni, auch wenn sie sich den größten Teil der Unannehmlichkeiten selber zuzuschreiben hatte.

Sie war nervös, als der Tag kam. Knut hatte für sich und Mutter einen Tisch bestellt. Sie mußten sich doch ihre Künstlerin anschauen, versuchte er zu scherzen.

Er trank unzählige Tassen Tee und langweilte sich mit Anstand, während eine Reihe Damenkleider vor ihm Revue passierten.

Dann endlich. Die routinierte Ansagerin stand wieder auf dem Podium mit einem Lächeln, das etwas Besonderes versprach.

„Jetzt wird die Schauspielerin Anja Ehlers zusammen mit Frau Henni Thorheim dem Publikum unsere neuesten Cocktailkleider vorführen. Und nicht nur das, sie werden dazu ein Duett singen, das dem Charme der Kleider entspricht."

Hennis Herz klopfte bis zum Hals.

Sie blinzelte in den Scheinwerfer. Es war raffiniert ausgedacht. Sie und Anja kamen Seite an Seite aus dem Hintergrund. Dann ging Anja auf der rechten Seite, Henni auf der linken hinunter in den Saal. Sie gingen langsam und drehten sich so, wie die Berufs-Mannequins es sie gelehrt hatten. Als sie sich am anderen Ende des Saales trafen, nahmen sie die kleinen Jacken ab, die zu den Kleidern gehörten, und zeigten ihre nackten Schultern und nackten Rücken. Die Ansagerin erklärte:

„Und so, meine Damen, ist das Kleid auf einmal ein Tanzkleid geworden. Achten Sie auf den Schnitt." Der Schnitt wurde studiert. Man staunte, daß die trägerlosen Kleider mit dem tiefen Ausschnitt am Körper hielten.

Dann wechselten Anja und Henni mit einer graziösen Bewegung die Jacken, trug nun Anja eine mattgrüne Jacke zu einem altrosa Kleid und Henni eine rosa Jacke zu ihrem grünen.

„Sehen Sie, meine Damen, wenn Sie das Kleid in einer Farbe langweilig finden, wirkt es auch entzückend zusammen mit einer anderen Farbe."

So glitten Anja und Henni wieder zurück zum Podium fein im Takt – wieder wurden die Jacken ausgezogen, und nun setzte die Musik ein mit dem hinreißenden munteren Chanson: „Oh, dieser Tag, er lacht mir zu, heut bin ich mit der Welt per Du!"

Die Begeisterung war groß.

Sie nahmen den Beifall anmutig entgegen. Henni warf einen blitzschnellen Blick in den Saal. Dort saßen Mutter und Knut. Knut klatschte und lächelte, Mutter sah nicht übermäßig begeistert aus. Hennis Blick wanderte weiter. Da, etwas weiter weg, erspähte sie Monikas schwarze Mähne über einem goldfarbenen Kleid. Neben ihr war ein schwarzer Schopf über einem sonnenbraunen Gesicht.

Henni verneigte sich wieder und Anja flüsterte:

„Die letzte Strophe da capo, Henni."

Als Henni sich umgezogen hatte und in den Saal hinunterging, kam Knut ihr entgegen.

„Du warst wirklich gut, Henni. Ich soll von Mutter grüßen, sie mußte leider gehen. Willst du etwas trinken?"

Ehe Henni antworten konnte, waren Monika, Hermann und Anja da. Es gab ein umfangreiches Vorstellen und viel Geplauder. Kurz danach saßen sie an einem großen Tisch, und die Kellner sprangen. Dann erschien ein junger Mann, den Henni vom Sehen kannte, ein Journalist von einer großen Zeitung. Er interessierte sich sichtlich für Monika.

Henni genoß die Lobeshymnen wie die Stimmung. Trotzdem, es lag etwas Beunruhigendes über allem. An ihrer Seite hatte sie Knut, und gegenüber saß Hermann mit seinem nekkenden kleinen Lächeln. Er fing einen handfesten Flirt mit Anja an.

Natürlich, sagte sich Henni, selbstverständlich. Er konnte doch nicht ihr den Hof machen im Beisein des Ehemannes.

Obwohl Hermann offensichtlich von Anja ganz in Anspruch genommen war, empfand Knut doch eine instinktive Unruhe, aber er verscheuchte sie. Unsinn, klar, daß jeder Mann seine hübsche Frau bewundernd ansehen mußte.

Doch die Unruhe blieb, und als sie heimkamen, wollte keine Stimmung aufkommen. Henni erklärte, sie sei müde, schminkte sich ab und ordnete das Haar in die gewohnte Frisur. Dann ging sie zu Bett. Knut war noch auf einen Sprung bei der Mutter, um gute Nacht zu sagen.

„Nun, habt ihr es nett gehabt?"

„Ja, gewiß. Zusammen mit Anja Ehlers und noch einigen, Hennis Freundin Monika und ihrem Bruder."

„Gut, daß du auch endlich mit diesen Leuten zusammengekommen bist."

Knut schluckte Mutters „endlich".

„War Henni nicht fabelhaft, Mutter?"

„Gewiß. Übrigens fand ich, daß das Kleid zu ausgeschnitten war, wenn ich ehrlich sein soll."

Das fand Knut auch und deshalb protestierte er lebhaft.

„Nein, nein", sagte Mutter beschwichtigend. „Wenn du es gutheißen kannst, kann ich es auch. Willst du Henni daran erinnern, daß ich morgen die Buntwäsche mache, sie möchte den Korb mit schmutziger Wäsche in den Gang stellen."

Als Knut in das Eckzimmer zurückkam, schlief Henni.

Wenn Henni geglaubt hatte, daß sich nach ihrem Auftreten mit Anja Ehlers der große Erfolg an ihre Fersen heften und die Engagements sich aufreihen würden wie Perlen auf eine Schnur, dann irrte sie sich.

Allerdings rief eine Dame an und bat sie, auf einer Wohltätigkeitsveranstaltung Lieder zu singen – leider ohne Honorar, es war ja eine gute Sache, die unterstützt werden sollte! – und Henni sagte zu. Dann bekam sie ein Bettelhonorar bei einem Beamtenfest und noch ein kleineres bei einem Vereinsfest – dabei blieb es. Henni mußte sich gestehen, daß von den Träumen über ihr Debut der Glanz gewichen war. Es war gar nicht so, wie sie sich alles gedacht hatte.

So glitt daheim das Alltagsleben weiter. Eines Nachmittags ging sie zu Monika, die allein zu Hause war. Sie tranken zusammen Tee, aber das Gespräch wollte nicht recht in Fluß kommen. Ein paarmal sah Monika forschend in Hennis Gesicht. Es war schmal geworden, dieses hübsche Gesicht, und die Augen hatten nicht mehr den blanken blauen Glanz wie früher. Monika dachte sich ihr Teil, sagte aber nichts.

Weihnachten kam heran.

Die Mutter verbrachte die Tage in der Küche, mit ihrem weißen Kittel angetan. Sie kochte und backte, und die Wohnung duftete nach allerlei guten Dingen.

„Ihr seid selbstverständlich bei mir am Weihnachtsabend", sagte Mutter bestimmt, wie immer in letzter Zeit, mit einer Stimme, die keinen Widerspruch zuließ.

Henni zuckte die Achseln. Es war ihr gleichgültig. So blieb sie mit Weihnachtsvorbereitungen verschont.

Für den zweiten Weihnachtstag war die Erstaufführung „ihres" Films angesetzt.

Knut hatte Karten für sie alle drei besorgt. Und Henni hatte richtiges Herzklopfen. Jetzt würde wohl Mutter endlich sehen, daß sie etwas konnte. Henni saß im Dunkel des Kinos und lauschte angestrengt, um ja alles aufzufangen, was die Leute ringsherum sagten. Es war ein Sommerlustspiel im allerleichtesten Genre. Die Handlung ging ihren Gang. Anja sah hinreißend aus und spielte entzückend.

„Schau mal", flüsterte Knut. Es waren einige Szenen, die sie kannten. Anja und Leo am Strand, und tatsächlich konnte man auch ein wenig von Steinröjsen im Hintergrund sehen.

Dann war Anja da in ihrem Bikini, und nun kam eine blitzschnelle Bildfolge von einem flotten Sprung. Ein paar Sekunden dauerte das. Danach sah man eine Großaufnahme von Anja, die schwimmend zum Strand strebte.

Henni wartete und wartete. Mehr vom Springen kam nicht. Und die Handlung floß weiter. Sollte nicht bald das Kentern des Bootes kommen?

Es gab noch Mißverständnisse und Intrigen, die größtenteils im Atelier gedreht waren – dann löste sich alles in einer Großaufnahme auf und einem versöhnlichen Kuß. Ende. Die ganze Szene vom Ertrinken war herausgeschnitten, die irrsinnige Anstrengung eines ganzen Tages umsonst gewesen!

„Ich bin wohl dumm", sagte Mutter entschuldigend, als sie herauskamen, „aber ich habe dich tatsächlich nicht entdeckt, Henni."

Knut erzählte von der Springszene. Aber Mutter schüttelte den Kopf. Sie war von der Handlung so gefesselt gewesen, daß sie sich für das Springen gar nicht interessiert hatte.

Henni graute vor den Tagen, die bevorstanden. Ihr Chef war auf Weihnachtsurlaub, hatte den ‚Laden zugemacht' und sowohl Henni als auch ihrer Kollegin freigegeben.

Frei, ja. Wozu sollte sie die freien Tage aber benutzen? Daheim war ja nichts zu tun, Mutter hatte alles übernommen; und Henni dachte nicht daran, länger zu kämpfen. Mutter mochte tun, was sie wollte.

Henni war in schwärzester Laune.

Sie hatte kein Wort von Hermann gehört. Keinen kleinen Weihnachtsgruß. Keine Blume. Nichts.

Nun ja. Er konnte doch nicht gut. Ach doch, er konnte. Er hätte auf jeden Fall eine Blume schicken und dazu eine Karte schreiben können. „Von Monika und Hermann." Niemand würde daran Anstoß genommen haben, und Henni hätte es verstanden.

Der dritte Weihnachtstag wurde Werktag für Knut. Henni war zeitig auf und bereitete das Frühstück. Als sie Wasser in der Küche holte, war es dort leer und kalt. Aha, Mutter hatte es heute mit der Ruhe. Naja, ihre Sache.

Später kam Henni nochmals auf einen Sprung in die Küche. Immer noch kein Zeichen vom Kochen. Ob Mutter krank war? Oder war sie zeitig ausgegangen?

Henni klopfte an die Kammertür. Sie mußte horchen, um ein schwaches ‚herein' zu hören.

Mutter lag zu Bett und wendete den Kopf gegen Henni.

„Ach Kind – ich weiß nicht, was ich gegessen habe –, mir ist so schrecklich schlecht." Die Luft im Zimmer war kaum auszuhalten. Mutter hatte furchtbar erbrochen. Ohne ein Wort nahm Henni den Eimer, ging ins Bad und leerte ihn. Dann machte sie das Fenster auf.

„Ich werde den Arzt rufen, Mutter. Aber erst muß ich dein Bett richten."

Sie holte frische Bettwäsche und ein frisches Nachthemd, wusch Gesicht und Hände der Kranken und kämmte ihr Haar.

Dann rief sie den Arzt an. Er versprach, gegen Mittag zu

kommen.

„Ich wage nicht, dir etwas zu essen zu geben, Mutter", meinte Henni. „Ich mache dir eine Tasse dünnen Tee. Du bist sicher durstig."

Die Mutter trank den Tee in kleinen Schlückchen, aber sie vermochte ihn nicht zu behalten. Wieder mußte sie sich übergeben. Henni biß die Zähne zusammen, machte sauber und lüftete.

Sie sah die Mutter forschend an. Sie lag in den Kissen, ganz ermattet. Ihre Haut war merkwürdig gelb, und als sie die Augen öffnete, sah Henni, daß auch das Weiße der Augen gelb war.

Sie war daher nicht überrascht, als der Arzt Gelbsucht konstatierte.

„Liebe, ich bin so verzweifelt", flüsterte die Mutter, „ich muß sehen, daß ich ins Krankenhaus komme."

„Alles mit der Ruhe", sagte Henni. Sie war freundlich, aber es war keine Wärme in ihrer Stimme. „Vorderhand habe ich frei vom Büro, das wird also alles gehen."

„Aber, du sollst nicht..."

„Ich habe einen Roten-Kreuz-Kursus mitgemacht", erklärte Henni kurz.

Der Arzt gab ihr Verhaltensmaßregeln. Besonders wichtig war die Diät. Obst, Gemüse, süße Sachen, aber um alles in der Welt kein Fett! Nicht einmal eine Andeutung von Fett!

Henni notierte alles sorgfältig.

Knut sah ungläubig aus, als Henni ihm alles erzählte. Mutter krank? Das war ja etwas ganz Neues. Mutter im Bett!

Mutter leidend und hilflos! Das hatte Knut noch nicht erlebt!

Henni kochte, wusch und paßte wie ein Schießhund auf, daß Mutter ja alles bekam, was sie haben sollte. Aber sie tat das alles mit der Liebenswürdigkeit einer professionellen Krankenpflegerin.

So ging es ein paar Tage.

Dann rief Monika an.

„Leider, Monika", sagte Henni, „kann ich nicht fort. Ich pflege meine Schwiegermutter, die Gelbsucht hat."

Monika sagte ein paar teilnehmende Worte und hängte ab. Sie blieb am Schreibtisch ihres Bruders sitzen, nahm eine Zigarette aus der schweren Silberdose, zündete sie an und blies nachdenklich den Rauch in die Luft. Dann warf sie ihre schwarze Mähne zurück, drückte die Zigarette aus und stand auf.

„Meine Liebe, bist du das?" sagte Henni, als sie die Wohnungstür öffnete.

„In eigener Person, ja. Hast du zehn Minuten Zeit?"

„Gewiß."

Monika kam in das Eckzimmer. „Oh", sagte sie, „da hast du ja die Patentküche. Zufrieden damit?"

„Ja und nein", antwortete Henni. „Setz dich, Monika. Ich wollte mir gerade eine Tasse Kaffee machen, willst du auch eine haben?"

„Wann will man keinen Kaffee haben?" lachte Monika. Henni holte Tassen hervor und füllte die Kuchenschale mit Mutters unvergleichlichem Schmalzgebackenen.

„Wie geht es euch denn?" fragte Henni, „ich habe lange

nichts von euch gehört."

„Ja, danke. Ich habe drei Tage frei, und mein kleiner Bruder ist nach Geilo gefahren."

„So?"

„Jawohl. Ich weiß nicht, ob es damit zusammenhängt, daß Anja Ehlers auch dort sein soll."

„Aha", sagte Henni und setzte ihre Kaffeetasse etwas plötzlich nieder.

Monika sah sie forschend an. Dann nahm sie ein Stück Kuchen und lächelte.

„Ja, ich kenne meinen leichtsinnigen Bruder kaum wieder. Ich habe Hermann wirklich gern, aber ich muß zugeben, daß er eine leichtfertige Ader hat. Nie hätte ich geglaubt, daß ein Mädchen ihn derart einfangen könnte. Bisher ist er stets seinem unmoralischen Prinzip gefolgt, nur mit verheirateten Frauen zu flirten, um allen Verpflichtungen zu entgehen."

Henni schluckte.

Monika zündete eine Zigarette an, machte eine Pause. Dann sprach sie wieder.

„Und du bist jetzt also Krankenpflegerin geworden, Henni! Wie gefällt dir denn das?"

Henni hob die Schultern. „Gefallen? Es muß eben sein."

Monika richtete ihren Blick voll auf Henni. „Hör zu, ich bin gekommen, um dir eine Predigt zu halten."

Das traf Henni ins Herz. Vielleicht wußte Monika von ihr und Hermann. Sollte sie nun obendrein auch noch Vorwürfe von ihr bekommen?

„Ich will deine veilchenblauen Augen nur auf die Tatsache

richten, daß sich dir jetzt eine Gelegenheit bietet, die du wahrnehmen mußt."

„Gelegenheit wozu?"

„Dich geltend zu machen, Mädchen. Zu zeigen, was du taugst. Es in Schwiegermutters Hirn rein zu kriegen, daß du ein erwachsener Mensch bist, der etwas kann. Sie ist schachmatt gesetzt, und du mußt nicht nur Essen geben und Töpfchen ausleeren, du mußt auch den Haushalt organisieren. Tu es doch, um Himmelswillen! Bestimme alles, denke nach, sei vernünftig, nimm die Führung in die Hand. Frag die Schwiegermutter nicht. Tu alles nach bestem Können und mach es gut. Du kämpfst jetzt für deine Zukunft, Henni. Jetzt soll es sich zeigen, ob deine Ehe wirklich bestehen kann. Ich bin nicht blind, Henni. Ich sehe doch, mit welchen Schwierigkeiten du den ganzen Herbst gekämpft hast. Ergreif jetzt deine Chance! Sei freundlich, aber bestimmt – und so vernünftig, daß deine Schwiegermutter einsehen muß, du hast das Recht, zu bestimmen."

Henni hob den Kopf. Ihre Augen leuchteten sonderbar. „Monika", stieß sie hervor.

„Monika ist nicht so dumm, siehst du. Das war es, was ich dir sagen wollte. Und noch etwas. Dein Privatleben geht mich nichts an, und ich weiß nichts von dir. Aber wenn – paß gut auf, ich sage, wenn – du in der letzten Zeit etwas gedacht, gesagt oder getan haben solltest, das dein Mann nicht gern haben würde, so geh nicht hin und beichte es. Mach es mit dir selber aus – du hast kein Recht, ihn mit etwas zu belasten, das ihm weh tun muß. Sühne es in Taten, setze dich auseinander mit deinem Gewissen, aber halt deinen Mund Knut gegenüber."

„Monika – wenn ich etwas auf dem Gewissen habe, ist es jedenfalls nicht das, was du vielleicht annimmst, es ist..."

„Ich nehme gar nichts an, mein Kind. Deshalb sagte ich auch wenn. Nun habe ich gesagt, was ich wollte. Außerdem ist kein Kaffee mehr da. Laß es dir gut gehen, Henni. Viel Glück!"

„Henni", sagte die Mutter, „ich denke an die schönen Koteletts, die im Kühlschrank lagen, die müssen doch schlecht geworden sein."

„Ich habe sie eingeweckt, Mutti", sagte Henni. „Du sollst sie bekommen, wenn du wieder richtig essen darfst. Jetzt mußt du dein Grünfutter vertilgen. Nachher kriegst du Gelee mit Eiersauce."

Henni stellte ein kleines Tablett auf den Nachttisch. Silber und Gläser blitzten, die Serviette war schneeweiß, das Essen dampfend warm und appetitlich angerichtet.

„Komm, soll ich dein Kissen aufschütteln?"

Etwas später saß die Mutter aufgerichtet im Bett und verspeiste das Gemüsegericht, das Henni zubereitet hatte.

Sie folgte der Schwiegertochter mit den Augen. Es war etwas Neues über Henni gekommen. Etwas Freies, Sicheres.

„Darf ich denn das alles essen, Henni? Der Doktor war doch so streng."

„Da ist nichts Unerlaubtes im Essen, Mutter. Ei, Spinat und Wasser statt Milch."

„Es ist aber doch gebraten."

„Ja, in gereinigtem Paraffin. Es ist weder Butter noch Fett darin. Iß nur!"

„Gereinigtes Paraffin ist doch Fett, möchte ich meinen."

Henni lächelte. Es war ein neues Gefühl, der Mutter gegenüber die Belehrende zu sein. „Ja, Mutti. Aber es ist ein anorganischer Stoff, der nicht vom Organismus aufgesaugt wird, verstehst du? Außerdem habe ich sicherheitshalber den Doktor gefragt."

„Wie erfinderisch du bist, Henni. Wo hast du denn das alles gelernt?"

„Ich bin doch mal in die Haushaltungsschule gegangen, und außerdem interessiert mich Kochen – wenn ich bloß Zeit habe, es zu praktizieren – und weißt du, es ist gar nicht so schlimm, eine Gelbsuchtdiät zusammenzustellen. Es handelt sich nur darum, alles Fett zu vermeiden."

„Du verstehst es, das Essen trotzdem schmackhaft zu machen."

„Nett, daß du das findest."

Henni öffnete Mutters Schrank und nahm einen Haufen Wäsche heraus.

„Nein, laß das nur liegen, Liebe."

„Ich will heute nachmittag bügeln", sagte Henni. Dieses

Mal war sie es, die den Widerspruch überhörte.

Die Mutter blieb liegen und dachte nach. Sie hatte über vieles nachzudenken. Es waren neue, merkwürdige Gedanken, die ihr früher nicht gekommen waren.

„Henni, heute sind wir daran, die Treppe zu putzen."

„Die habe ich heute morgen schon geputzt, Mutter."

„Henni, sieh bitte nach, ob der Kühlschrank abgetaut werden muß."

„Ist schon gemacht, Mutter."

„Henni, es ist Samstag ..."

„Ja, Mutter, ich habe die Wochenrechnung bezahlt, im Milchgeschäft und in der Bäckerei."

„Henni, die Vorhänge, die auf dem Boden hängen ..."

„... liegen fertig gebügelt im Schrank, Mutter. Ich hänge sie auf, wenn du wieder auf den Beinen bist."

Henni erinnerte sich an alles, ordnete alles, besorgte alles und fragte nie.

„Was habt ihr heute zu Mittag?" fragte Mutter eines Tages. Sie selbst hatte sich an einem wohlschmeckenden Rosenkohl und an Fruchtsalat gütlich getan. Henni war froh, daß ihr der Kaufmann ungespritzte Apfelsinen verschafft hatte. So bekam Mutter täglich ihren geliebten Obstsalat.

„Wir haben noch einen Fleischrest von gestern, dafür aber eine Menge Gemüse – Blumenkohl, Rosenkohl und Karotten. Ich bin sehr splendid und leichtsinnig gewesen."

„Als Rohkost wohl?"

„Nein, gedämpft. Du weißt, für gewöhnlich habe ich keine Zeit, das Gemüse in Dampf zu kochen, deshalb mache ich lieber Rohkost, ich finde, wir müssen jedes bißchen Nährwert und Vitamin in den teuren Gemüsen ausnützen. Rohkost ist übrigens gut, Knut mag sie auch sehr gern. Aber weißt du, Gemüse schmeckt besonders gut, wenn man es dämpft und einen Klecks Butter dazu gibt. Bitte, Mutter, hier ist dein Saft."

Die Mutter blieb liegen und dachte nach. Eine schwache Röte stieg in ihre Wangen. Es war ihr nie eingefallen, daß ein Sinn hinter Hennis Handlungen lag, hinter jenen Handlungen, die sie für einen Beweis von Faulheit und Gleichgültigkeit gehalten hatte.

Nie hatte Frau Thorheim so viel Zeit gehabt nachzudenken wie jetzt. Die Schwiegertochter gab ihr viel zu denken.

Immer freundlich, ja geradezu herzlich, immer frisch und gepflegt, immer zur Stelle, wenn sie gebraucht wurde, immer praktisch und lächelnd, so war Henni geworden. Hennis Hände waren flink und geschickt, ihre Stimme klang herzlich und gleichzeitig bestimmt.

Und Frau Thorheim dachte nach und grübelte.

Sobald er aus dem Büro kam, begrüßte Knut seine Mutter. Jeden Tag brachte er Blumen mit oder eine Tüte Drops, und immer fand er ein munteres Wort.

„Henni pflegt mich großartig, Knut."

Sein Gesicht leuchtete auf. „Das ist ja gut, Mutter."

„Wirklich, wie geschickt sie ist. Und so umsichtig."

„Ja, meine Liebe, das ist sie doch immer gewesen. Ist das

etwas Neues für dich?"

Frau Thorheim biß sich auf die Lippe. Ja, das war etwas Neues für sie. Aber warum? Warum hatte sie vorher nie Hennis Tüchtigkeit gesehen?

„Du, Knut", sagte Henni in der Tür. „Jetzt ist es ordentlich und warm in Mutters Stube. Jetzt betten wir sie um."

„Was?" fragte Mutter.

„Du sollst nicht in dieser Kammer liegen, mit Ausblick auf benachbarte Küchenfenster. Hier, Mutti, – da ist dein Morgenrock – stütze Mutter, Knut. So, jetzt nehme ich das Bettzeug und mache aus der Wohnzimmercouch ein Bett, das dauert nur einen Augenblick. Knut, du trägst dann Mutter hinein."

Keine Frage, nur ein freundliches und ruhiges Kommando. So soll es sein. Natürlich ist niemand da, der widerspricht. Für Frau Thorheim war das ein merkwürdiges Gefühl, wie ein kleines Kind bemuttert zu werden. Niemand fragte, keiner brauchte ihre Hilfe und Erfahrung. Sie war zu einem hilflosen Wesen geworden, das man gut versorgen mußte.

Und ein sonderbares Gefühl war es für sie, als ihr Junge sie auf zwei kräftigen Armen hochhob und hinübertrug.

„Aber, Muttchen!" sagte er.

Es waren ein paar Tränen auf seine Schultern gefallen.

Jetzt lag sie auf der breiten bequemen Couch in ihrem Zimmer und freute sich über die Zimmerpflanzen und die Sonne im Zimmer.

Alles war gepflegt, alles glänzte vor Sauberkeit. Knut verlängerte das Kabel ihres Radios, so daß sie es neben der Couch haben konnte.

Überhaupt Knut! Was Knut alles tat! Er holte Kartoffeln aus dem Keller, er lief zum Milchgeschäft, er deckte den Tisch, er trocknete ab.

„Knut, du brauchst nicht so viel zu tun", sagte Henni. „Noch habe ich drei Tage frei im Büro. Aber von Montag ab mußt du doppelt so viel schuften."

„Meine lieben Kinder", sagte Mutter unglücklich, „das geht doch aber nicht. Henni wird sich überanstrengen."

„Weit entfernt", entgegnete Henni. „Es ist schade, daß du ab Montag den ganzen Vormittag über allein liegen mußt, aber dir geht es ja schon viel besser. Morgen bekommen wir eine längere Schnur an den Telefonapparat, dann können wir ihn so stellen, daß du ihn vom Bett aus erreichen kannst. Es ist immer beruhigend, ihn in Reichweite zu haben. Du bekommst Frühstück, ehe ich gehe, ich mache das Bett und das Zimmer zurecht, gebe dir einen Erfrischungstrank, stelle dir einen Imbiß bereit – es ist ja nicht viel, was du bekommst, du Arme. Und dann mußt du liegen und dich langweilen, bis ich zurückkomme. Am Nachmittag versorge ich dich, und Knut versorgt uns."

Frau Thorheim horchte mehr auf die ruhige bestimmte Stimme als auf die Worte. War das die kleine, nervöse, oft ironische und spöttische Henni?

Und Knut, ihr Junge, für den sie gesorgt und den sie verwöhnt hatte seit seiner Geburt, ihr Junge, der es liebte, sich in einen Lehnstuhl zu setzen, mit einem Buch oder einer Zeitung in der Hand, ihr Junge, der es nie nötig gehabt hatte, seine Hand zu irgendeiner Arbeit auszustrecken, und nun?

„Henni, hallo, mach mir auf!" Knut kam herein, in Hemdsärmeln, den vollen Wäschekorb in den Händen.

„Knut, du mußt Kartoffeln schälen."

„Gleich, will nur mit dem Staubsauger fertig werden. Henni, hast du den Besen da drin? Ich will nur rasch den Küchenboden fegen. – Wo hast du das Einkaufsnetz? Ich hole eben schnell Brot."

Es war eine ruhige, frohe Geschäftigkeit im Hause – ganz im Gegensatz zu der Stille am Vormittag. Jetzt, da Henni wieder ins Büro ging, begannen die Vormittage für Frau Thorheim lang zu werden. Nun, sie hatte das Radio und das Telefon. Knut und Henni riefen jeden Vormittag an, um zu hören, wie es ihr ging. Und auf dem niedrigen Tisch neben der Couch standen die neue Thermosflasche von Knut mit heißem Tee und delikate Kleinigkeiten, die sie essen durfte. Henni war erstaunlich geschickt darin, belegte Brote ohne Butter zu erfinden. Sie machte Gemüsepaste und Rohkostsalate und verzierte die Platte mit kleinen Diätkeks, ohne Butter gebacken.

Und Knut sorgte dafür, daß Mutter Lesestoff hatte. Ja, sie konnte es gar nicht besser haben.

Sie ertappte sich dabei, daß sie horchte, wenn sich die Uhr halb vier näherte. Sie kannte Hennis raschen Schritt auf der Treppe. Kannte ihre Art, wie sie den Schlüssel in die Tür steckte. Oft brachte Henni eine Kleinigkeit mit, eine Illustrierte oder eine Blume.

„Ich habe heute zwei Stückchen kandierte Ananas bekommen, Mutter", konnte Henni sagen, „das eine habe ich für dich aufgehoben, bitte!"

Sie wickelte aus einem Schreibmaschinenpapier ein Stückchen Ananas. Frau Thorheim lächelte und wunderte sich. Nie im Leben hatte sie sich so gewundert.

Knut und Henni wollten zur Ruhe gehen. Sie hatten noch nachgesehen, ob Mutter alles hatte, was sie brauchte, sie hatten gute Nacht gesagt und waren in ihr Zimmer gegangen.

„Müde, Liebling?"

„Nein, nicht besonders."

Knut sah sie an. Sein Blick war hell und warm.

Sie strich ihm übers Haar, legte ihre Wange an seine.

Ihr Junge, ach, ihr lieber Junge.

Die Tränen saßen ihr im Hals. Lieber Gott, wenn man nur weinen könnte. Wenn man die Arme um Knut schlingen und beichten könnte, um die Bürde loszuwerden, die Scham, die Schuld! Aber Henni schwieg. Sie dachte an Monika. Mit welchem Recht durfte sie ihren lieben, treuen Mann damit belasten? Nein, das mußte sie mit sich selbst abmachen.

Sie schlug sich tapfer durch manche Stunde hindurch und jedesmal, wenn sie müde und lustlos war und am liebsten die ganze Arbeit sausen lassen wollte, kam die Stimme des Gewissens: Henni, jede Kleinigkeit, die du tust, ist eine Abzahlung auf eine Ehrenschuld.

An Hermann dachte sie kaum. Wenn ihre Gedanken ihn streiften, geschah es ohne Herzklopfen und Bitterkeit, nur mit einer unbehaglichen Verwunderung. Daß sie sich so schnell vergessen konnte!

Nun, was leicht kommt, vergeht schnell. Sie war eines Abends aufgeflammt, aber die Flamme war rasch in sich zusammengesunken und erloschen. Nicht einmal die Glut hatte lange angehalten.

In ihrem Verhältnis zu Knut war von Anfang an die Leidenschaft heiß und lebendig gewesen, und die Flamme brannte hell und klar und gleichmäßig.

Monika rief an. „Henni, ich muß dir das letzte Familienereignis mitteilen."

„Du lieber Himmel, hast du Zwillinge bekommen?" Henni lachte, als sie es sagte. Ob Monika sie mit ihrem Jargon angesteckt hatte?

„Noch nicht. Aber vielleicht kriegt Anja welche, ehe wir uns versehen. Mein blasierter Bruder hat sich ganz ernsthaft mit Anja verlobt! Wie findest du das? Und nun verlangt er, daß ich in Anjas Wohnung ziehen soll und unsere freimache."

„Wie nett, Monika!"

„Ja, nette Bescherung! Gleich wieder umziehen müssen, wenn man eben in Ordnung gekommen ist! Aber dennoch, ich bin entzückt. Es ist gemütlich in Anjas winziger Wohnung und außerdem ..."

„Außerdem was?"fragte Henni.

„Das soll Anlaß zu einem späteren ‚Prost' geben. Gegenwärtig ist es Brüderchen, dem unser ‚Prost' gilt. Noch etwas anderes, Henni. Wo hast du deine Patentküche anfertigen lassen? Eine Kollegin von mir will absolut eine haben, nachdem sie die Abbildung gesehen hat."

Henni fühlte, wie ein Stein, ein Berg, ein Gebirge von ihrem Herzen rollte.

„Sie kann meine zum halben Preis haben", sagte sie mit hoher und klarer Stimme ins Telefon.

Mutters Krankheit wurde langwierig. Aber es ging doch aufwärts, und Henni machte keinen Augenblick schlapp. Die Mutter hätte auch im Krankenhaus keine bessere Pflege haben können.

Jetzt hatte der Arzt die strenge Diät etwas gelockert, und Henni kochte und experimentierte und scheute keine Mühe.

Wie gut sie es jetzt hatte! Es war ein wunderbares Gefühl, Handlungsfreiheit zu haben, in Ruhe und allein zu arbeiten – und dann, wenn es nötig war, Knut mit einzuspannen, der verständnisvoll seinen Teil der Last trug.

Henni hatte viel Zeit, nachzudenken, wenn sie über dem Abwaschbecken stand oder kleine Wäsche wusch und bügelte. Sie dachte an die verschiedenen Zeiten, die sie und Knut zusammen durchgemacht hatten.

Die glückliche Verliebtheit in der Verlobungszeit. Die heiße, versengende Liebe, als sie auf Hochzeitsreise waren. Die Kameradschaft in der Hütte. Und die wunderbare Kombination von Kameradschaft, junger Verliebtheit und reifer Liebe in jener Zeit, als Mutter im Sommer verreist war.

Dann der graue Alltag, alle die schmerzenden Dinge, die die Liebe ersticken wollten und fast ihre Ehe zerstört hätten.

Und jetzt die tausend kleinen, lebenskräftigen Triebe, die zwischen den Resten der alten Liebe hervordrängten – kleine Triebe, die viel lebenskräftiger als jede andere Form der Liebe waren, weil sie es geschafft hatten, in der Eiskälte der Herzen zu überwintern.

Es waren nicht nur kleine Triebe. Eines Tages brach die Liebe wieder in voller Blüte auf, schöner als je zuvor.

Dann kam endlich auch der Tag, an dem Mutter aufstehen durfte. Sie war noch unsicher auf den Beinen. Knut stützte sie, während Henni den Morgenrock um sie legte. Sie wurde in den Lehnstuhl gesetzt, mit Kissen im Nacken und einer Decke über den Knien.

Sie überstand es gut. Und dann ging es besser von Tag zu Tag. Mutter wagte sich schon in die Küche hinaus, in die Kammer und ins Bad. Überall glänzte es vor Sauberkeit.

Mutter war schweigsam. Sie kam wieder in das Zimmer zurück und setzte sich in den Lehnstuhl. Henni legte letzte Hand an das Abendessen.

„Du, Mutter", sagte sie in der Tür, „ich meine, Knut und ich essen bei dir, wenn du nichts dagegen hast. Es ist einfacher, jetzt da du auf bist, findest du nicht? Und heute besteht kein Unterschied mehr zwischen deinem und unserem Essen. Du darfst wieder richtiges Menschenfutter haben."

„Ja, liebe Henni, ich halte das für das einzig Vernünftige."

Es war ein gutes Essen und eine gute gemütliche Stimmung.

„Willst du dich nicht hinlegen, Mutter?" fragte Henni. Sie hatten die Nachrichten im Radio gehört. Kaffee getrunken und jetzt war es beinahe acht Uhr.

„Bald", sagte Mutter. „Zunächst ist da etwas anderes, was ich möchte."

Beim Klang ihrer Stimme ließ Knut die Zeitung sinken. „Nun, Mutter?"

„Ja, mein Junge, ich möchte etwas tun, was ich schon vor einem Jahr hätte tun sollen. Ich will mit euch beiden reden."

Knut und Henni antworteten nicht, aber Knut legte still die Zeitung weg. „Ich weiß nicht, wie ich anfangen soll", sagte Mutter langsam. „In den letzten Tagen hatte ich viel Gelegenheit, nachzudenken. Da ist mir vieles aufgegangen, was ich vorher nicht verstanden habe. Ich bin mir klar darüber, daß wir hier im Hause auf ein verkehrtes Gleis gekommen waren – einfach nur deswegen, weil wir uns nicht ausgesprochen haben. Aber jetzt soll das geschehen. Ja, Hennikind, heute ist es die schlimme Schwiegermutter, die wieder bestimmt. Ich weiß, daß ihr mir einiges vorzuwerfen habt, und auch ich muß euch einiges vorwerfen. Um es euch leichter zu machen, will ich damit anfangen. Ich werde richtig ekelhaft sein, aber es muß sein. Nachher sollt ihr, vor allem du, Henni, eure Meinung sagen. Laßt uns ordentlich aufwaschen und von Grund auf neu beginnen. Was meint ihr?"

Keiner widersprach. Sie wußten, daß Mutter recht hatte und daß es sein mußte.

„Also Henni, ich kann frei von der Leber weg sprechen?"

„Ja, Mutter. Wir bitten dich darum."

Frau Thorheim holte tief Atem.

„Als du hier ins Haus kamst, Henni, hatte ich dich gleich gern. Es war herrlich für mich zu fühlen, daß du mich brauchtest. Du brauchtest eine Mutter, und ich versuchte, dir eine Mutter zu sein. Du zeigtest mir ein Vertrauen, das mich tief rührte. Du sprachst über Großes und Kleines mit mir – ich hatte das Gefühl, in dir nicht nur eine Tochter, sondern auch eine Kameradin gefunden zu haben. Dann habt ihr geheiratet. Ich war glücklich darüber, euch bei mir behalten zu können. Glücklich darüber, euch helfen zu können, denn ihr wart jung und unerfahren, und du hattest deine Bürostellung, Henni. Aber gleich vom ersten Augenblick stieß ich auf eine Mauer von Unwillen bei dir. Du darfst nicht denken, daß ich nichts gesehen und verstanden habe, auch wenn ich darüber schwieg. Du warst von der fixen Idee besessen, alles selbst machen zu wollen. Du vertrugst keine Hilfe von mir. Die geringsten Kleinigkeiten, die ich für dich machte, hast du als Einmischung empfunden. Und du warst eifersüchtig. Du mochtest es nicht, daß Knut zu mir hereinkam und nett zu mir war, kurz gesagt, daß er auch noch ein wenig Sohn und nicht nur Ehemann war. Du warst störrisch, Henni, und das werfe ich dir vor. Du hast bloß die eine Seite der Sache und deshalb schief gesehen: du hast nur das gesehen, was du im Stillen meine Einmischung nanntest, aber du hast nicht gesehen, daß ich dir tatsächlich half, dir, die doch viel zu tun hatte."

Henni hörte ruhig zu. Knut wollte ein paarmal unterbrechen, aber Henni nahm seine Hand und drückte sie – und Knut verstand, was es bedeuten sollte: „Sei still und warte!"

„Gut, Mutter", sagte Henni nun. „Das wirfst du mir also vor. Und was wirfst du dir selber vor?"

„Viel, Henni, mehr als du ahnst. Aber darauf kommen wir später zurück. Jetzt bist du an der Reihe. Was hast du mir vorzuwerfen?“

„Zuallererst, Mutter, daß du nie verstanden hast, daß ich ein erwachsener Mensch bin. Daß du nie verstanden hast, daß ich das Gefühl haben wollte, ein eigenes Heim mit eigener Verantwortung zu besitzen! Du nahmst mir die Arbeit aus den Händen. Arbeit, auf die ich mich gefreut hatte. Ich habe öfter geweint als du ahnst, aber ich war zu stolz und zu verärgert und auch zu störrisch – ja, auch das –, um meine Tränen zu zeigen. Ich kam von der Hochzeitsreise heim und freute mich darauf, mein eigenes kleines Heim einzurichten. Es begann damit, daß ich alle meine Sachen eingeordnet fand. Ich wurde nicht gefragt, wie ich es gern haben möchte, es wurde einfach gemacht. Für dich war es einfach, Mutter. Du hattest Knut in all den Jahren versorgt, für dich war es nur, als ob du jetzt noch ein Kind mehr zu versorgen hättest. Ich war kein selbständiges Individuum, ich war nur ein Anhängsel von Knut.“

„Über alles, was du da sagst, habe ich nachgedacht. Und ich habe an meine eigene Jugend gedacht, an die Zeit, als ich jung verheiratet war. Ich verstehe, daß ich dir etwas genommen habe, das ein Glück für dich war.“

Henni lächelte. „Ja, so ist es, Mutter. Du hast mir meine Arbeit aus den Händen genommen. Meine Schubladen wurden geöffnet und geordnet. Das Küchengerät wurde gewaschen und gescheuert. Du gabst mir jeden Tag von neuem das Gefühl, daß ich kein eigenes Heim hatte. Das ist die Ursache von allem Mißverstehen, ich dachte, in mein eigenes Heim zu kommen, in Knuts und mein Heim. Du faßtest es so auf, als ob wir in deines gekommen wären."

„Und ich als stockblindes Mannsbild", mischte sich Knut ein, „habe nichts von alledem verstanden. Aber etwas begreife ich jedenfalls, hätten wir uns gleich alle drei gründlich ausgesprochen, wäre vieles anders gewesen. Aber ich wollte dich nicht unterbrechen, Henni."

„Nein, ich bin schon fertig. Ich will nur hinzufügen – ich weiß, es ist viel zu tun in einer Wohnung, und vielleicht habe ich die Kombination von Haus- und Büroarbeit zu optimistisch und leichtfertig angesehen. Ich habe Fehler gemacht, das gebe ich zu, aber ich weiß auch, daß sie meiner Nervosität entsprangen und daß diese Nervosität, Mutter, nur von deiner ständigen Beobachtung herrührte."

Die Mutter nickte. Sie hatte zwei brennende Flecken auf den Wangen. „Henni, du liebst Knut, nicht wahr?"

Da sah Henni ihren Mann warm an und seine Mutter. Es war eine reife Frau, eine erwachsene Frau, die antwortete: „Ja, Mutter. Da wir nun einmal angefangen haben, rund heraus und ohne Umschweife zu reden, kann ich dir auch sagen, daß ich ihn über alles in der Welt liebe."

Es zitterte etwas um Frau Thorheims Mund, aber sie beherrschte sich und fuhr leise fort: „Warum liebst du ihn, Henni?"

„Warum? Weil er alle Eigenschaften hat, die ein Mann haben muß, wenn ich ihn lieben soll."

„Findest du, daß Knut gut ist, Henni?"

„Und ob er das ist!"

„Ist er ehrlich? Rechtschaffen? Hat er seine Ehrbegriffe in Ordnung? Ist er gesund, sauber, ordentlich? Hat er gute Laune, wertvolle Interessen?"

„Ja, Mutter, ja! Alles zusammen."

„Wo hat er das her, Henni? Wer hat ihn Redlichkeit und Ordnung und Sauberkeit gelehrt? Wer hat ihm seine Ehrbegriffe gegeben?"

Henni blickte die Mutter an und errötete. „Ja, Mutter. Ich verstehe."

„Siehst du, Henni, du hast recht mit der Verwöhnung. Ich habe dasselbe getan, was Millionen von Müttern an Einzelkindern sündigen. Ich habe Knut verwöhnt, ich sehe es ein. Und du hast recht, es mir vorzuwerfen. Aber wenn du die schwarzen Seiten siehst, sollst du um der Gerechtigkeit willen auch die lichten sehen. Hast du mir nicht ein wenig dafür zu danken, wenn du das Ergebnis der Erziehung siehst, die Knut bekommen hat?"

„Ja, Mutter", sagte Henni, „unendlich viel habe ich zu danken."

Es entstand eine Pause. Knut zündete seine Pfeife an, wartete. Dann sprach die Mutter wieder.

„Dir gegenüber war mein Fehler, daß ich einem jungen flüggen Vogel die Flügel gestutzt habe. Ich wußte nicht, wie groß dein Wirkungsdrang war, Henni. Und ich muß zugeben – ich ahnte nicht, wie viel du als Hausfrau kannst. Jetzt weiß ich es, und ich verstehe, wie verkehrt ich gehandelt habe, als ich dir alle Arbeit aus den Händen nahm, wie du sagtest. Aber der Hauptfehler, den wir beide gemacht haben: Wir haben voreinander geschwiegen! Wie konnten wir so dumm sein, Henni? Wozu hat uns der liebe Gott die Sprache gegeben? Warum gingen wir schweigsam umher, gekränkt und bitter, statt reinen Tisch zu machen? Nun, an einem einzigen Abend können wir nicht all das gutmachen, was sich in einem dreiviertel Jahr angehäuft hat. Aber wir können einander versprechen, daß wir in der Zukunft jede Schwierigkeit besprechen werden.

Wir werden zu einer Verständigung kommen, und jeder soll die Meinung des anderen respektieren. Wir dürfen nicht eifersüchtig aufeinander sein! Wir lieben beide Knut, laß die Liebe Anknüpfungspunkt sein und kein Anlaß zum Streit. Knuts Herz dürfte groß genug sein für uns beide – was meinst du, mein Junge?"

Knut, jungenhaft geniert, lächelte verlegen.

„Ihr Frauen wollt doch immer alles geradeheraus sagen und hören – ja, es ist groß genug für euch beide."

Es war, als ob die Atmosphäre im ganzen Haus erneuert worden wäre. Sie hatten ein paar Stunden gesprochen, direkt aus dem Herzen gesprochen, ohne etwas zu verdecken.

„Eine Sache will ich nicht bloß vorschlagen", sagte Knut, „sondern ich verlange sie als Mann im Hause: In Zukunft werden nicht drei Menschen in der kleinen Wohnung herumlaufen und doppeltes Essen kochen. Wir bezahlen Mutter eine auskömmliche Summe, sie kocht Mittag für uns, und wir essen alle zusammen, mit Ausnahme der Sonntage. Mutter kocht großartig, aber das tut Henni auch. Erfahrungen könnt ihr austauschen, so viel ihr wollt. Spreche ich weise wie ein Buch, oder tue ich es nicht?"

„Wie ein Zwischending zwischen Morallehre und Kochbuch", lachte Henni. „Ich akzeptiere."

„Ich auch", sagte Mutter.

„Ist es nicht sonderbar, Henni", sagte Knut, als sie allein waren, „du bist ein lieber und netter Mensch – Mutter ist ein lieber und netter Mensch. Keine von euch ist boshaft, keine taktlos – oder im anderen Sinne ungut. Trotzdem kann so ein Zusammenwohnen verderben – gute Menschen werden böse und ruhige Menschen gereizt – nein, wenn man so ein Experiment wagt, soll man jede Kleinigkeit im voraus besprechen und festlegen. Das ist wohl die einzig mögliche Lösung."

„Ja", nickte Henni: „Aber nun haben wir es getan. Und nun fangen wir aufs neue an."

Es war ein strahlender Maitag.

Henni kam aus dem Büro heim, mit einem neuen Hut, neuen Schuhen und die Arme voller Blumen.

„Wie siehst du denn aus, mein Kind“, sagte Mutter. „Hast du das große Los gewonnen?“

„Ich bin bloß so schrecklich froh“, lachte Henni, „in so herrlicher Laune.“

„Es fragt sich, ob die anhält, wenn du siehst, was du zu Mittag bekommst“, erwiderte Mutter. „Ich habe einen schrecklichen Mischmasch zusammengebraut, und du mußt ein gutes Kind sein und ganz rasch einen deiner schönen Salate machen, zur Aufbesserung. Weißt du, ich bin heute viel zu lange in der Vorstandssitzung geblieben, es gab so viel zu besprechen für den Bazar im Herbst. Wir werden uns ja den ganzen Sommer über nicht treffen – der Vorstand war übrigens ganz begeistert von meiner Idee mit den kleinen Puppen, weißt du –" Mutter fuhr fort zu plaudern, während Henni sich für den Salat opferte.

Sie lächelte. Knut war es gewesen, der Mutter klargemacht hatte, daß sie etwas finden mußte, um ihre Kräfte in der überschüssigen Zeit zu gebrauchen.

„Du bist ja keine alte Dame, Muttchen", hatte Knut gesagt. „Du erlebst das gleiche, das beinahe alle Mütter durchmachen. Die Kinder werden groß und selbständig, und dann sitzen die Mütter da, beinahe arbeitslos. Denn mit der Routine und dem Arbeitstempo, das du hast, ist der kleine Haushalt nicht genug für dich. Auf der andern Seite gibt es sicher jemand, der dich notwendig brauchen kann. Die Frage ist nur, wer?"

Die Wahrheit in Knuts Worten hatte Frau Thorheim eingeleuchtet. Nun war sie seit vier Monaten ein eifriges Mitglied des Sanitätsvereins, ja, sie war sogar in den Vorstand gekommen. Denn sie war wirklich flink und voller Initiative, die tüchtige Frau Thorheim.

Es herrschten Glück und Frieden in der Dreieckshaushaltung, nicht zuletzt deshalb, weil jeder der drei seine eigenen Interessen hatte und sie nicht allzu sehr in einander aufzugehen brauchten.

„Was du für schöne Blumen gekauft hast, Henni", sagte Mutter, als Henni den hübschen Wickenstrauß auf den Eßtisch trug.

„Nicht wahr? Ich habe übrigens heute viel erledigt."

Die Mutter stutzte über das hintergründige Lächeln in Hennis Gesicht. „So? Was hast du denn gemacht?“

„Oh, ich mußte wegen eines Weihnachtsgeschenkes etwas unternehmen.“

„Weihnachtsgeschenk? Im Mai? Nun rappelt es aber im Oberstübchen.“

„Keine Spur. Ich habe ein Weihnachtsgeschenk bestellt, vor allem für Knut, aber auch für dich – und mich selbst, nicht zu vergessen.“

„Du sprichst in Rätseln.“

„Ach Muttchen, wie schwer du von Begriff bist. Sieh mich mal genau an! Muß ich dir erst erzählen, daß ich heute beim Arzt gewesen bin?“

Mutter blickte ihr forschend ins Gesicht. Und plötzlich glitzerten Tränen in ihren Augen. „Henni, ist es wirklich ...?“

„Ja, Mutti, es ist so. Wenn ich richtig gerechnet habe, besteht die Möglichkeit, daß ich euch das Baby auf den Weihnachtstisch lege.“

„Henni“, fragte Mutter einige Tage darauf, „hast du nun vor, deine Bürostellung zum Herbst aufzugeben?“

„Das kann ich nicht gut, Mutti, wir brauchen mein Gehalt. Ich bekomme ja sechs Wochen Urlaub vor und nach der Entbindung, weißt du. Und ich habe mir vorgenommen, recht nett zu fragen, ob das Baby bei Großmutter sein kann – ob du dir denken könntest, eine Windel oder zwei zu wechseln und ihm im Lauf des Vormittags etwas Babybrei einzustopfen, selbst wenn du ab und zu deinen Sanitätsverein schwänzen mußt."

„Meine Henni, meine kleine Henni, ob du wohl ahnst, wie glücklich du mich machst?"

Mutter nahm ihre beiden Hände und ihre Augen waren tränennaß.

„Aber Henni – diesesmal wollen wir nicht dieselbe Dummheit machen wie damals. Weiß der Himmel, daß ich dein und Knuts Kind mit aller Liebe pflegen werde, deren ich fähig bin – und ich glaube, das ist gar nicht so wenig –, aber ich meine, wir müssen uns gründlich über neuzeitliche Kinderpflege informieren, alle beide. Und wir geloben einander, daß, falls etwas schief gehen sollte, wir den Mund aufmachen und uns aussprechen, ehe es zu spät ist, – einverstanden?"

„Abgemacht", sagte Henni. „Du kannst dich darauf verlassen, daß ich mein Kind nicht zu einer Ursache der Uneinigkeit werden lasse. Übrigens, Mutti, bist du dir klar darüber, daß wir uns kein Baby erlauben könnten, wenn wir dich nicht hätten? Ich möchte jedenfalls nicht ein Kind in die Welt setzen und es Fremden überlassen. Wenn es drei Jahre ist, kann es am Vormittag in den Kindergarten kommen. Aber bis dahin sind wir ganz abhängig von dir."

„Es wird schmerzlich für dich sein, jeden Morgen davonzugehen, Henni."

Henni lächelte. „Um so schöner wird es sein, zu dem Kindlein heimzukommen. Und du weißt, es ist nicht schlimm, solange ich es in deine Arme legen kann. Nach den

Armen der Mutter sind wohl die der Großmutter für so ein kleines Menschlein der sicherste Platz auf der Welt!“

Zwei Zimmer
und
Küche

Vor zwei Jahren besaß ich fünfundsiebzig Kronen und fünfunddreißig Öre. Heute habe ich einen Pelzmantel, einen Plattenspieler, eine Lebensversicherung, zweitausend Kronen auf der Bank, eine feste Stellung und Kredit beim Bäcker und Metzger.

Es ist wie ein Märchen.

Übrigens nein, ein Märchen ist es nicht. Es war bestimmt kein Zauberstab, der mir die erwähnten Besitztümer und einige andere verschafft hat.

Es war schon eine Schinderei.

Vater machte Konkurs. Starb im Jahr darauf. Da war ich gerade neunzehn geworden und hatte mein Abitur gemacht. Wir bekamen eine Altbauwohnung ohne Bad, mit Klo auf halber Treppe, zwei Zimmer und Küche. Mutter nähte und überanstrengte sich dabei. Ich rannte den beiden Redaktionen in Rekevik die Türen ein und bekam prompt meine Manuskripte zurück. Die wenigen, die angenommen wurden, brachten gerade genug ein, daß Mutter und ich nicht hungerten. Jedenfalls nur ab und zu. Alles was recht ist, wir hatten öfters ein warmes Mittagessen.

Schulden. Steuerrückstände. Zahlungsbefehle. Leihhäuser. Schäbige Kleider. Nichts zum Heizen. Margarinebrote als Hauptnahrung.

Dann starb Mutter und mich ritt der Teufel. Ich fuhr einfach nach Oslo, mit ganzen fünfundsiebzig Kronen und fünfunddreißig Öre in der Tasche.

Ich verkaufte Muttis goldene Uhr. Es war ein Geschenk von Vati, deshalb hatten wir so lange daran festgehalten. Mutti war sentimental. Aber jetzt mußte die Uhr gehen.

Ich mietete eine Bude, bezahlte eine Woche voraus, und dann schrieb und zeichnete ich wie eine Verrückte. Brachte ab und zu eine Glosse an, in der konservativen Presse wie auch in kommunistischen Blättern, je nachdem. Ich wurde so virtuos wie ein Chamäleon in der Kunst die Farbe zu wechseln, derjenigen politischen Meinung Ausdruck zu geben, die gerade zu dem Redakteur paßte, der angesprochen werden sollte. Das fiel mir leicht, denn ich verstehe nichts von Politik und habe im Gegensatz zu anderen Frauen auch nie behauptet, daß ich etwas davon verstünde.

Der erste Markstein meines Lebens: Eine Anstellung als Korrekturleserin. Der Redakteur hatte wohl Mitleid mit mir, ich sah ziemlich armselig aus.

An diesem Tag aß ich zu Mittag ein Beefsteak.

Zwei Monate darauf übersiedelte ich in die Nachtredaktion und bekam Gehaltserhöhung. Himmel, wie ich schuftete! Zum Glück habe ich keine Angst vor der Dunkelheit.

Und dann ergab es sich, daß niemand in der Redaktion Zeit hatte, den Sänger Friedel Schultz zu interviewen (er ist weltberühmt und gab nur ein einziges Konzert) – und so kam der Redaktionssekretär hereingestürmt.

„Sprechen Sie deutsch, Fräulein Helmer?"

„Ganz gut", sagte ich wahrheitsgemäß. Nicht umsonst hatten wir ein Flüchtlingskind in der „guten Zeit" bei uns gehabt, und ich bin mit dem „Buch der Lieder" groß geworden.

„Sie müssen mit Friedel Schultz ein Interview machen."

„Gut", sagte ich und trabte davon mit einem heißen Dank an meinen guten Engel, der mir eingab, tags zuvor den allzu teuren Mantel zu kaufen.

Unterwegs kaufte ich noch ein Paar Handschuhe, die alten hatten zu viel Ventilation an den Fingerspitzen. Die Schuhe ließ ich mir von einem Schuhputzerjungen am Markt putzen, dann ging ich in das Hotel.

Friedel Schultz war sehr nett. Und was für ein sympathisches Gesicht er hatte! Während er redete, zeichnete ich heimlich eine Karikatur von ihm. Ich fand sie gut geglückt.

„Liebes Kind", sagte der Redakteur nachher zu mir, „Sie können ja was! Das Interview ist gut und die Zeichnung sogar hervorragend. Sie haben das richtige Gespür."

Das hätte ich ihm schon längst sagen können, aber es war ja gut, daß er es selbst entdeckt hatte.

Ich kam wieder in die Tagesredaktion. Bekam eine weitere Gehaltserhöhung, besuchte Abendkurse und lernte Stenographie. Wurde die Privatsekretärin des Redakteurs.

Mein Pseudonym „Kisinka", das ist russisch und bedeutet „Kätzchen", wurde beachtet. Ich begann Novellen für Wochenblätter zu schreiben.

Geld strömte herein und das Volk, in diesem Falle also ich, jubelte.

Und dann wurde ich zur Redakteurin der Frauenseite unserer Zeitung ernannt.

Und da muß ich schon selber sagen, das war gut gemacht. Ich bin eben erst dreiundzwanzig geworden.

In einem modernen Appartementhaus bekam ich ein schönes Zimmer mit Bad, Teeküche, Balkon und Schlafnische.

Als ich eingezogen war und Bücher, Bilder und Gardinen aufgestellt oder aufgehängt hatte, konnte ich endlich die Ernennung zur Redakteurin feiern. Ich lud Matti, Hans und Willi zu einer Party ein. Rinderfilet und Rotwein, Kaffee mit Likör, dann Whisky-Soda.

„Ich begreife dich nicht", sagte Matti. „Daß du dich damit plagst, selbst zu kochen! Wo deine Küche nicht größer ist als ein Taschentuch!"

„Kein häßliches Wort über dieses ausgezeichnete Haus und seine Küchen", sagte ich. „Klar, daß ich koche, grade jetzt! Wenn ich anfinge, auswärts zu essen und auf die Hausarbeit zu pfeifen, würde ich bestimmt den letzten Rest meines weiblichen Scharms verlieren."

„Ach, sowas hast du auch?" fragte Hans.

„Pfui, Hans!" sagte ich. „Wenn ich auch keine Sexbombe bin und nach Ansicht meines Chefs ein intellektueller Typ, so brauchst du deswegen nicht ungalant zu sein! Gieß dir noch was ein, damit du gemütlicher wirst."

Willi riß sich einen Augenblick von Mattis Rehblicken los und wandte zum ersten Mal an diesem Abend seine Aufmerksamkeit der Wirtin zu.

„Was wirst du denn in den Ferien machen, Kisinka?"

„Ja, ich bin am Überlegen. Vielleicht eine Gruppenreise nach dem Nordkap."

„Meine Güte", sagte Hans. „Tu das bloß nicht. Da kommst du nur mit hundert Lehrerinnen zusammen, alle so um die vierzig. Wenn du vorher nicht reizlos warst, da wirst du es sicher. Reise südwärts, mein Kind, hör auf das, was Onkel dir rät."

„Du redest", sagte ich. „Weißt du nicht, daß ich eine junge alleinstehende Frau bin, außerstande, den vielen Versuchungen der Welt zu widerstehen?"

„Nein, im Ernst, Kisinka", beharrte Hans. „Du hast genügend Geld, warst nie außerhalb Norwegens Grenzen und bist es gewöhnt, dich allein zurechtzufinden. Zum Kuckuck, reise doch, Mädchen, hole dir Impulse zu neuen Novellen, zu Karikaturen. Du sprichst doch gut deutsch, fahr nach Berlin, Hamburg ..."

„Halt", rief ich, „ich hab's!" Ja, ich hatte eine Idee. Eine entfernte Kusine meiner Mutter war in Hamburg verheiratet. In dem Jahr, als Mutter starb, war sie hier oben und gab mir fünfzig Kronen „zum Naschen und fürs Kino." (Sie wurden in vier Mittagsmahlzeiten und einer lange fälligen Schuhbesohlung angelegt.) Lächelnd bemerkte sie dabei, „daß es sehr nett sein würde, dich mal bei uns in Hamburg zu sehen, kleine Benedikte." Ja, man stelle sich vor, ich bin Benedikte getauft.

Jetzt wollte ich mir ihre Liebenswürdigkeit zunutze machen und mich in den Weberschen Palast an der Alster begeben. Ich wollte ins Ausland fahren!

„Nun?" fragte Hans.

„Du hast ausnahmsweise recht", gab ich zu. „Ich fahre nach Hamburg. Aber zuerst will ich nach Bergen, zu den Festspielen im Juni. Da kommen ein paar Weltberühmtheiten, die ich interviewen muß, falls sie mich vorlassen. Siehst du, das ist gleich ein Fall, wo ich meinen weiblichen Scharm brauche."

„Weißt du was?“ sagte Hans. „In Bergen habe ich einen alten reichen Reederonkel. Der kann dir eine Gratisfahrt auf einem seiner Frachter verschaffen. Schmeiß also deine Interviews in einen Briefkasten in Bergen und geh dann zu ihm. Er hat eine Schwäche für Frauen, die jünger als seine Angetraute sind. Außerdem werde ich ihn in diplomatischer Weise vorbereiten. Ich wette, so eine Fahrt mit einem Frachter bringt dir mindestens drei Novellen-Ideen ein.“

„Bist du denn sicher, daß dein Onkel gerade zu der Zeit einen Frachter nach Hamburg hat?“

„Höchstwahrscheinlich, ich werde es aber ergründen. Ich schreibe ihm gleich morgen.“

„Ich liebe dich, Hans“, sagte ich dankbar.

„Pscht, dazu ist es noch zu zeitig am Abend“, erwiderte er. „Übrigens, Kinder, ich habe eine ganz tolle Geschichte für euch, die müßt ihr hören! Also, an einer Autobahntankstelle stand ein Mädchen im Bikini ...“

Somit war der Rest des Abends gerettet.

Um zwei Uhr früh sah ich Matti an, daß sie jetzt gehen wollte. Und richtig, einen Augenblick darauf simulierte sie Schläfrigkeit, und dann folgte ein allgemeiner Aufbruch. Angeregt durch viele Whiskys und viel Liebesschmalz auf dem Plattenspieler, versuchte Hans mich zu küssen. Er machte seine Stimme zärtlich verschleiert und versicherte mir, daß es ungerecht sei, ihn auch wegzuschicken, bloß weil die anderen gehen wollten.

Obwohl meine Widerstandskraft durch Alkohol und Musik geschwächt war, hatte ich doch noch genügend Vernunft übrig, um ihn zusammen mit den anderen durch die Tür zu schieben.

Als ich das Fenster öffnete, um einige Kubikmeter Rauch aus dem Zimmer herauszulassen, sah ich, daß es Matti und Willi gelungen war, Hans abzuschütteln.

Und dann verschwand das Auto. Nicht in der Richtung von Mattis Familienpension, sondern von Willis Wohnung.

Nun ja, meinetwegen! Gesegnet sei eure junge Liebe.

Oh, was für ein Brief von „Tante Weber" aus Hamburg! Liebe kleine Benedikte, es war reizend von dir zu hören, daß du Gelegenheit zu einer Auslandsreise hast, herzlich willkommen und so weiter. Leider wird mein Mann abwesend sein, er macht eine Geschäftsreise in die Schweiz. Aber wir zwei werden uns schon amüsieren, und du sollst einen Teil der Sehenswürdigkeiten Hamburgs gezeigt bekommen. Der Neffe meines Mannes wird sich möglicherweise gleichzeitig mit dir hier aufhalten, es wäre ja nett, wenn ich dir auf diese Weise einen Kavalier verschaffen könnte, und so weiter und so fort. Zum Schluß noch einmal: „Herzlich willkommen", und dann: „Deine Tante Elisabeth".

Frauen sind merkwürdige Wesen. Jetzt hätte ich doch froh und dankbar sein müssen, daß diese entfernte Verwandte ihr Heim so liebenswürdig für mich öffnete. Aber ich war keine Spur dankbar. Ich dachte an das letztemal, als ich mit Tante Elisabeth zusammen war. Ich erinnerte mich, daß mein Kleid alt war, und die Handschuhe waren gestopft und die Schuhe schon längst reif zum Wegwerfen. Ich erinnerte mich ihres mitleidigen Blickes und wie peinlich es war, die fünfzig Kronen entgegenzunehmen. Und als ich nun ihren Brief las, war es mir, als hörte ich die Seitenbemerkungen. „Ja, die arme kleine Benedikte, ach ja, das war eine traurige Geschichte mit der Familie. Selbst wenn es mir einen Strich durch die Rechnung macht, in diesem Sommer einen Gast zu haben, so soll sie doch herkommen. Sie stellt sicher keine großen Ansprüche, arme Kleine. Ich möchte bloß wissen, woher sie die Mittel hat, ins Ausland reisen zu können, vielleicht von irgendwelchen Verwandten ihres Vaters."

Ach ja, ich konnte mir gut vorstellen, was für Worte in der Villa an der Alster fielen.

Aber ich stelle durchaus keine kleinen Ansprüche, liebe Tante Elisabeth! Ich habe gelernt, daß man vom Leben etwas verlangen muß. Ich bin nicht mehr die zerlumpte und blasse kleine Benedikte, die ich vor drei Jahren war. Ich bin Redakteurin der Frauenseite einer großen Zeitung und werde von den Arrangeuren bei Modeschauen und bei Wettbewerben für den gedeckten Tisch ehrerbietig gegrüßt. Ich trage moderne Kleider, ich bekomme nämlich bei zwei großen Geschäften Prozente. Ich könnte gut in einem Hotel wohnen und brauchte dich nicht zu stören, wenn ich eben nicht eine alleinstehende Frau wäre. Aber du wirst ja sehen. Dein Stubenmädchen soll ordentliche Trinkgelder von mir, dem gnädigen Fräulein, bekommen, sie soll mich beneiden um die Schuhe, die sie putzen und die Kleider die sie ausbürsten wird.

Ach, was für eine dumme Pute ich doch war!

Hans erwies sich als zuverlässiger Kamerad. Ich konnte mit einem Frachtschiff kostenlos von Bergen reisen. Ich, die nie länger als bis Dröbak mit einem Schiff gefahren war.

Dank dieser Finanzoperation konnte ich es mir leisten, mich so auszustatten, wie es sich für den Gast eines Einfamilienhauses an der Alster gehört. Ich ging zu meiner Hoflieferantin, um sie über die neuen Strand- und Kleidermoden des Sommers zu interviewen. Da ich gleichzeitig den Wunsch äußerte, meine eigene Garderobe zu vervollständigen, gab es kein Ende an Entgegenkommen und Freundlichkeit. Das Ergebnis war ein schickes Reisekostüm, ein rückenfreies handschuhenges Abendkleid und ein Häufchen hauchzarter rosa Wäsche. Dann noch ein Tageskleid und ein aufregend stoffarmer Luftanzug. Dazu ein Bikini, den ich in die Brusttasche des neuen Kostüms hätte stecken können.

Tatsächlich hatte ich ein wenig Reisefieber. Jedenfalls neckten sie mich damit in der Redaktion an meinem letzten Tag vor der Reise. Ich vertippte mich oft auf der Maschine und gab falsche Manuskripte in die Setzerei, so daß der Faktor mich durch das Haustelefon fragte, ob ich spinne. Der Faktor schlägt gegenüber uns Jungen in der Zeitung einen recht familiären Ton an, ganz besonders mir gegenüber. Es kommt wohl daher, daß ich in meiner Korrekturleserperiode oft fünfzig Öre von ihm geborgt habe. Aber sonst ist er sehr nett, und von mir aus kann er gern „Dussel" oder „Rappelkopf" oder ähnlich Liebenswürdiges zu mir sagen.

Ich war wirklich sehr nervös. Jede Viertelstunde steckte ich den Kopf ins äußere Büro und fragte, ob nicht ein Paket für mich gekommen sei. Es war das Wunder von einem Kostüm, das hierher geschickt werden sollte.

„Meine Güte", sagte Pedersen, der so eine Art Mädchen für alles war, als ich zum vierten Mal fragte. „Sitzen Sie da und warten bloß auf dieses Paket? Hau'n Sie doch ab, ich werde Siri mit diesem Juwel zu Ihnen schicken, sobald es kommt. Da ist sie ja gerade. Bitten Sie sie darum, sie tut es sicher."

Ich bat Siri. Und Siri sagte ja. Siri gehört zu der Sorte, die immer um alles mögliche gebeten wird und immer ja sagt. Sie kam eben von der Setzerei herunter in ihrer schwarzen Ärmelschürze, mit glattem Haar, grau im Gesicht und wenig spannend. Sie war ein gutes Ding, es gab kein Nein aus ihrem Mund. Zufällig hatte ich gehört, daß sie dreiundzwanzig Jahre war. Aber wir nannten sie beim Vornamen, wie wir es mit der fünfzehnjährigen Dora in der Expedition taten.

Siri war auch in der Expedition. Ich hatte eine etwas nebelhafte Vorstellung als ob sie mit Nachnamen Holdt hieße. Übrigens gab es wohl kaum einen Menschen in meinem Bekanntenkreis, dem ich weniger Gedanken schenkte als Siri Holdt.

Damals.

Ich ging heim und wanderte ruhelos von der Küche ins Zimmer und vom Zimmer ins Bad. Reisefieber, ja, das hatte ich wirklich. Und es gab nichts mehr zu tun. Alles war gepackt, mit Ausnahme des Schlafanzugs und der Toilettensachen, die ich im Zug brauchen würde. Alles in Ordnung, und dabei lag noch ein ganzer Tag vor mir, ehe ich losfahren sollte.

Ein Glück, daß niemand von meinen sogenannten Freunden mich sehen konnte. Sie glaubten ja, ich sei so überlegen und fast eine Weltdame. Jetzt war nicht viel los mit dieser Weltdame. Ich freute mich wie ein Kind auf die Reise; ich freute mich darauf, deutsch reden zu können, Neues zu sehen und viel zu erleben. Außerdem war ich gespannt auf die Festspielkünstler in Bergen, die ich interviewen wollte.

Ich hatte gerade Teewasser aufgesetzt, als Siri an der Tür klingelte.

„Tausend Dank, Siri! Das ist sehr nett von Ihnen. Es war hoffentlich kein zu großer Umweg für Sie?"

„Aber nein."

Siri lächelte. So ein hübsches kleines Lächeln.

„Kommen Sie doch herein!"

„Vielen Dank, wenn ich Sie nicht störe?"

Nein, sie störte mich wahrhaftig nicht. Ich bat sie im Gegenteil herein, weil ich Gesellschaft brauchte. Gerade so eine kleine bescheidene Siri, die einen schmeichelhaften Hintergrund für die schäbigen Reste der Weltdame Kisinka bildete. In ihrer Gesellschaft konnte ich vielleicht etwas von meinem Selbstbewußtsein wiedergewinnen und von einigen sonstigen Eigenschaften, die man zu den weniger attraktiven rechnet, für die ich aber trotzdem guten Gebrauch hatte.

Doch ja, Siri wollte gern mit mir Tee trinken.

Als ich mit dem Tee aus der Küche kam, stand sie da und sah sich mein altes Klassenbild vom Gymnasium an. Aus irgendeinem dunklen Grund hatte ich es über dem Bücherregal aufgehängt.

„Ist das hier in der Mitte nicht Studienrat Christensen?"

„Ja, kennen Sie ihn?"

„Ja, er war auch mein Lehrer. Ich habe ihn mächtig bewundert, mich aber auch vor ihm gefürchtet."

„Nein, wirklich? Haben Sie auch Christensen gehabt? Ja, er war amüsant. Erinnern Sie sich, wie er sich auf dem Katheder in Positur setzte und zu dozieren begann? Ich glaubte übrigens, daß er nur im Gymnasium unterrichtete."

„Ja, es war im Gymnasium."

Es gab mir einen kleinen Schock, und ich errötete über meine Taktlosigkeit. Dann griff ich zu meinem Universalmittel in allen peinlichen Situationen. Ich lachte.

„Warum haben Sie mir nie erzählt, daß Sie Abiturientin sind? Warum lassen Sie sich von allen in der Zeitung als Bote gebrauchen? Und warum haben Sie so einen Drecksposten als Gehilfin in der Expedition, wenn Sie doch Abitur haben?"

„Ach, meine Liebe, Abitur! Das ist weder Fisch noch Fleisch. Bloß auf das Abitur hin kann man keinen guten Posten bekommen."

„Ich habe doch auch eine anständige Stellung bekommen!"

„Ja, aber Sie besitzen Initiative und eine Menge frischen Mut. Ich habe bloß Minderwertigkeitskomplexe, das ist sehr hinderlich im Kampf ums Dasein."

Drollig. Das war also die kleine graue Siri von der Expedition. Jetzt hatte sie so ein melancholisch-humoristisches Blinken im Augenwinkel. Das stand ihr gut.

„Machen Sie sich frei von diesen Komplexen. Und trinken Sie den Tee, während er warm ist."

Vielleicht war es die Sache mit dem Abitur, die bewirkte, daß ich Siri jetzt aufmerksamer betrachtete. Sie begann mich zu interessieren.

Ich musterte sie verstohlen, während sie aß. Wohl weil ich selbst einmal halbverhungert gewesen war, verstand ich ihre Bewegungen und ihren Ausdruck, die vorsichtige Art, in der sie sich bediente, und ihre Freude über das gute Essen. Ich hatte eine Konservendose geöffnet und Spiegeleier gemacht. Mir schwante, daß Siri für gewöhnlich nie ganz satt wurde.

Ich will mich nicht besser machen als ich bin. Wenn ich beschloß, nett zu ihr zu sein, war es aus drei Gründen: Erstens weil es der eigenen Eitelkeit schmeichelt, gütig zu sein, dann weil es mir selbst einmal schlecht gegangen war und ich wußte, wie das ist, und schließlich weil mir Siri eben leid tat.

Ich holte die Schachtel mit den feinen Zigaretten herbei, die mir Hans zur Reise geschenkt hatte. Sie zog den Rauch in langen Zügen ein, lehnte sich im Stuhl zurück und schloß die Augen.

Das Gefühl kannte ich. Das Begehren nach Tabak kann manchmal schlimmer sein als Hunger.

Sie war eine passionierte Raucherin. Das erkannte ich daran, wie sie rauchte und unbewußt kleine Ringe blies, wie sie die Asche mit dem Zeigefinger wegschnippte, anstatt sie an der Kante des Aschers abzustreichen, wie es ungeübte Raucher tun.

Ich hatte mein Reisefieber ganz vergessen. Ich wünschte, daß Siri mir von sich erzählte.

„Wollen Sie nicht daheim anrufen und sagen, daß Sie den Abend über ausbleiben."

„Nicht nötig. Es wartet niemand auf mich. Außerdem habe ich kein Telefon."

„Haben Sie auch ein Appartement?"

„Gewissermaßen. Ich habe zwei Zimmer und Küche. Wohne mit meinem Halbbruder zusammen."

„Und wartet er jetzt nicht auf Sie?"

„Nein, ganz bestimmt nicht."

Sie schwieg und rauchte nur. Zündete eine neue Zigarette am Stummel der alten an.

Wie sollte ich ihr näherkommen?

„Ich habe auch mal in zwei Zimmern und Küche gewohnt. Als Mutter noch lebte. Wissen Sie, ich hasse diesen Ausdruck, zwei Zimmer und Küche. Das riecht irgendwie nach gebratenen Makrelen im Treppenhaus, das erinnert an vergessene, halbverspeiste Butterbrote auf den Treppenstufen und Kindergeschrei und magere Katzen."

„Ich muß zugeben, daß diese Beschreibung gut auf meine Wohnung paßt. Aber denken Sie doch an die entzückenden Zweizimmerwohnungen, die man haben kann, mit Kamin, gekacheltem Bad, Lift und Müllschlucker."

„Ja, aber das ist eben nicht ‚zwei Zimmer und Küche'. Das sind moderne Eigentumswohnungen oder Komfort-Appartements. Zwei Zimmer und Küche ist etwas anderes."

Siri lachte ein bißchen. „Darin haben Sie recht. Aber wenn Sie selber so schlimme Erfahrungen gemacht haben, so wissen Sie ja, daß man ab und zu mit zwei Zimmern und Küche vorlieb nehmen muß."

„Ja, das weiß ich."

Ich erzählte Siri von mir selber, von meiner ersten Zeit in Oslo. Das half. Sie begann aufzutauen.

Sie hatte keine Eltern mehr. Ein kleines Erbe war längst verbraucht. Ihr Halbbruder, des Vaters Sohn aus seiner ersten Ehe, hatte das meiste der Erbschaft durchgebracht. Er trank und war arbeitslos. „Wissen Sie, er hat keine guten Schulkenntnisse, viel ist nicht los mit ihm. Und ohne gute Examen und etwas Energie bekommt man ja keine vernünftige Anstellung. Ab und zu hat er kleine Verdienstmöglichkeiten. Aber dann trinkt er und wird entlassen. Ich fürchte, er ist schon zu weit heruntergekommen, um sich noch herauszurappeln."

Wie ruhig sie das sagte! Ich bewunderte sie deswegen.

„Ja, aber liebe Siri, ja, nennen Sie mich doch Kisinka, das tun doch alle bei der Zeitung, bedeutet denn das, daß Sie für Ihren Bruder sorgen?"

„Das muß ich doch."

„Mit dem lausigen Gehalt, das sie in der Expedition bekommen ..."

„Ach, so schlecht ist es ja nicht, aber für zwei Personen doch sehr knapp."

„Sie müßten doch eine andere Arbeit finden können. Sie haben Sprachkenntnisse. Wie steht es mit Büroausbildung?"

„Maschinenschreiben und Stenographie. Aber ich bin gern in der Expedition. Die Arbeit macht mir Spaß."

„Wenn ich Sie wäre, würde ich jedenfalls den Bruder nicht mitversorgen."

„Das muß ich – im Andenken an meine Eltern."

„Ja, aber Siri, warum gehen Sie in der Zeitung wie so ein kleiner Engel herum? Warum lassen Sie sich von uns allen herumkommandieren und alle möglichen Dienste von Ihnen verlangen?"

„Ach, das finde ich bloß nett."

Damit stopfte mir Siri den Mund. Ich fühlte mich klein.

Es wurde ziemlich spät. Als sie schließlich ging, regnete es, und sie hatte keinen Mantel mit.

„Ich borge Ihnen einen", sagte ich und reichte ihr meinen grünen Regenmantel.

Sie zog ihn vor dem Spiegel an. Und wieder sah ich bei ihr einen Ausdruck, den ich kannte. Ein Ausdruck des Wohlbehagens darüber, nach langer Zeit wieder einmal ein anständiges

Kleidungsstück anzuhaben. Ich überlegte, ob ich ihr den Mantel schenken könnte, und sagte nach kurzem Zögern:

„Den Mantel können Sie behalten, Siri. Ich habe mir einen neuen gekauft, und diese grüne Farbe kleidet mich nicht. Aber Ihnen steht sie. Sie sind doch wohl nicht so töricht, daß Sie kein Geschenk von mir annehmen wollen?"

Siri sah mich einen Augenblick an.

„Nein. Bestimmt nicht in diesem Fall. Haben Sie herzlichen Dank. Ich freue mich sehr."

„Warten Sie, es gehört auch ein kleiner Hut dazu."

Wieder hatte sie diesen erfreuten Ausdruck, als sie den Hut etwas schief auf ein Ohr setzte. Sie sah jetzt wirklich gut gekleidet aus.

Zum Dank drückte sie mir kräftig die Hand.

Am nächsten Tag brauchte ich eigentlich nicht in die Redaktion zu gehen, aber ich holte mir an der Kasse mein Gehalt ab. Die Kassiererin hatte eine Liste und Geldscheine vor sich liegen.

„Wer bekommt denn dieses schwindelerregende Gehalt?" fragte ich und deutete auf ein paar armselige Scheine, die auf einem Quittungsblatt lagen.

„Das hier – ach, das ist für Siri. Sie hat diesen Monat schon so viel Vorschuß bekommen. Es ist wohl wieder der Bruder."

Nachdenklich steckte ich meine Scheine in die Tasche.

Es ist schwierig, einem Menschen zu helfen, der der eigenen Klasse angehört. Jemandem, der an der Tür bettelt, eine Krone zuzustecken und dafür Gottes Segen zum Dank zu erhalten, fällt nicht schwer. Auch hatten Mutter und ich in unserer Wohlstandszeit in Rekevik „unsere festen Armen“, die wir regelmäßig aufsuchten. Ohne Scheu erkundigten wir uns, wieviel der Mann nun verdiene, ob sie etwas von der Fürsorge bekämen, und ob die Kinder noch an der Schulspeisung teilnähmen. Ohne Hemmungen gaben wir unseren Weihnachtskorb mit Eßwaren ab, oder drückten der armen Frau einen Geldschein in die Hand. Und wenn die Frau nachher mit Tränen in den Augen Frau Helmer und ihre Tochter segnete, weil sie so gütig waren, fanden wir das ganz in Ordnung.

Aber das war keine Güte, sondern Egoismus. Alle Wohltätigkeit ist im Grunde Egoismus. Es ist ja ein so herrliches Gefühl, eine gute Tat zu tun und dafür eine Gutschrift im Himmel zu erhalten.

Natürlich war es auch Egoismus, daß ich Siri helfen wollte, jedenfalls viel Egoismus neben einem guten Teil Mitleid.

Ich dachte lange darüber nach, wie ich es anfangen sollte. Ihr konnte ich unmöglich eine Banknote in die Hand drücken, das wäre geschmacklos gewesen. Einen alten Regenmantel kann man ohne weiteres verschenken, aber mit Geld ist das anders.

Schließlich legte ich ein paar Scheine in einen gewöhnlichen Umschlag, mit Siris Namen und Adresse und „privat“ in Maschinenschrift, klebte eine Marke darauf und sandte ihn so verbotenerweise mit der Post.

Matti, Hans und Willi brachten mich zur Bahn. Natürlich wäre der Auslandszug schöner gewesen. Ich kann mir beinahe nichts Stimmungsvolleres denken als die letzten fünf Minuten vor der Abfahrt des Auslandszuges. Wie herrlich ist es allein, fremde Sprachen zu hören, und Koffer zu sehen mit einer Menge bunter Hotelzettel. Und dann die Eile und das Abschiednehmen und die winkenden Taschentücher! Ja, so hätte es sein sollen.

Aber jetzt reiste ich mit dem gewöhnlichen alltäglichen Bergenzug. Wenige Fahrgäste, einige Handelsreisende mit Probekoffern, durchdringende Bergensche Frauenstimmen, eine Mutter mit zwei Kindern. Nein, es war wirklich kein Glanz über dieser Abschiedsstunde.

Das Kleeblatt war sichtlich erleichtert, als ich sagte, sie brauchten nicht bis zur Abfahrt des Zuges zu warten. Ich sah ihnen nach, als sie zum Ausgang gingen. Matti hing schwatzend und lachend an Willis Arm, und Hans schien von ihr sehr angetan.

Himmel ja, sie sind alle drei reizend. Aber trotzdem vermisse ich sie nie. Matti begegnete ich vor einiger Zeit bei einem Wettbewerb für den schön gedeckten Tisch, über den ich zu berichten hatte. Sie hatte ihren Tisch ganz modern gedeckt, mit grünen Glaselefanten auf einer Spiegelplatte, viereckigen Tellern und schwarzstieligen Gläsern. Sie gewann übrigens den dritten Preis. Es ergab sich, daß wir nachher miteinander Tee tranken, und so wurden wir bekannt.

Matti ist genau so wie ihr Tisch, modern, sachlich, geschickt und energisch. Sie schwebt in glücklicher Unwissenheit über Personen wie Goethe, Byron, Bach und Schubert. Dagegen hat sie ein Gespür für Freud und weiß viel über Kinsey und Oswalt Kolle. Aber sie vertraute mir an, daß sie vor Langeweile beinahe gestorben wäre, als einer ihrer Freunde sie dazu verlockt hatte, Hamsun zu lesen. Sie liest moderne amerikanische Autoren und sammelt Beatplatten. Den Hamsunfreund ließ sie laufen, Willi paßt besser zu ihr. Er ist Geschäftsmann und Charmeur, spielt Bridge und kennt sich auf dem Gebiet der Liköre und Whiskys aus. Beide spielen Tennis und laufen Ski.

Und Hans – ja von Hans ist nichts anderes zu sagen, als daß er Willis bester Freund ist und in allem sein Ebenbild.

Jetzt verschwanden die drei draußen auf dem Bahnhofsplatz.

Ein stickiges und überheiztes Schlafabteil. Ich hatte den unteren Bettplatz, das war scheußlich. Lag wach in der Dunkelheit und konnte der anderen wegen kein Licht machen.

In Voss stand ich auf und schlich mich auf den Korridor. Ich öffnete ein Fenster und zündete mir eine Zigarette an. Das Leben war ja immerhin nicht so übel.

Berge standen da über Berge, und in einer kleinen Mulde zwischen den Bergen schimmerte ein blauer See. Dann ein

Rasenstück mit zwei Schweinen und ein weißgetünchtes Haus; und dann wieder das Gebirge.

Ein Mann, den ich als Schullehrer einschätzte, kam aus dem Nachbarabteil heraus. Er blickte mißbilligend auf meinen schockfarbenen Pulli und die Zigarette, räusperte sich zweimal, hustete und sagte dann:

„Dieser Wagen ist für Nichtraucher."

„Ach so", sagte ich und machte die Zigarette aus. „Ich bitte um Entschuldigung. Ich dachte nicht, daß so ein bißchen Tabakrauch einen Herrn belästigen könnte."

Der Antiraucher schwieg verbissen. Da bekam ich einen meiner Bosheitsanfälle. Während ich leise den frivolsten Schlager pfiff, der mir gerade einfiel, erneuerte ich eifrig mein Make-up mit Rouge, Puder und Lippenstift.

Der Tugendwächter sah mich einen Augenblick an, dann machte er rechtsum kehrt und verschwand.

Aber das Schicksal wollte es, daß ich ihm eine Weile später im Speisewagen gegenüber saß.

Frühstück ist mir die liebste Mahlzeit von allen. Morgens esse ich wie ein Bär, und je mehr ich esse, desto besser wird meine Laune. Nun hier in dem frischgelüfteten Wagen zu sitzen statt in dem stickigen Abteil, war schon wohltuend. Draußen flog die Landschaft vorbei, die Sonne blinkte in den Scheiben, dazu frische Brötchen, weichgekochte Eier und duftender Kaffee! Alles hätte gut sein können, wenn nicht dieser Mensch mir gegenüber seinen Dorschrogen mit dem Messer gegessen hätte. Wenn mich etwas krank macht, so sind es schlechte Tischmanieren. Möge diese Schwäche als Entschuldigung dafür gelten, was ich dann tat. Ich nahm eine Gabel von dem freien Gedeck neben mir und reichte sie dem Schullehrer.

„Bitte. Sie haben wohl keine Gabel bekommen.“

Die Wirkung war schlimmer als ich gedacht hatte. Er fand keine Worte und wurde röter als mein Lippenstift, den er vor kurzem mit solcher Verachtung betrachtet hatte. Hastig spülte er den Rest seines Kaffees hinunter und verschwand. Ich nahm mir froh und glücklich noch ein Brötchen. Doch dann wurde ich nachdenklich. Wie kommt es nur, daß man eine große und bewußte Freude daran finden kann, ungezogen und boshaft zu sein?

Als der Zug im Bahnhof von Bergen einfuhr, sah ich meinen Schullehrer wieder. Er stand da, mit einer Reisetasche in der einen Hand und einem Regenschirm in der anderen. Und an seinem Halse hing ein lang aufgeschossenes Mädchen mit hellblonden Zöpfen und rief laut jubelnd: „Willkommen daheim, Pappi!“

Es läßt sich nicht leugnen, daß ich mich etwas beschämt fühlte. Die Götter mögen wissen weshalb.

Die Menschen sind schon sonderbar.

Ich brachte meine Koffer zum Hotel, machte mich frisch und nahm ein Taxi zum Büro der Reederei. Da traf ich den Onkel von Hans, einen gemütlichen dicken Herrn, der einiges von Opas Millionen vom ersten Weltkrieg gerettet hatte.

„Willkommen in Bergen, Fräulein Helmer! Wie war die Reise? Wie geht es Hansemann? Also das Schiff fährt übermorgen gegen Abend ab. Sie haben doch hier in Bergen zu tun, schrieb mir Hans. Kann ich Ihnen irgendwie behilflich sein?“

„Vielen Dank, ich glaube nicht. Ich muß ein paar Festspielstars interviewen, was hoffentlich gelingt.“

„Na, klar wird das gelingen. Wer läßt sich nicht gern von einem hübschen Mädchen ausfragen? Wo wohnen Sie? Haben Sie ein nettes Zimmer bekommen? Kennen Sie Bergen schon? Ach, Sie müssen unbedingt auf den Flöyen. Sie haben ja Glück mit dem Wetter, sehen Sie, es stimmt gar nicht, daß es in Bergen immer regnet. Was machen Sie heute abend? Ach so, Sie müssen das Konzert hören, klar. Und morgen? Sie können ja nicht den ganzen Tag Interviews machen. Kommen Sie doch zu uns zum Essen, meine Frau wird sich freuen. Sie müssen uns mehr über den kleinen Hans erzählen. Ja ja, ich weiß, er ist siebenundzwanzig, aber für uns bleibt er immer der kleine Junge. Geht es ihm gut?"

Ich überbrachte Grüße von Hans und stellte sein Leben und Treiben in ein rosiges Licht. Mir schwante, daß er zum Monatsende gewisse finanzielle Verbindungen zum Onkel aufnahm, folglich mußte er als ernsthaft arbeitender und strebsamer junger Mann hingestellt werden. Deshalb verschwieg ich die weniger lobenswerten Seiten seines Lebenswandels, erwähnte weder seine Vorliebe für eine Schlagersängerin noch seine Besuche in kostspieligen Nachtlokalen. Ich wählte meine Worte diplomatisch und konnte mir vorstellen, daß Hans am Tag darauf einen Scheck von seinem Onkel bekommen würde. Diesen kleinen Dienst mußte ich ihm schon erweisen, als Gegenleistung dafür, daß er mir die kostenlose Fahrt verschafft hatte.

Es war noch zu früh am Tage, um meinen Violinisten und die beiden Sängerinnen aufzusuchen. Also fuhr ich mit der Drahtseilbahn auf den Flöyen hinauf, und sandte Karten an Matti, Hans und Willi. Matti hatte sich Karten verbeten, auf denen etwas angekreuzt war, mit der Unterschrift „Hier bin ich jetzt." Ich schrieb also nur: „Ich bin mit der Drahtseilbahn gefahren. Wenn Du wissen willst, wie die aussieht, so stelle Dir vor, daß ein Straßenbahnwagen mit einem Lift ein Kind bekommt. Dieses Kind ist dann ein Drahtseilbahnwagen. Gruß Kisinka.

Ich hatte Glück mit meinen Interviews. Noch am gleichen Tag erwischte ich eine blaßblonde Sopranistin und eine rundliche, rotwangige Altistin. Beide waren leicht zu karikieren. Mein Bleistift flog übers Papier, und mein Kassettenrekorder fraß Band, so fließend redeten die Damen.

Mit dem Violinisten wollte ich warten bis nach dem Konzert. Der Redakteur hatte mir eine Karte für ein Bachkonzert in dem alten Dom beschafft. Der Geiger spielte eins der beiden a-moll Konzerte, daß mir die Luft wegblieb. Ich hatte ein musikalisches Elternhaus und mein Vater war ein großer Bachkenner. Dieses Konzert hatte er auf Langspielplatte gehabt, ich kannte jeden Ton.

Ich machte die Augen zu. Ich sah Vatis Gesicht vor mir, ich fühlte die ganze Atmosphäre unseres Wohnzimmers, hörte, wie Mutti leise aufstand, um den Tee zu machen. Vati saß, ein bißchen nach vorn gebeugt, wie es seine Gewohnheit war, wenn er sich intensiv auf etwas konzentrierte. Er horchte, horchte auf die Musik mit Ohren, mit Herz, mit seinem klaren Kopf.

Das Konzert war zu Ende.

Stundenlang hätte ich so sitzen können, obwohl ich müde war. Was hatte Vati gesagt? „Man soll die Musik nicht nur so über sich rieseln lassen. Man soll horchen, soll sich konzentrieren. Nach einem Konzert sollst du müde sein!"

Ich war müde. Gesegnet, friedlich, glücklich müde.

In dieser gelösten Stimmung traf ich den großen Violinisten. Ja, ein paar Fragen würde er schon beantworten, obwohl er sehr abgespannt war.

Ich nickte. „Das kann ich gut verstehen. Wenn man schon vom Zuhören angestrengt ist, wie müde muß man dann erst sein, wenn man das gespielt hat!“

In seine Augen kam ein wacher, interessierter Ausdruck.

„Gehören Sie etwa zu den seltenen Menschen, die sich müde hören?“

„O ja. Das angespannte Horchen strengt schon an. Man will ja alles mitkriegen, jeden Ton, jede Nuance, den Einsatz jeder Instrumentengruppe ...“

„Wie alt sind Sie?“ fragte er.

„Dreiundzwanzig.“

„Kind, so jung. Und dabei haben Sie schon erfaßt ... Haben Sie selbst spielen gelernt?“

„Nein, aber ich habe Horchen gelernt.“

Er nickte, und ein schönes Lächeln erhellte sein etwas faltiges Gesicht. Darauf strich er mit der Hand durch sein dichtes graues Haar.

„Na also, fragen Sie. Aber überspringen wir das übliche. Ich finde Bergen schön und das Publikum reizend, ich war schon auf dem Flöyen, und ich interessiere mich sehr für die norwegische Musik, vor allem für die Volksmelodien. Und nun fragen Sie was anderes.“

Ich fragte ihn, wie er es fände, in einer Kirche zu spielen, wo man, jedenfalls hier im Lande, nie applaudierte.

„Wunderbar“, antwortete er. Dann sprach er weiter, ich brauchte kaum Fragen zu stellen. Er hatte seine Müdigkeit vergessen, er sprach und erzählte geistreich und lebhaft.

Es wurde mein bisher bestes Interview.

Ich ging direkt zum Hotel, setzte mich hin und schrieb das Manuskript auf meiner Reiseschreibmaschine. Die gute, reiche Stimmung saß fest in mir, ich fühlte mich innerlich beglückt.

Immer wieder kehrten meine Gedanken zum Elternhaus zurück. Zu all den wertvollen Interessen, die meine Eltern hatten – zu Vatis Mathematik, Astronomie und Musik, zu Muttis Literatur und Kunstgeschichte.

So war es ganz natürlich, daß ich am nächsten Tag in das Hanseatische Museum ging und nachher in ein bekanntes Kunstmuseum.

Später wurde ich von dem Reederonkel abgeholt. Er wohnte in einer schönen Villengegend außerhalb der Stadt.

Elegantes Einfamilienhaus, Stubenmädchen in Schwarzweiß, Halle mit herrlichen Gemälden, Salon mit Gobelins. Die Gnädige hatte Brillanten in den Ohrläppchen, Pekinesen auf Seidenkissen und zwei Wellensittiche in einem vergoldeten Käfig. Sie war lauter Liebenswürdigkeit.

Filet mit Champignons, Burgunder, Erdbeereis. Danach sank der Onkel in eine Art überdimensionale Sitzmaschine vor dem Fernsehgerät, mit der fadenscheinigen Entschuldigung, wir beiden Damen möchten ihn bestimmt am liebsten los sein.

Dann saßen wir „beide Damen" beim Kaffee und Orangenlikör im Wintergarten.

„Ja, die erste Auslandsreise ist immer schön. Ich weiß noch, wie ich mit siebzehn Jahren in ein Internat in die Schweiz fuhr ..."

Fünf Minuten Internatserinnerungen. Ich war höflich interessiert.

„Sie fahren zu Verwandten nach Deutschland, Fräulein Helmer?"

„Ja, zu meiner Tante."

„Wie reizend! Fahren Sie bloß, um Urlaub zu machen und etwas zu entspannen?"

„Zum Teil. Zum Teil auch, um neue Eindrücke zu sammeln für meine Arbeit."

„Oh?" Eine stillschweigende Frage. Sie war über meinen Beruf nicht im Bilde.

„Ich bin nämlich Journalistin."

„Nein, wirklich? Wie interessant! Bei welcher Zeitung?"

Ich sagte es ihr.

„Nein, ist das möglich?" Jetzt war es an der Dame, höfliches Interesse zu zeigen.

Auf dem Weg über die Frauenseite kam das Gespräch auf Kleider. Wir erwärmten uns bei diesem Thema. Ich griff zu einem Bleistift und skizzierte ein Modell, das ich bei der letzten Modenschau gesehen hatte. Hierauf folgte eine ernsthafte Diskussion über Flaschengrün kontra Moosgrün.

Dieses interessante Thema füllte den Nachmittag von fünf bis sieben. Dann brach ich mit der Entschuldigung auf, ich hätte heute abend noch einen Artikel zu schreiben, was nicht stimmte.

Meine freundliche Wirtin hatte sich offenbar gut unterhalten; sie wünschte mir mit großer Herzlichkeit glückliche Reise. „In Zukunft werde ich Ihre Frauenseite mit großem Interesse lesen. Denken Sie auch daran, für uns Vollschlanke Modelle zu bringen, ha ha ha!"

Als ich draußen war, seufzte ich erleichtert auf. Ich fand, ich hatte etwas für meine Gratisfahrt geleistet.

Ich lag steif auf dem Rücken in meiner Koje. Eine mattschimmernde Lampe beschien mein gelbgrünes Gesicht und streifte meinen Mantel, der hin und her schwang, mit der Präzision eines Uhrpendels. Eins-zwei, eins-zwei, eins-zwei.

Ich war nicht eigentlich seekrank. Aber ich fühlte deutlich, wenn ich mich rührte, dann würde ich es werden.

Auf einer Kiste an meiner Seite stand eine Tasse kalter Tee und ein dicker, treuherziger Teller mit Zwieback. Der Steward war bei mir gewesen, hatte aufmunternd gelächelt und immer in demselben liebenswürdigen Nordlandsdialekt gefragt, ob das Fäulein sonst noch etwas begehre. Ich „begehrte" vor allem Tee, und der gutmütige Steward brachte mir lauwarme Teekannen mit vielen Blättern darin.

Nein, es war kein Luxusdampfer, auf dem ich mich befand. Es war ein alter, stabiler, primitiver, aber nützlicher Repräsentant der norwegischen Handelsflotte. Er brachte seine zweitausend Tonnen zuverlässig und kundig über die See, trug ohne zu murren jede erdenkliche Last, selbst blasse Journalistinnen aus Oslo.

Ich hatte die Lotsenkabine bekommen. Oft habe ich Leute über den fürchterlichen Dampfschiffsgeruch klagen hören, der einen krank machen kann. Ach, ihr zarten und verwöhnten Touristendampferfahrer, versucht doch drei Tage in der Lotsenkabine eines Frachtschiffes zu verbringen. Dort herrscht wahrhaftig Dampfschiffsgeruch! Was Dampfschiffsgeruch ist? Eine Synthese aller Gerüche. Wie das Spektrum alle Farben enthält, so vereinigen sich hier alle Düfte. Beefsteak mit Zwiebeln, Lotsenschweiß, altes Waschwasser, Tabakrauch, gebratener Speck mit einer kleinen Beigabe aller Äußerungsformen der Seekrankheit. Das ist wahrer Dampfschiffsgeruch, ihr zarten Pflanzen, die ihr niemals anders als erster Klasse auf einem Passagierdampfer gefahren seid.

Es war übrigens erst am zweiten Tag, daß ich endgültig Zuflucht in meiner Koje suchte. Den ersten Tag an Bord war ich übermütig, stand auf der Brücke beim Kapitän und fragte nach törichter Touristenmanier nach den Namen jeder Bucht und jedes Bergrückens. Lieber Gott, was für ein schönes Land wir haben! Niemals hätte ich mir träumen lassen, daß die Tour von Bergen die Küste entlang so viel Sehenswertes bieten würde.

Aber dann begann das Rollen. Der Kapitän lächelte, als ich mich vom Kaffeetisch im Salon wegschlich und sagte, ich wollte ein wenig ausruhen. Ich war wohl schon etwas erblaßt.

Graue, seltsame See, nicht still, aber auch nicht sehr unruhig. Nach einem letzten Überblick über die Lage überließ ich mich den Gerüchen der Lotsenkabine. Als ich durchs Bullauge guckte, bemerkte ich, daß kein Land mehr zu sehen war. Das ist vielleicht nicht so merkwürdig für den, der schon öfters gereist ist, aber ich war das erste Mal auf See und hatte ein beklemmendes Gefühl. Nur dieses kleine Schiff zwischen mir und dem schweren nassen Grau, nur einige Metallplatten zwischen mir und dem Grundlosen!

Was natürlich Unsinn ist. Ich weiß gut, daß die See nicht grundlos ist.

Dann kroch ich in meine Koje, lag auf einem zerbeulten Unterbett, mit einem zerbeulten Kissen unter meinem Kopf. Dankbar holte ich ein hübsches geblümtes Luftkissen vor, das mir Matti zum Abschied geschenkt hatte.

Stunden vergingen, ich trank bitteren Tee und die See schwappte gegen die Schiffsseiten. Auf der Brücke ertönte in regelmäßigen Abständen die Schiffsglocke, und der Dampfer pflügte sich mit taktfesten Schlägen näher und immer näher an Tante Elisabeth und die Alster heran.

Sonne, Sonne auf allen Wegen! Ich stand in meinem feinen grauen Reisekostüm an Deck und beobachtete die Einfahrt. Sonderbar, eine Stadt so auftauchen zu sehen! Schornsteine, Kirchtürme, hohe Häuser, mehr und mehr kommt zum Vorschein. Schließlich liegt die Stadt da wie eine kompakte graue Masse mit wimmelndem Leben, und Menschenschicksalen, Sorgen und Freuden.

Zoll- und Paßkontrolle. Ich sah mich um. Wo war denn Tante Elisabeth? Kein weibliches Wesen zu sehen, nur Hafenarbeiter, Zöllner, eilige Beamte aller Sorten – und da, ein junger, blondschopfiger Bursche, der mir zuwinkte und strahlend lächelte.

Hallo, da kam er an Bord! Und plötzlich begriff ich. Es war der Neffe. Natürlich, der Neffe war geschickt worden, um die Nichte aus dem Land der Eisbären abzuholen.

„Fräulein Helmer? Freut mich sehr. Kurt Weber. Haben Sie eine angenehme Reise gehabt?“ Und so weiter. Die Koffer an Land, eins, zwei, drei, in einen hellblauen Zweisitzer, alles im Blitztempo. Ein Strom von Deutsch, schmale Straßen, breitere Straßen, Cafés, große Geschäfte, Kirchen, das Rathaus, Hotels und da war der Alsterpavillon, ich kannte ihn von Ansichtskarten. Eine breite schöne Chaussee, Reitwege, große stattliche Villen.

Kleine eilige weiße Dampfer mit blauen Wimpeln töff-töfften über leuchtend blaues Wasser. Was für ein Wetter! Ich hielt die Hand über die Augen und schaute auf das große Gebäude auf der anderen Seite des Wassers.

„Hotel Vier Jahreszeiten“, sagte Kurt lächelnd. Himmel, wie der Junge lächeln konnte! Ich bin etwas schwach gegenüber jungen Männern mit Lachgrübchen. Das heißt, ich behaupte, es ist ein Komplex von „zurückgedrängten Muttergefühlen“, der sich darin ausdrückt.

Aber ob es nun Muttergefühle waren oder andere Komplexe, ich fand es jedenfalls hinreißend, in einem schicken Auto an der Seite eines bildschönen jungen Mannes zu sitzen – leider etwas zu jung – und sich reich zu fühlen auf der Reise in diese Weltstadt.

Das Haus war nicht ganz so prächtig, wie ich gedacht hatte. Ich hatte es mir ähnlich wie das Bergensche Reederheim vorgestellt. Aber dies hier war nüchterner, alltäglicher, geprägt von arbeitenden Menschen und nicht von Luxuswesen, kurzum sehr sympathisch.

Natürlich gab es Parkettböden und Gemälde, auch schöne alte Möbel und geräumige Zimmer, aber alles war frisch und hell und praktisch, sozusagen unparfümiert. Tante Elisabeth zeigte sich in einem blaugestreiften Hauskleid, sie war reizend und herzlich und bewunderte mein graues Kostüm, Gott segne sie dafür. Dann bat sie uns zu Tisch. Ein bezauberndes kleines Wesen, die einzige Hausangestellte, wartete auf.

„Lang ordentlich zu", sagte Tante Elisabeth auf norwegisch.

„Vielen Dank", sagte ich und nahm von der leckeren Gemüseplatte, die den Mittelpunkt der Mahlzeit bildete. Dann wandte ich mich an Kurt und machte eine Bemerkung über sein schönes Auto. Danach wurde das Gespräch auf deutsch fortgesetzt – zur großen Freude von Kurt.

„Kurt ist eben nach Hamburg gekommen", erklärte die Tante. „In einer Woche soll er anfangen, in einer Autowerkstatt zu arbeiten. Ihr müßt also diese Woche zum Bummeln ausnutzen. Du darfst ja nicht versäumen, St. Pauli und das Hamburger Nachtleben kennenzulernen." Die Tante lachte und ich sah recht verblüfft aus. So etwas von Toleranz von einer gut und gern fünfzigjährigen Dame!

„Gemäldesammlungen und andere ernsthafte Sachen besichtigen wir beide später", fuhr sie fort. „Und dann wirst du wohl von Berufs wegen die großen Warenhäuser studieren wollen. Wir werden die ganze Mönkebergstraße durcharbeiten, daraus kannst du sicher einige Modeartikel schöpfen."

Ich mußte lachen. „Tante, du bist ein Engel. Du stellst ein Programm für mich auf, wie ich es selber nicht besser hätte machen können."

„Man soll sich amüsieren, solange man jung ist", meinte sie. Dann standen wir vom Tisch auf.

„Hier ist dein Zimmer, Benedikte." Tante Elisabeth öffnete die Tür zu einem kleinen Raum in Weiß und Gelb, genau so, wie ich es mir mit fünfzehn Jahren gewünscht hatte, als mich die Abbildungen von Jungmädchenzimmern in „Unsere Damen“ entzückten. Leichte weiße Stühle mit Goldverzierungen, süße Bilder in Goldrahmen, weiße Mullgardinen mit gefältelten Volants, und ein weißlackiertes Bett mit Goldleisten. Durch eine offene Balkontür blickte man auf die Uhlenhorster Gegend auf der anderen Seite der Alster.

„Und hier ist meins“, sagte Kurt, der uns mit den Koffern gefolgt war. „Haben Sie Lust, es zu sehen?“

Natürlich hatte ich Lust. Gekreuzte Säbel an der Wand und Onkels eisernes Kreuz mit der Urkunde dazu im Rahmen und Siegespokale und ein Rauchtisch. Und „Muttis“ Bild auf dem Nachttisch. Es rührt mich immer, wenn junge Männer Muttis Bild in der Brieftasche mitführen und es auf die wechselnden Nachttische stellen.

Unsere Zimmer lagen für sich selbst im dritten Stock. Tante hatte entweder ein fabelhaftes Vertrauen in die Moral der modernen Jugend, oder eine von den Realitäten des Lebens unangefochtene Naivität.

Nun ja, das ist ihre Sache. Ich kann schon selber auf mich aufpassen.

Wenn ich will.

„Ich finde, ihr solltet einen Bummel machen, während ich das Essen vorbereite“, schlug die Tante vor, als ich gebadet, mich umgezogen und ein wenig von Norwegen, Oslo und den Lebensumständen der Journalisten berichtet hatte.

Wir nahmen nicht den blauen Wagen, sondern spazierten langsam durch Alleen und breite Straßen, und mir brummte der

Kopf von deutschen Stimmen, dem Verkehr, den neuen Straßennamen und den deutschen Geschäftsschildern. Dann aßen wir Eis in einem Café mit italienischem Orchester und reichem Blumenschmuck, und Kurt erzählte. Es ist die beste Art, sich eines Mannes Freundschaft zu erwerben, indem man ihn über sich selber reden läßt. Ich möchte wetten, daß Kurt nachher Tante Elisabeth anvertraute, Fräulein Benedikte sei eine ungewöhnlich intelligente junge Dame und spreche ein blendendes Deutsch. In Wahrheit aber sagte ich fast nur „so?" Und „ja" und „nein" und rauchte und aß, während Kurt Automodelle auf die Papierserviette zeichnete und von Zylindern und Pferdestärken sprach.

Er wollte in die Autobranche, hatte schon als Junge dafür geschwärmt. (War er denn jetzt mehr als ein Junge, so wie er da saß mit dem hellen Schopf, der ihm in die Stirn fiel, und den eifrigen, lachenden braunen Augen?) Und Vati hatte gesagt, da sollte er bitte alles von Anfang an lernen, und erst einmal in der Werkstatt arbeiten. Und darin hatte Vati natürlich recht. Das blaue Wunder hatte Kurt zu seinem zwanzigsten Geburtstag bekommen. Vati mußte also Geld haben.

Im Laufe des Gesprächs, oder eigentlich des Monologs, kam es heraus, daß Vati Fabrikbesitzer in irgendeiner kleinen süddeutschen Stadt war, deren Namen ich vergessen habe.

„Wie alt sind Sie?" fragte ich schließlich, nachdem ich seinen Lebenslauf und die Zukunftspläne in allen Einzelheiten erfahren hatte.

„Was glauben Sie?"

„Zweiundzwanzig", riet ich auf gut Glück. Er lachte. „Einundzwanzig. Und Sie?"

„Raten Sie."

Er sah mich lange und aufmerksam an. Ich fühlte mich wie ein Stück sechszylindriges Autoeingeweide, das mit fachmännischen Blicken beurteilt wurde.

„Auf den ersten Blick sehen Sie aus wie achtzehn. Aber Sie haben ein Fältchen im Augenwinkel (ich beschloß, am nächsten Tag eine Gesichtsmassage vornehmen zu lassen), und Ihre Augen sind so wissend." Er legte den Kopf schief und lachte. „Auch einundzwanzig?"

„Dreiundzwanzig."

„So viel?" Er wurde einen Augenblick ernst, dann lachte er wieder. „Ja, aber das macht nichts."

„Was macht nichts?"

„Daß Sie so alt sind. Wir können uns trotzdem amüsieren." Dann kamen plötzlich zwei Drinks und der blondschopfige Kurt und die alte erfahrene Benedikte tranken auf eine schöne und ereignisreiche Woche.

„Morgen fangen wir an", sagte Kurt.

Und am nächsten Tag fingen wir an.

Merkwürdige, hektische Tage, voller Sonne und Vergnügen. Stimmungsvolle Abende mit Drinks und Tanz und heißen Rhythmen, im Morgengrauen Frühstück in Chauffeurkneipen mit Hühnersuppe und Brötchen. Todmüde Autotouren heimwärts beim Sonnenaufgang – jetzt, viele Monate danach, steht das Ganze vor mir wie ein merkwürdiger Wirrwarr, es will mir nicht in den Kopf, daß ich all das erlebt habe. In dieser Woche war nicht ich es, nicht Benedikte Helmer, nicht Kisinka mit den vom Farbband beschmierten Fingern und den abgenützten Schreibmaschinennägeln. Es war ein anderes Wesen, das ich nie wiederfinden werde. Und vielleicht mag ich dieses Wesen auch gar nicht wiederfinden. Ein junges, glückliches und unbeschwertes Wesen, das noch mehr Jugend, noch mehr Beschwingtheit aus dem Überschuß eines noch jüngeren, noch mehr beschwingten Wesens schöpfte.

„Kurt", sagte Tante Elisabeth, „bevor du am Montag mit dem Ernst des Lebens anfängst, mußt du Benedikte St. Pauli zeigen!"

„Der Ernst des Lebens bedeutet wohl Autowerkstatt und frühes Aufstehen?" fragte ich.

„Erraten! Tante Elisabeth hat recht. Heute abend gehen wir nach St. Pauli. Buchstäblich. Wir fahren nicht, wir gehen zu Fuß, sonst kriegen wir nichts zu sehen. Außerdem ist da die Sache mit den Promillen."

Also gingen wir. Mein Vater hatte mir von St. Pauli erzählt. In den dreißiger Jahren hatte er in Deutschland studiert und viel gesehen. In meiner Vorstellung war St. Pauli ein Durcheinander von Tanz, Lichtern, Artisten, Sektflaschen und Touristen, von lasterhaften Frauen, Minderjährigen, die schon „das älteste Gewerbe der Welt" ausübten, Frauen, die die Not auf die Straße getrieben hatte, mit vergrämten Gesichtern, mit durchlöcherten Schuhen und zerlumpten Kleidern.

Dies erzählte ich alles Kurt.

„Dann wirst du deine Meinung ändern müssen", sagte Kurt. „Die Vertreterinnen des ältesten Gewerbes sind heute so elegant, daß du sie beinahe daran erkennst, und ob die Gesichter vergrämt sind, kann kein Mensch ahnen, bei dem Kosmetikverbrauch!"

„Und die Artisten?" fragte ich. „Ich habe eine Vorliebe für Artisten, seien es Jongleure, Trapezkünstler, Seiltänzer oder marokkanische Bodenturner."

„Mach dir nicht allzu große Hoffnungen", sagte Kurt. „Nur eins kann ich dir versprechen, so viele nackte Mädchen wie du nur sehen willst. Es wird „gestrippt und geteast" in jedem Lokal in St. Pauli, wie übrigens überall auf der Welt wo es ein Nachtlokal gibt."

„Kennst du dich gut aus in St. Pauli?"

„Na klar! Ich bin doch öfters in Hamburg."

„Hast du auch ..." Ich vollendete den Satz nicht. Was ging es mich an?

„Was habe ich auch?"
„Ach, nichts."
Kurt lachte leise und drückte meinen Arm an sich.
„Beruhige dich. Ich habe nicht."
„Was hast du nicht?"
„Das, wonach du fragen wolltest. Ich habe nicht. Weil ich es nicht nötig habe. Und weil ich ... nun ja, sagen wir, etwas ... ästhetisch veranlagt bin."
„Das freut mich. Ich meine, daß du ein Ästhet bist."
„Du bist es bestimmt auch. Habe ich recht?"
„Ich glaube schon."
Er legte den Arm um meine Schultern.
„Dann erhebt sich allerdings die Frage, was wir in St. Pauli suchen – wir zartbesaiteten Ästheten.
„Ist denn Striptease unästhetisch?"
„Na – – wenn es bloß bei Striptease bliebe!"
„Ich bin aber neugierig."
„Ästhetisch und neugierig? Wie sollen wir das nun kombinieren?"
„Außerdem bin ich Journalistin. Ich brauche Stoff."
„Das sehe ich ein. Gut, also gehen wir Stoff sammeln."
Kurz danach saßen wir in einem überfüllten Lokal. Vorläufig an der Bar. „Dann können wir uns leichter verdrücken, wenn wir wollen", erklärte Kurt. „Falls das Programm uns zusagt, können wir immer noch einen Tisch und eine Flasche Sekt kriegen."
Ich ließ ein paar Striptease-Nummern über mich ergehen und sah mich um im Lokal. Ich beobachtete, wie die hübschen Animiermädchen Anschluß fanden und die Gäste dazu brachten, immer neue Drinks zu bestellen. Wie kam wohl ein Mäd-

chen dazu, diesen Beruf zu ergreifen? Wie fühlt sich ein Mädchen, das jeden Abend in dieser schwülen Atmosphäre verbringt, immer mit neuen Männern zusammensitzt und so viel Alkohol trinken muß? Was macht sie über Tag, wie gestaltet sich ihr Alltagsleben?

„Einen Pfennig für deine Gedanken!" sagte Kurt.

„Du kriegst sie umsonst. Ich dachte gerade, wie gern ich ein Animiermädchen interviewen möchte."

„Das wäre wohl möglich."

„Glaubst du?"

„Für Geld kann man alles haben. Wart mal, wir gucken uns um."

Die Mädchen hatten Kurt in Ruhe gelassen, er war ja in Damengesellschaft. Unsere Wahl fiel auf ein großes, schlankes Wesen mit langem blonden Haar, Lidschatten, falschen Wimpern und rosaperlmuttfarbenem-geschminktem Mund.

Kurt sprach sie an und bestellte ihr einen Drink. Dann zwinkerte er mir zu. Ich tauschte den Platz mit ihm und saß nun neben dem Mädchen.

„Wollen Sie mit uns eine Flasche Sekt trinken?" fragte ich.

„Meinetwegen", antwortete sie. „Aber dann nehmen wir wohl lieber einen Tisch."

Ihre Stimme war angenehm, ihre Sprache gebildet. Ich wurde immer neugieriger.

Als wir an einem Tisch gelandet waren, und der Sekt eingegossen war, sagte ich ihr offen, daß ich Journalistin an einer norwegischen Zeitung wäre und über Frauenschicksale schrieb.

„Und jetzt ist ein Animiermädchen an der Reihe?" fragte sie mit einem kleinen Lächeln. „Ach, Sie Ärmste, dann haben Sie eine schlechte Wahl getroffen. Von mir ist nichts Spannendes zu erfahren."

„Wollen Sie mir sagen, wie Sie zu dieser Arbeit gekommen sind?"

„Zufall. Ich brauchte Geld, dann hat mir jemand gesagt, mein Typ sei gefragt, und ... nun ja, dann machte ich es eben. Ich kann gut ‚animieren', wie es so schön heißt."

„Darf ich auch fragen, wofür Sie das Geld brauchen?"

Sie trank einen Schluck Sekt und ließ sich von Kurt Feuer für ihre Zigarette geben. Dann blies sie eine Rauchwolke von sich, lächelte und sah mich an.

„Ja, das kann ich Ihnen sagen. Ich brauche es für mein Studium. Ich mache diesen Job in den Semesterferien. Es bringt mehr ein als Babysitter oder Konditorei-Serviererin zu sein. Und dann habe ich den ganzen Tag frei."

„Aber Sie müssen doch irgendwann schlafen?"

„Ja, nachmittags. Vormittags lerne ich. Ich studiere Volkswirtschaft."

Ich machte bestimmt ein sehr dummes Gesicht. Das Mädchen lächelte.

„Sehen Sie, so wenig spannend ist es. Bei mir gibt es nichts zu erfahren über die lasterhafte Unterwelt. Ich verkaufe mich nicht, ich nehme kein Rauschgift, bin nicht Mitglied einer Verbrecherbande, bin nicht einmal ein Stripteasegirl. Sie sahen doch die kleine schwarzhaarige Stripperin? Sie hat zwei Kinder, ihr Mann ist tot. Tagsüber macht sie Hausarbeit und versorgt ihre Kinder, und versorgt sie gut! Wenn sie die ins Bettchen gebracht und mit ihnen gebetet hat, überläßt sie sie der Oma und strippt in St. Pauli."

„So was ... so was hätte ich nie gedacht", stammelte ich.

„Unsere Kunden sollen es auch nicht wissen. Ich erzähle es Ihnen, weil Sie eine Frau sind, und Ausländerin."

„Und was ist mit mir? Ich höre es ja auch", sagt Kurt.

Unter den langen falschen Wimpern blickte sie Kurt an. Es war ein wacher, ruhig schätzender Blick.

„Mit Ihnen wäre doch nichts anzufangen", sagte sie. „Sie wären doch kein Kunde bei uns geworden."

Sie stand auf.

„Ich muß zurück an die Bar. Jetzt kommt eine besonders aufregende Nummer, und hinterher sind die Männer immer spendierfreudig. Danke für den Sekt – und noch viel Vergnügen!"

Ich sah der schlanken, spärlich bekleideten Gestalt nach, die zwischen den Tischen dahinglitt. Schon griff eine Männerhand nach ihr, sie wurde angeredet, lächelte, setzte sich, und ihr Tischpartner rief nach dem Kellner.

Ich drehte mich zu Kurt um.

„Das Leben ist voller Überraschungen", sagte ich.

Dann fing die „aufregende Nummer" an. Von dieser Nummer wäre nur zu sagen, daß ich jäh aufstand und auf dem schnellsten Weg zur Toilette ging.

Da habe ich mich übergeben.

In einem kleinen Lokal aßen wir etwas, wir tanzten und sahen uns einen phantastischen Jongleur an. Dann folgte auch hier eine Striptease-Nummer, und nachher gelang es mir, ein Interview mit der Stripperin zu bekommen. Sie war sehr nüchtern, sehr sachlich und sprach von ihrer Arbeit, als wäre es ein Handwerk, das von Grund auf gelernt werden muß.

Sehr spät – oder richtiger gesagt sehr früh kamen wir nach Hause. Es war kurz vor Sonnenaufgang.

„Na?“ fragte Kurt. „Bist du enttäuscht?“

„Mehr entsetzt als enttäuscht“, sagte ich. „Ich möchte das Erlebnis nicht missen. Aber ich bin froh, daß ich es hinter mir habe.“

Lautlos schlichen wir die Treppe hinauf. Vor dem großen Fenster im Treppenhaus blieb ich stehen und guckte in den Garten. Die Blumen, der Rasen, die Bäume, der hellschimmernde Himmel und das stille Wasser der Alster – alles kam mir so friedlich und so wunderbar sauber vor.

Kurt stand neben mir. Wortlos legte er den Arm um mich und küßte mich.

Dann ging die Sonne auf.

Tante Elisabeth brachte mir das Frühstück ans Bett.

„Na, du siehst ja hübsch aus!“ Sie selbst war aufreizend morgenfrisch. „Hast du dich im Spiegel gesehen?“

„Hmmmm“, brummte ich, die Nase tief in der gelben Seidendecke vergraben.

„Draußen ist herrliche Sonne.“

„Mmmmmmm.“

„Es ist schon halb elf.“

„Grrrrr.“

„Willst du mit dem Frühstück lieber noch warten?“

Da riß ich mich zusammen und richtete mich auf. Oh weh! Nie sollte ein schräggestellter Spiegel so angebracht werden, daß man sich gleich nach dem Erwachen darin sieht. Dieser zerzauste Besen, den ich darin sah, waren das meine prächtigen Dauerwellen? Diese zwinkernden matten Gucker – waren das dieselben Dinger, die gestern ein schwarzer Geiger Sterne genannt und zu deren Ehre er eine sentimentale Schnulze gespielt hatte? Ich begann mich allmählich zu erinnern. Ja, er hatte in einer Bar gespielt, und ich hatte viele goldgelbe Flüssigkeiten aus großen und kleinen Gläsern von verschiedenem Geschmack getrunken. Und dann waren wir mit einem Taxi heimgefahren, und Kurt hatte mich um sechs Uhr morgens zur guten Nacht geküßt.

Ich gähnte herzhaft.

„Tante, ich habe einen Kater."

„Ja, das sehe ich. Hast du dich denn gestern abend amüsiert?"

„Na klar! Kurt ist ein bezaubernder Begleiter, und du bist ein Engel, und diese Marmelade ist delikat, und Hamburg ist herrlich, und ich hatte gestern einen Schwips. Gute Nacht."

Tante Elisabeth kicherte.

„Erzähl mir doch, was du Kurt gelehrt hast?"

„Ach vieles, Tante. Ich habe ihn gelehrt, ernsthaft zu sein und die Wirklichkeit des Daseins zu sehen. Und dann hat er mir ein paar neue Tanzschritte beigebracht."

„Und du hast ihm norwegisch beigebracht, wie ich höre. Er hat heute morgen eine halbe Stunde unter der Dusche gestanden und gesungen: „Jai lakte mai so siltich og sent om en keveld", immer wieder dasselbe."

Ich versuchte verzweifelt, mich zu erinnern. Ja, es dämmerte mir. Wir waren in St. Pauli zu einem Taxi gegangen, und ich hatte gesungen „Jeg lagde mig saa sildig", in verschiedenen Tonarten.

„Ja, Tante, das stimmt schon."

Ich verspeiste das letzte Brötchen mit Aprikosenmarmelade.

„Du, Tante, heute abend will ich aber nicht bummeln."

„Lobe nicht den Tag, ehe die Sonne untergegangen ist, leichtsinniges Kind. Versprich nicht zu viel. Jetzt lasse ich Badewasser für dich ein. Kurt ist schon seit einer Stunde auf und hat sein Hätschelkind geputzt. Der Himmel weiß, wohin er dich heute entführen wird."

Es klopfte an die Tür.

„Da haben wir ihn. Meine Güte, was ist denn los?"

„Kisinka, aufstehen!"

„Ich lasse ihn hereinkommen", lachte die Tante. „Er soll dich ruhig sehen so wie du jetzt aussiehst. Außerdem will er dir wohl sein Tagesprogramm mitteilen."

Kurt kam herein, in Overalls und mit Maschinenöl im Haar.

„Morgen! Gut geschlafen?" Er setzte sich ungeniert auf die Bettkante. „Steh schnell auf. Die Sonne scheint, und wir fahren nach Stellingen."

„Zu all den süßen kleinen Pussykatzen?"

„Ja, zu den Pussykatzen und Bählämmern und Krokofanten und Wauwaus und Pipvögeln und Löwen."

„Du, Kurt, weißt du, was ein Löme ist?"

„Keine Ahnung."

„Ein Druckfehler für Löwe. Au!" Ich bekam eine kalte Dusche ins Gesicht. Kurt wurde hinausgeworfen und ich begann mit dieser Verwandlung, die eine Frau von heute unter „sich anziehen" versteht. Ich wusch und putzte, cremte, puderte, manikürte und kleidete mich, bis ich wieder anständig aussah.

„Ihr seid hübsch alle beide, ich bin stolz auf euch", lächelte die Tante zum Abschied. „Versucht um sieben zum Essen zu Hause zu sein. Viel Vergnügen!"

Sie hatte wohl recht damit, daß wir hübsch aussahen. Jedenfalls glotzten uns die Leute an. Das Auto war blau und blank, mit langen, geschmeidigen Linien. Kurt saß da mit seinem offenem weißen Hemd, der Wind spielte mit seinen blonden Locken. Und ich war gut geschminkt, in einem lustigen weißblauen Kleid und die Haare hatte ich mit einem bunten

Band zusammengebunden. Ich bin sicher, mein Ich von vor Jahren würde mein Ich von heute beneidet haben, wie es so dasaß und in einem blauen Sportwagen nach Stellingen fuhr.

Wie soll ich sechs Wochen alte Löwen beschreiben? Ich weiß bloß, daß ich vor Freude jubelte, so daß die Leute sich nach mir umdrehten. Oder ein Elefantenbaby mit runzliger grauer Haut und treuherzig fragenden Augen?

Ich streichelte Maultiere und Elefanten, ich schüttelte kleinen ulkigen Affen die Hand, bewunderte die schönen Onager. Und im Terrarium ließ mich ein gutmütiger Aufseher eine kleine Süßwasserschildkröte halten, die munter und vergnügt über meinen Arm kroch.

„Es ist lustig, dir zuzusehen", sagte Kurt. „Ich hatte eine Freundin in Berlin, die konnte es nicht ertragen, etwas Lebendes zu berühren. Konnte kein Pferd streicheln zum Beispiel, mochte weder Katzen noch Hunde. Schrie, wenn sie eine Maus sah, ach ja, das tust du wohl übrigens auch."

„Nein", lachte ich. „Ich hatte weiße Mäuse, als ich klein war." Ich gab die Schildkröte dem Aufseher zurück. „Hör mal, Kurt, ich kann nicht begreifen, wie du es mit dieser Freundin aushalten konntest."

„Ich habe es gar nicht ausgehalten." Kurt nahm wieder meinen Arm. Und vor einem Schlangenkäfig, wo vier Boa constrictors in einem ständig gleitenden schleimigen Haufen lagen, ineinander verflochten und züngelten, beugte er meinen Kopf zurück und küßte mich. Küßte mich so, wie ich nie zuvor in meinem Leben geküßt worden war.

„Kurt", sagte ich. „Das ... das ... Warum tust du das?"

Da lachte er, jung und fröhlich, mit den weißen Zähnen in seinem braunen Gesicht.

„Es ist doch so schön!"

Und als ob dieser kleine Satz alle Hemmungen und Komplexe weggefegt hätte, lachte ich auch, froh und befreit.

Ach, Kurtchen, du wirst sicher leicht und unbeschwert durchs Leben gehen!

Wir aßen im Restaurant des Tierparks Würstchen mit Kartoffelsalat und tranken dazu Bier. Und ich fand es selbstverständlich, daß Kurt meine Hand hielt, während ich eine Zigarette rauchte.

Und da geschah es.

Ein Mann, der an unserem Tisch vorbeiging, riß versehentlich meine Handtasche herunter, sagte Verzeihung und hob sie auf. Nichts weiter. Aber ich sah seine Augen, sein Profil, und sein Lächeln. Und ich wußte, daß ich diesen Mann kennenlernen wollte.

Erklären kann ich es nicht. Aber es ging gleichsam ein elektrischer Strom von ihm zu mir, oder umgekehrt. Sonderbar.

Er setzte sich mit einem anderen Herrn an den Nachbartisch. Man kann wohl sagen, daß ich einen Schock bekam, als er seine Stimme erhob und in unverkennbarem Oslodialekt sagte:

„Hübsch war sie, die Kleine, der ich die Tasche heruntergerissen hatte."

Jetzt wäre es lustig gewesen, etwas recht laut auf norwegisch zu Kurt zu sagen. Aber ich tat es nicht. Ich hatte plötzlich keine Lust zu solchen Scherzen.

Ich habe es immer feige gefunden, seine Handlungen auf eine Stimmung zu schieben. Es ärgert mich, wenn sich die Leute blödsinnig benehmen und dann als Entschuldigung sagen: „Ja, aber ich war so in Stimmung." Matti pflegt über mich den Kopf zu schütteln, weil ich so unempfänglich für Stimmungen bin. Mitten in einem rauschenden Fest kann ich plötzlich kühl und klar im Kopf werden und denken: „Meine Güte, wie du das alles morgen bei Tageslicht komisch finden wirst!" Und dann werden die heißen Worte meines Kavaliers lächerlich, die warmen Händedrücke nichts als Komödie, und die tiefen philosophischen Gespräche nichts als betrunkenes Geschwätz. Und der Kavalier ist von mir enttäuscht und lädt mich nicht mehr zum Ausgehen ein.

Aber diese Woche in Hamburg war für mich so erlebnisreich, daß ich gar nicht dazu kam, nüchtern zu überlegen. Obwohl Kurt und ich einander erst wenige Tage kannten, hatte ich das Gefühl, als wäre es schon ein ganzes Jahr. So geht es einem vielleicht, wenn man viel zusammen erlebt. Ich war ununterbrochen in „Stimmung", die ganze Woche hindurch und noch länger.

An einem Abend waren wir im Theater und sahen ein bezauberndes Musical. Nachher gingen wir essen und tanzen und kamen wie gewöhnlich erst im Morgengrauen heim, leicht benommen von Sekt und Tanzmusik. Im Taxi heimwärts wußte ich, wie es enden würde.

Wenn wir bis zu meiner Tür gekommen waren, würde Kurt flüstern: „Darf ich?“ Und er würde dann ganz selbstverständlich mit hereinkommen.

Und ich wußte, daß er nachher wie ein müdes und zufriedenes Kind seinen Kopf in meine Arme betten würde, völlig ohne Hemmungen, ohne einen Gedanken, daß dies irgendwie merkwürdig war, geschweige denn verwerflich.

Verwerflich, ich glaube nicht, daß Kurt dieses Wort jemals gebrauchte.

Er schlief in meinen Armen. Ich lag da und sah auf seinen blonden Schopf, voll erstaunter Dankbarkeit gegenüber diesem Jungen, der mich gelehrt hatte, fröhlich zu lachen, zu lachen ohne ersichtlichen Grund, aus reiner Freude am Dasein, wie ein vergnügtes Kind.

Ich lächelte vor mich hin, während ich daran dachte, wie verschieden man eine Sache auffassen kann. Ich hörte förmlich, wie sich moralische Stimmen erhoben. „Unerhört! Da wohnen diese beiden jungen Menschen bei ihrer Tante, sie erweist ihnen Vertrauen und Güte, und schon nach ein paar Tagen verbringt er die Nacht in ihrem Zimmer! Die Situation derart auszunützen, eine großzügige Gastlichkeit so zu mißbrauchen, unglaublich!“

Ich fragte Kurt, ehe er sich am Morgen in sein eigenes Zimmer schlich: „Was glaubst du wohl würde Tante Elisabeth sagen, wenn sie es wüßte?“

„Sie weiß es ja nicht", lächelte Kurt. Dann küßte er mich noch einmal, winkte in der Tür, gähnte herzhaft und ging in sein Zimmer, um den letzten Morgenschlummer in seinem eigenen Bett zu genießen.

Kurt war keineswegs in mich verliebt, das wußte ich, und ich gehöre nicht zu den dummen Frauen, die einen schläfrigen und zufriedenen Mann fragen: „Hast du mich lieb?" Bloß um ein „ja" zu bekommen oder „Ja doch, Schnucki", das nur gesagt wird, um lange Erklärungen zu vermeiden, oder weil er findet, daß eine wahrheitsgemäße Antwort nicht zu der Situation passen würde. Hätte ich eine so dumme Frage an Kurt gestellt, so hätte er mich mit lachenden braunen Augen angesehen und geantwortet:

„Das kann ich nicht direkt sagen, aber ich finde es schön bei dir."

Punktum.

Unmoralisch? Weit entfernt. Zwei junge, gesunde, glückliche Menschen, die keinerlei Verpflichtungen gegen irgend jemand haben, erfüllen nur ihre natürliche Bestimmung.

„Gewiß gibt es Leute, die dies unmoralisch nennen würden", räumte Kurt einige Tage darauf ein. Er war spät in der Nacht aufgewacht und wir plauderten.

„Ja, weil sie nicht den Mut haben, ihrer eigenen gesunden Vernunft zu folgen, wenn es feststehende Moralbegriffe gibt", sagte ich. „Das Ganze ist ja von der Natur so wunderbar einfach geordnet, oder wenn du willst von des Schöpfers Hand. In uns wohnen zwei große Triebe: Der Trieb der Selbsterhaltung und der Trieb zum Fortbestand des Geschlechts. Alles was zur Erhaltung des Individiums dient, daß wir trinken, wenn wir durstig sind, und essen, wenn wir Hunger haben, ist nach Meinung der Moralisten gut und richtig. Man spricht davon bei hellem Tageslicht und schämt sich in keiner Weise. Ist denn der Trieb zur Erhaltung der Menschheit nicht ebenso naturgegeben? Haben wir den nicht mitbekommen, damit wir ihm folgen sollen? Der Drang nach Fortpflanzung ist doch wohl ganz natürlich und in Ordnung."

„An Fortpflanzung habe ich eigentlich nicht gedacht", murmelte Kurt.

Da schwieg ich, danach kam ich ihm nie mehr philosophisch.

Denn es geht einfach nicht an, mit jemand philosophieren zu wollen, der nicht den Unterschied zwischen Theorie und Praxis versteht, der nicht versteht, daß man die Beweisführung für die Richtigkeit einer Gedankenreihe bis zur äußersten Konsequenz führen muß.

Fortpflanzung! Himmel, Kurt bildete sich doch wohl nicht ein, daß ich mir ein Kind von ihm wünschte? Das würde ich mir doch sehr verbeten haben.

Junge Menschen dürfen „leichtsinnig" sein, wie es im allgemeinen Sprachgebrauch heißt. Aber ein Kind ist etwas anderes, etwas Heiliges. Ein Kind soll echter Liebe entspringen und kein unglücklicher Zufall sein. Es soll auf die Welt kommen, weil man es wünscht. Bisher hatte ich noch keinen Mann getroffen, von dem ich mir ein Kind wünschte.

„Liebe Kisinka!

Stellen Sie sich bloß vor, wie scharf unser gemeinsamer Freund Pedersen nun darüber nachdenkt, warum ich absolut Ihre Hamburger Adresse haben wollte. Er gab sie mir schließlich; und ich war froh. Denn es juckte mich in den Fingern, Ihnen zu danken. Natürlich wußte ich gleich, daß Sie es waren. Das war eine sehr diskrete (und unvorsichtige) Art, mir hundert Kronen zu senden. Es gibt keinen anderen Menschen auf der Welt, der darauf käme, mir Geld zu schicken. Ab und zu leide ich an einem Stolzkomplex, aber nun habe ich, bildlich gesprochen, mich selbst beim Kragen gepackt und beschlossen, Ihnen gegenüber ganz einfach nur dankbar zu sein. Ja, Sie ahnen gar nicht, wie dankbar ich bin! Wollen Sie wissen, wozu ich das Geld verwendete? Siebzig Kronen für Miete, zwölf für Schulden im Milchgeschäft und den Rest für Sommerschuhe. Sie sind wirklich hübsch, obwohl sie im Ausverkauf bloß achtzehn Kronen gekostet haben.

Jetzt lachen Sie wohl, weil ich Ihnen so detailliert von dieser Geldverwertung berichte. Ich habe so viel an Sie gedacht. Sie sind der einzige Mensch, mit dem ich offen gesprochen habe, das tat gut. Aber merkwürdig ist der Gedanke schon, daß Benedikte Helmer, vor der ich so viel Respekt hatte, die in der Redaktion so viel Geld verdiente, eine große Dame, mit Pelzmantel und ständig mit eleganten Schuhen (ich habe immer Ihre Schuhe besonders bemerkt), daß sie es nun ist, an die ich täglich denken muß und die ich anfange sehr lieb zu haben.

Erschrecken Sie nun nicht allzu sehr über mich. Ich bin nicht so unvernünftig, wie es sich anhört. Wenn man einen halb Ertrunkenen beim Nacken gepackt hat, muß man ihn über Wasser halten, ihn emporziehen, nicht wahr? Sie haben mich beim Nacken gepackt, wollen Sie mich emporziehen? Sie sollen nicht viel Schererei mit mir haben. Von Natur bin ich nämlich ein sehr selbständiges Wesen, genau wie Sie selber. Aber da ist nun diese Sache mit meinen Minderwertigkeitskomplexen. Die habe ich mir in den letzten Jahren zugezogen, als es mir so elend ging und ich kaum mehr den Leuten in die Augen zu sehen wagte, weil ich wußte, daß sie nachher sagen würden: „Armes Ding mit diesem Trunkenbold von Bruder!"

Wissen Sie, im Grunde liegt es mir gar nicht, gegenüber irgend jemand einen demütigen Ton anzuschlagen. Meine Schwierigkeiten haben mich dazu gebracht. Doch warten Sie nur! Sobald ich obenauf bin und anständig verdiene, werde ich richtig frech zu Ihnen sein. Aber solange ich Ihren abgelegten Mantel trage, fällt es mir schwer, eine nennenswerte Frechheit aufzubringen.

Übrigens möchte ich von niemand lieber Kleidungsstücke erben als von Ihnen – vielleicht weil ich weiß, daß es auch Ihnen einmal schlecht ergangen ist, daß wir im Grunde ähnliche Schicksale haben.

Etwas Konkretes habe ich im Grunde nicht zu erzählen. Doch ja, während der Ferien kann ich die Vertretung für eine Stenotypistin bekommen, und darüber bin ich froh. Vertretungen werden verhältnismäßig gut bezahlt. Und was in aller Welt hätte ich sonst in den Ferien anfangen sollen?

Ich würde mich sehr freuen, wenn Sie es der Mühe wert hielten, mir einige Zeilen zu schreiben.

Ihre Siri“

Jetzt war mehr Ruhe über die Gemüter gefallen.

Ehrlich gesagt hatte ich nun auch genug gebummelt. Jetzt ging Kurt zeitig zu Bett (manchmal auf seiner Seite des Ganges, aber öfter auf der meinigen). Er mußte ja sozusagen bei Hahnenschrei, das heißt um sieben Uhr, in der Werkstatt sein. Pfeifend zog er davon, per Bus oder Rad. „Ich will nicht mit dem tollen Schlitten angeben, den mein Alter mir geschenkt hat," sagte er.

Nachmittags um sechs kam er heim, ölbeschmiert und übelriechend, und mit einem Bärenhunger. Während er aß, erzählte er Geschichten aus der Werkstatt, sprach plattdeutsch wie die Jungen dort und fühlte sich pudelwohl dabei.

Ich hatte an Siri geschrieben und sie gebeten, den Mut nicht zu verlieren. Sobald ich nach Oslo zurückkehrte, wollte ich mich um sie kümmern. Der eine oder andere meiner Bekannten mußte doch eine vernünftige Arbeit für sie haben.

Tante Elisabeth und ich gingen in Warenhäuser und Ausstellungen und unternahmen alles, was man eben bei einem Auslandsaufenthalt unternimmt. Ich kaufte Mitbringsel, durchbrochene Strumpfhosen für Matti, Krawatten in Popfarben für Hans und Willi, eine bügelfreie Bluse und eine Garnitur

Wäsche für Siri. Ich stahl Ideen für Kleider und bekam ein herrliches deutsches Kochbuch von Tante Elisabeth. Arme Leserinnen meiner Frauenseite! Sie würde in der nächsten Zeit lauter vernünftige deutsche Rezepte für Sauerkraut und Kartoffeln auf hunderterlei Weise enthalten.

An meinem letzten Sonntag in Hamburg fuhr ich mit Kurt zur Nordseeküste. Ein Kollege von ihm besaß dort ein Strandhäuschen und hatte ihm erlaubt, den kleinen Privatstrand zu benutzen. Wir badeten, und Kurt gab eine Sondervorstellung im Kunstschwimmen zu meinem privaten Vergnügen.

Schön war er; wie er so dastand am Strand, groß und kräftig, ohne einen Faden an seinem braunen Körper. Wir hatten keine Badeanzüge mit. Und es bestand ja auch eigentlich kein Grund, sich voreinander zu genieren.

Kurt nahm mich bei der Hand und wir sprangen wie zwei verspielte Kinder ins Wasser. „Sieh dir die Sonne an, Kisinka!" rief Kurt. „Siehst du, wie wohlwollend sie auf uns zwei Menschenkinder herunterscheint?" Er lachte laut, warf sich nach vorn und schwamm.

Wir hatten die Arme einander unter den Nacken gelegt und ließen uns treiben. Und ich sagte wohl irgend etwas vom Einssein mit der Natur.

Eins mit der Natur ...

Kurt hatte die Autodecke auf dem Sand ausgebreitet, wir lagen darauf und nahmen ein Sonnenbad. Ich fühlte seinen Atem an meiner Wange.

„Kisinka ... wir können ganz sicher sein. Hierher kommt niemand."

Nein, es kam niemand.

Eins mit der Natur ..

Auf der Heimfahrt hielt Kurt in einem Seitenweg an.

„Du, Kisinka?"

„Ja?"

„Du – du bist das netteste Mädchen, das ich bisher getroffen habe. Kein Unsinn bei dir. Keine Sentimentalität. Ich mag dich gern. Ich hätte dich gern länger zur Freundin gehabt. Aber wir weinen beide nicht, weil es vorbei ist, nicht wahr? Wir versprechen uns nicht, einander zu schreiben. Das mit der Schreiberei ist nur Blödsinn. Wir hatten ein nettes Erlebnis. Punktum. Stimmt's?"

Ich lachte und gab ihm recht.

„Trotzdem möchte ich dir gern ein kleines Abschiedsgeschenk geben. Darf ich?"

„Ja, natürlich."

„Gefällt dir der?"

„Der" war ein schmaler, ziselierter goldener Armreif.

„Er gefällt mir sehr gut. Vielen Dank."

Ich freute mich wirklich über diesen Armreif. Ich trage ihn oft. Er erinnert mich an eine glückliche Zeit meines Lebens, glücklich und ohne Konsequenzen irgendwelcher Art.

Ich hatte ein originelles und lustiges Zigarettenetui in einer Art Mosaikarbeit. Das gab ich Kurt.

„Ich mag dich gern. Ich hätte dich gern länger zur Freundin gehabt."

So lautet also eine Liebeserklärung im zwanzigsten Jahrhundert.

Kurt ist ein echtes Kind seiner Zeit.

Und der Himmel mag wissen, ob ich es nicht auch bin.

Kurt schwänzte am nächsten Tag zwei Stunden seiner Arbeitszeit, um mich zum Flughafen zu fahren. Ich hatte den Entschluß gefaßt, von Hamburg nach Kopenhagen zu fliegen. Dort wollte ich ein paar Tage bleiben, und dann mit dem Zug nach Oslo fahren.

Es war stürmisch geworden. Die Bäume im Garten hatten ihre Zweige die ganze Nacht gegen mein Fenster geschlagen, und der Wind heulte um die Hausecken. Das Flugzeug würde wohl tüchtig schaukeln, und dabei wurde ich so leicht seekrank!

Natürlich versuchte ich so zu tun, als ob Fliegen für mich etwas ganz Alltägliches sei. Warum sollte ich mich auch wie eine nervöse Anfängerin gebärden?

In der großen Halle von Fuhlsbüttel nahm ich Abschied von Kurt. Er war Kavalier bis zum Schluß, verehrte mir eine Schachtel mit Pralinen und steckte mir zwei deutsche Zeitschriften unter den Arm.

Dann saß ich allein im Wartesaal, um den Lautsprecheraufruf abzuwarten. Mir war etwas bang zumute, während ich tat, als läse ich in den deutschen Illustrierten.

Auf einmal hörte ich neben mir eine norwegische Stimme. „Du Gunnar, ist das nicht die Kleine, die wir neulich im Zoo gesehen haben?"

Ich blinzelte vorsichtig hinter der Zeitschrift hervor. Ja, er war es. Er, der damals im Zoo meine Tasche heruntergerissen hatte. Er, dessen Blick dem meinen eine Sekunde lang begegnet war. Er, der mir damals Herzklopfen verursacht hatte.

Auch jetzt klopfte mein Herz. Nicht bloß, weil ich fliegen sollte, weil es stürmte, und weil ich Angst hatte, luftkrank zu werden. Es klopfte auch auf eine andere Weise, eine ganz andere Weise.

Ob Gunnar auch nach Kopenhagen wollte? Und sein Freund? Nein, der Freund nicht. Als die Fluggäste für ein anderes Flugzeug aufgerufen wurden, stand er auf und gab Gunnar die Hand.

„Also, ich muß fort. Grüß daheim, Gunnar."

„Gute Reise! Und vielen Dank für alles."

„Gleichfalls, Gunnar."

Nun saß Gunnar allein. Ihm gegenüber saß ich, auch allein.

Dann wurde ich aufgerufen, raffte Tasche, Konfektschachtel und Mantel zusammen und ging hinter einem jungen uniformierten Mädchen her, das uns zum Flugzeug führte. Ich versuchte so auszusehen, als ob Fliegen etwas Alltägliches für mich sei, und wählte mir einen Platz ganz vorn, vor den Tragflächen, damit ich gut hinuntersehen konnte.

Es gab nur wenige Passagiere. Ich hörte, daß sie hinter mir Platz nahmen, sah sie jedoch nicht. Fast fühlte ich mich vereinsamt. Jetzt kam jemand nach vorne, und setzte sich auf die andere Seite des Mittelganges. Ich wandte den Kopf ein klein wenig. Es war Gunnar.

Die Triebwerke heulten auf, ich lehnte mich im Sessel zurück und versuchte mich zu entspannen, versuchte mir einzureden, daß Luftkrankwerden Unsinn sei. In fünfunddreißig Minuten würden wir in Kopenhagen sein, diese kurze Zeit mußte ich doch aushalten können.

Dann erklang im Lautsprecher die Stimme des Piloten.

„Meine Damen und Herren. Wir fliegen jetzt durch eine Unwetterzone. Bitte schnallen Sie sich an und stellen Sie das Rauchen ein."

Nein, ich hatte keine Angst, keine Spur. Die Düsenmaschinen fliegen so sicher, daß sie auch mit Unwettern fertig werden, sagte ich mir.

Unsicher fummelte ich an dem Sicherheitsgürtel, meine Finger zitterten und ich hatte Schweißperlen auf der Stirn. Ich sah mich nach der Stewardess um, aber die hatte mit einigen Fluggästen weiter hinten zu tun, einer alten Dame und einer Mutter mit einem schreienden Kind.

Da stand der Mann auf der anderen Seite des Mittelganges auf und kam zu mir herüber. Er lächelte nur ein bißchen, als er die Enden des Gurtes nahm und ihn festzog. Ohne ein Wort setzte er sich dann auf den freien Platz neben mir.

Das sieht mir ja nun wirklich ähnlich, daß ich luftkrank werde und mich gleichzeitig verliebe.

In einer Tasche vor mir steckte eine imprägnierte Tüte. Meine Augen bleiben daran hängen. Wenn ich sie nur nicht brauchen müßte, wenn ich es nur noch aufhielte!

Plötzlich schien das Flugzeug senkrecht nach unten zu fallen, und meine Innereien wollten nicht mit. In der letzten Sekunde ergriff ich die Tüte. Ich dachte noch, „das ist es also, was man Luftlöcher nennt". Weiteres zu denken war ich außerstande.

Es war nun Schluß mit aller Eitelkeit und dem Versuch, als routinierter Fluggast zu wirken. Ich litt ganz einfach, nur das. Seekrankheit und Luftkrankheit sind nun einmal schrecklich. Es ging mir furchtbar schlecht, und im Grunde war ich gar nicht erstaunt, als ich eine Hand auf meiner Stirn fühlte und eine Stimme auf deutsch sagte:

„Hier, trinken Sie etwas."

Ich öffnete die Augen. Gunnar stand an meiner Seite, und hinter ihm verschwand eben die Stewardess, die eine Flasche Selterswasser gebracht hatte.

Es war so gut, daß jemand mir half.

„Danke", sagte ich auf norwegisch. „Sie sind wirklich ein rettender Engel."

„Meine Güte, sind Sie Norwegerin?"

„Ja, beruhigen Sie sich nur." Ich war wieder soweit hergestellt, daß mein natürlicher Sinn für Humor sich geltend machte. „Sie haben ja nichts Unrechtes gesagt. An dem Tag im Tiergarten sagten Sie, ich sei hübsch, was Sie wahrscheinlich in diesem Augenblick zurücknehmen."

Er lachte. „Ja, in Stellingen sahen Sie besser aus. Bleiben Sie jetzt ruhig sitzen und lehnen Sie sich zurück. So, ja."

Ein kleines weißes Kissen wurde unter meinen Kopf geschoben.

Ich gab es auf, mir die Nase pudern zu wollen.

Wirklich fühlte ich mich schon besser. Ich erinnerte mich an eine Broschüre, die Vati nach seinem ersten Flug vor vielen Jahren mitgebracht hatte. Ich interessierte mich brennend für das Fliegen und hatte unter anderem gelesen:

„Die Passagiere brauchen sich vor der Luftkrankheit nicht zu ängstigen. Sie tritt seltener und weniger unangenehm auf als die Seekrankheit."

Das stimmt. Wenn es vorbei ist, dann ist es vorbei. Nicht wie bei der Seekrankheit, bei der man sich stundenlang sterbenselend fühlt. Als ich klein war, fuhr ich einmal bei einem Sturm von Oslo nach Dröbak und mußte mich andauernd übergeben, vom Osloer Hafen bis zur Anlegebrücke in Dröbak.

Ich hatte die Augen geschlossen.

Da ertönte wieder diese angenehme Stimme:

„Ich glaube, die Lage berechtigt zu einer Vorstellung." Er schmunzelte. „Trotz unserem erst kurzen Beisammensein finde ich nämlich, daß wir einander schon gut kennen. Gunnar Brekke, Diplom-Ingenieur."

Ich drehte den Kopf ein wenig zu ihm hin. „Benedikte Helmer, Journalistin."

„Benedikte Helmer, sind Sie das? Und ich hatte mir darunter eine würdige Vierzigerin vorgestellt."

Es ist immer schmeichelhaft zu hören, daß man bekannt ist.

„Das ist aber nett, Sie zu treffen. Ich habe viel gelesen, was Sie geschrieben haben. Sie sind geschickt."

„Nett von Ihnen das zu sagen", erwiderte ich. Was soll man auch sonst auf Derartiges antworten?

„Aber neulich brachten Sie einen Artikel mit dem ich nicht einverstanden war. Nun, darüber können wir ein andermal diskutieren."

Ein andermal! Bei der Aussicht durchfuhr mich ein freudiger Schock.

Wir befanden uns nun über den dänischen Inseln. Gunnar gab mir ein Fernglas, und ich richtete es nach unten. Ich sah weißgetünchte Fachwerkhäuser, mitten in einem Meer von grünen Feldern, und eine Menge Kühe, die klein wie Feldmäuse aussahen. Die reine Spielzeuglandschaft.

Wieder brach mir kalter Schweiß aus. Ich riß mich zusammen und sah aus dem Fenster. Unter uns lag jetzt das Meer.

„Bald sind wir in Kastrup", sagte Gunnar. Im selben Augenblick erhob sich die See mitsamt den Schiffen und stand in schräger Linie neben mir. Ich klammerte mich an die Armlehnen und tat einen Piepser.

„Nur ruhig, es ist nicht die See, die uns ins Gesicht schlägt, sondern wir landen", sagte Gunnar. Gleich darauf rollte die Maschine über die gesegnete Mutter Erde, vor genau fünfunddreißig Minuten hatten wir Hamburg verlassen.

Durch Paß- und Zollkontrolle ging es einigermaßen schnell, dann saßen wir in dem Autobus, der uns nach Kopenhagen bringen sollte.

„Ich möchte nicht aufdringlich sein", sagte Gunnar, „aber sagen Sie mir doch, ob jemand Sie abholen kommt."

Ich schüttelte den Kopf.

„Ist es indiskret von mir zu fragen, wohin Sie wollen? Ich möchte Sie nämlich ungern auf die Stadt loslassen, solange Sie noch so grün im Gesicht sind. Es wäre doch unangenehm für Sie, auf der Straße ohnmächtig zu werden."

„Ich habe im Hotel „Europa" ein Zimmer bestellt."

„Ausgezeichnet. Dann sage ich Ihnen, wo Sie aussteigen müssen. Oder kennen Sie sich in Kopenhagen aus?"

„Bin nie dagewesen."

„Großartig. Dann ist es ja einfach meine Menschenpflicht, Ihnen etwas beizustehen."

Ich machte keine Einwendungen. Ich fühlte, das mußte alles so sein.

Gunnar stieg mit mir vor dem Hotel aus und begleitete mich in die Halle. Nachdem ich den Anmeldeschein ausgefüllt hatte, bedankte ich mich wortreich bei ihm.

„Schon gut" unterbrach er mich. „Ich warte jetzt hier, während Sie hinaufgehen und sich etwas verschönern. Dann essen wir einen richtigen dänischen Lunch zusammen. Sie müssen was zu essen haben, nachdem Sie – na ich will nicht weiter davon reden. Beeilen Sie sich nun."

Ja, es sollte so sein. Es war gut und richtig. Selten habe ich so intensiv überlegt, welches Kleid mir wohl am besten stünde, nie habe ich mir so viel Mühe mit meinen Haaren und meinem Make-up gegeben. Trotzdem war ich zwanzig Minuten später zur Stelle.

„Ah, sieh mal an! Ja, nun kenne ich die Dame von Stellingen wieder. Sie ziehen sich übrigens sehr rasch um."

„Dabei habe ich mich noch geduscht."

Er lächelte anerkennend.

„Also passen Sie auf, ich kenne Kopenhagen gut, Sie dagegen nicht. Wollen wir uns also der Einfachheit halber darüber einigen, daß ich die Führung übernehme? Sie können ja trotzdem Ihre Wünsche äußern, wohin Sie gern gehen möchten."

Meine Güte, wie gut mir dieser Mann gefiel!

Auf Wivex Terrasse aßen wir unseren Lunch.

Ich wollte dieselbe Methode anwenden wie bei dem jungen Kurt – wie war er doch plötzlich meinem Bewußtsein weit entglitten! – ich wollte mit Hilfe von kleinen Stichworten Gunnar dazu bringen, von sich selbst zu erzählen. Aber daraus wurde nichts. Ich war es, die von mir berichtete. Ehe wir mit den kalten Vorspeisen fertig waren, wußte er, daß dies meine erste Auslandsreise war und daß ich meine Tante in Hamburg besucht hatte. Zwischen dem italienischen Salat und der Kalbszunge in Aspik erwähnte ich meine Adresse in Oslo. Während er sich mit Pommes frites zum Braten bediente, erfuhr er mein Alter, und bei Kaffee und Hefegebäck (und was für Hefegebäck), daß ich keine Eltern mehr hatte und alles andere, was es von mir zu wissen gibt.

Später schlenderten wir langsam die Vesterbrogade hinunter.

„Jetzt gehen Sie am besten in Ihr Hotel und ruhen sich ein paar Stunden aus", entschied Gunnar. „Ich hole Sie um sechs zum Essen ab. Ziehen Sie sich warm an, denn wir gehen ins Tivoli, und am Abend wird es kalt."

Keine Einwände meinerseits.

Ich saß auf der Kante meines Hotelbettes und starrte in die Luft. Meine grenzenlose Verwunderung formte sich in meinem verwirrten Kopf zu einem selbstverfaßten Aphorismus:

„Die größten Überraschungen, die das Leben zu bieten hat, kommen von einem selbst."

Das war also ich, Benedikte Helmer, bekannt in der Redaktion und im Freundeskreis als der selbständigste Mensch der Welt! Das war Kisinka mit ihrem Männerhirn, wie Hans zu sagen pflegt, mit der Fähigkeit, alles selbst zu bestimmen, mit dem kühlen Kopf.

Willenlos und gehorsam tat ich alles, was Herr Diplomingenieur Gunnar Brekke anordnete. Dabei wußte ich überhaupt nichts von ihm. Nicht warum er in Kopenhagen war, nicht wo er sonst wohnte. Nicht wo er sich jetzt aufhielt, ob er in einem Hotel wohnte oder sonstwo, wie lange er in Deutschland gewesen war. Ich wußte bloß, daß er die blauesten Augen hatte, die ich jemals gesehen habe, eine ungewöhnlich schöne Stimme und eine fabelhafte Gabe, für sich selbst und andere Bestimmungen zu treffen.

Aber im Grunde genügte mir das. Ich griff zum Telefon und bat, um siebzehn Uhr geweckt zu werden, zog mich aus und legte mich mitten am Tag ins Bett. Und schlief wie ein Stein.

Punkt sechs war ich unten in der Halle, und im selben Augenblick kam Gunnar zur Tür herein.

„Ich wußte, daß Sie pünktlich sein würden", sagte er. „Das ist eine der größten Tugenden, die eine Frau besitzt."

Wir gingen zu Nimb. Keine Frage, ob ich vielleicht lieber gefahren wäre. Es paßt ihm zu gehen, also gingen wir.

Es war der merkwürdigste Abend, den ich je erlebt habe. Gunnar war durchaus Kavalier, hundertprozentig! Noch nie habe ich einen Menschen mit so sicherem, korrekten Auftreten getroffen. Aber dieses „je ne sais quoi" flackerte wie unsichtbare Zickzackstrahlen zwischen uns. ... Worüber wir sprachen? Über Reisen und Fliegen. Gunnar war schon mehrmals zuvor geflogen, natürlich, Hamburg und Kopenhagen. Zeitungen und Literatur, eine ganz alltägliche Konversation.

„Sie lieben wohl Tiere?" fragte Gunnar im Laufe des Gesprächs.

„Ja, sehr", antwortete ich und erzählte von meiner weißen Angorakatze Nitouche, die ich als kleines Mädchen gehabt hatte. Und Gunnar erzählte von seinem Rauhhaarterrier, der die Staupe bekommen und den er dann erschossen hatte.

„Meine Wirtin fand mich grausam, weil ich ihn selber erschoß", sagte er. „Sie verstand nicht, daß ich es gerade deshalb tat, weil ich ihn gern hatte."

„Meine Wirtin", ein kleiner Anhaltspunkt. Also wohnte er nicht bei seinen Eltern (ob die noch lebten?), sondern in einer Pension oder möbliert.

„Aber um auf Tiere zurückzukommen, ich dachte, daß wir morgen Vormittag in den Zoo gehen könnten. Er ist allerdings nicht so imponierend wie Hagenbeck, kann sich aber doch sehen lassen."

Da gelang es mir schließlich, ihn zu fragen, wie lange er in Kopenhagen bleiben wollte.

„Bis Freitag wahrscheinlich. Ich hoffe, wir können zusammen nach Oslo fahren."

Er sagte das so gleichmütig, als ob es nur um eine Begleitung bis zur nächsten Straßenecke ginge.

Kein Einwand meinerseits.

Ich wagte noch die Frage, wo er in Kopenhagen wohne.

„Bei Bekannten. Möchten Sie einen Likör zum Kaffee?"

Ich konnte ebensogut mit Fragen aufhören. Was ich wissen sollte, erfuhr ich doch früher oder später.

Das Orchester erschien erst, als wir gerade gehen wollten. Wir tanzten noch einen Walzer und einen Quickstep, ehe wir über Nimbs Terrasse ins Tivoli gingen.

Als wir mit der Berg- und Talbahn fuhren, legte Gunnar den Arm um mich und lachte über mein erschrockenes, zusammengebissenes Gesicht. Kreischen liegt mir nicht. Aber er legte den

Arm um mich in einer selbstverständlichen, schützenden Art und drückte mich nicht an sich im Tunnel.

Ich schloß für eine Sekunde die Augen und sagte zu mir selbst, das darfst du aber jetzt nicht verderben. Wenn wir nachher in einem der kleinen Restaurants sitzen und philosophieren, darfst du nicht kalt und ironisch werden und alles ins Lächerliche ziehen. Manche keimende Freundschaft hast du auf diese Weise verloren. Gunnar möchtest du nicht verlieren.

Aber es kam zu keinem philosophischen Gespräch. Wir landeten ganz richtig in einem putzigen kleinen Restaurant, wo wir Kaffee und Likör tranken, aber wir sprachen nüchtern und gemütlich von alltäglichen Dingen.

„Sie sind ja noch das reine Kind“, meinte Gunnar. Ich sah sicher entsetzt aus. Manche Leute haben sich schon seltsamer über mich geäußert, aber daß ich noch ein Kind sei, habe ich die letzten zehn Jahre nicht mehr gehört.

„Es macht Spaß mit Ihnen auszugehen“, sagte er lächelnd. „Sie haben noch wenig erlebt und können sich so herrlich begeistern. Sie sind eine merkwürdige Mischung von Kind und reifer Frau.

Ich lachte und nahm alles in bestem Sinne auf.

Es wurde Morgen und Abend am ersten Tag, am zweiten und dritten und dann noch am vierten. Schließlich bekam ich heraus, daß Gunnar eine Studienreise nach Deutschland gemacht hatte. Durch eine Erbschaft war ihm dies ermöglicht worden, die letzten Reste davon hatten wir zusammen durchgebracht. Ich wußte nun auch, daß er in Oslo eine Stellung in einer Radio- und Fernsehfirma antreten wollte, die zu bekommen er großes „Schwein“ gehabt hatte, wie er mir anvertraute, und erfuhr sogar, was er dort verdienen würde. Plötzlich fühlte ich mich ihm überlegen; ich verdiente mehr.

Als wir am Freitag vormittag auf der Fähre zwischen Helsingör und Helingborg saßen, erwähnte er beiläufig, daß sein Vater in Asker wohnte, aber er, Gunnar, mußte seiner Arbeit wegen in der Stadt leben.

So, nun war ich einigermaßen orientiert.

„Ich rufe Sie Montag an“, sagte Gunnar, als wir uns vor meinem Haus trennten.

Ich kam in mein Zimmer mit den heruntergelassenen Rolläden, machte Licht, holte Decken und Kissen hervor, ordnete einiges in der Schlafnische und schaltete im Bad den Strom ein. Dabei dachte ich dauernd, daß es bis Montag noch drei ganze Tage waren.

Was sollte ich mir während dieser drei Tage vornehmen?

Am Samstag rief ich Matti an und wurde für denselben Abend zu einer Willkommensparty eingeladen. Mit Hans und Willi natürlich. Derselbe Slang, alles unverändert, nur daß zur Zeit anscheinend Hans der Bevorzugte war. Willi machte mit mir Konversation und brachte mich heim. Hans blieb noch ein Weilchen. Jaja, nichts dagegen zu sagen. Matti ist eben so und ich bin wohl die letzte, die daran etwas auszusetzen hätte.

Natürlich mußte ich von Hamburg erzählen. Als ich zum zweiten Mal Kurts Namen nannte, roch Matti Lunte.

„Ha!“ rief sie. „Du hast es also in jeder Beziehung gut gehabt, wie ich verstehe.“

Ich leugnete nichts. Warum sollte ich etwas verheimlichen? Und es fiel keinem der anderen ein, mir Vorwürfe zu machen. Ich berichtete auch von meinem Flug und wie ich mich unterwegs hatte übergeben müssen. Aber Gunnar erwähnte ich nicht. Nicht mit einem einzigen Wort.

„Was hast du bloß zu meinem Onkel, dem Reeder, gesagt?“ fragte Hans. „Ich bekam einen dicken Scheck von ihm, gleich nachdem du in Bergen warst.“

„Dachte ich mir", sagte ich. Hans war mir riesig dankbar.

Ich erzählte ihm von Siri und fragte ihn, ob er nicht eine Möglichkeit sähe, in der Versicherungsgesellschaft, in der er angestellt war, etwas für sie zu tun.

„Das ist gar nicht so unmöglich", meinte er. „Es ist davon die Rede, daß wir eine neue Dame im Büro haben sollen. Als Vertreterin eignet sie sich wohl nicht?"

„Nein, das glaube ich nicht. Sie ist weder frech noch aufdringlich. Aber vielleicht als Stenotypistin oder sowas?"

„Ja, wie gesagt, ich werde mit dem Bürochef sprechen, dann werden wir sehen."

„Du bist heute so komisch, Kisinka", sagte Matti später am Abend. „Ich habe gar nicht gewußt, daß du so schweigsam sein kannst."

Ich war wirklich recht schweigsam. Denn ich dachte die ganze Zeit an Gunnar. Und ich ging zeitig heim.

Sonntag vormittag machte ich einen einsamen Spaziergang in Nordmarken, und am Nachmittag schrieb ich einen Brief an Tante Elisabeth mit Grüßen an Kurt. Dann plättete ich eine Bluse und nachher saß ich da und starrte in die Luft, bis ich mich zusammenriß und in ein Kino ging. Der Held des Films erinnerte mich an Gunnar.

Es war nett, am Montag wieder in die Redaktion zu kommen, in diese wohlvertraute Atmosphäre mit ihrem Durcheinander, den tickenden Schreibmaschinen und läutenden Telefonen.

Ich ging auf einen Sprung in die Expedition und fragte nach Siri. „Sie ist nicht hier", sagte Fräulein Nielsen und griff nach einem der beiden Telefonapparate, die um die Wette klingelten.

Ich dachte, sie sei einen Augenblick draußen, und stieg ins Büro hinauf. Dort entwarf ich für den „Akademikertag", den zweiten September, in Gedanken eine flotte Frauenseite – mit einer Meinungsforschung bei ehemaligen Studentinnen und formte schon an einem Artikel: „Abiturientinnen vor 25 Jahren."

Ich wollte versuchen, die eine oder andere zu interviewen und ein paar amüsante Einzelheiten zu erhaschen. Wen sollte ich wählen? Die Rechtsanwältin im Nebenhaus mußte ungefähr so alt sein. Ich guckte ins Nachschlagbuch. Richtig, Frau Rechtsanwalt Solveig Strand hatte dieses Jahr ihr 25jähriges Jubiläum. Ich puderte meine Nase und wanderte davon.

Noch oft mußte ich an diese erste Begegnung mit Solveig Strand denken. Ich verstand erst viel später, was dieser Tag für mich bedeutete.

Deutlich erinnere ich mich daran, wie sie an ihrem Schreibtisch saß. Groß und kräftig, mit grauem Haar, von der Stirn in tiefen breiten Wellen zurückgestrichen. Eine frische Hautfarbe, die auf häufigen Aufenthalt im Freien deutete. Und ein paar Augen, in die man gern mehr als einmal hineinsah, nicht bloß, weil sie klar und grau waren und lange schwarze Wimpern hatten. Es war der Ausdruck von konzentrierter Intelligenz, von Humor und Güte und überlegener Menschenkenntnis, der so anziehend wirkte. Nie in meinem Leben habe ich einen Menschen beim ersten Anblick gleich so ins Herz geschlossen. Ich erinnere mich, daß ich zu mir selbst sagte: Diese Frau mußt du näher kennenlernen. Die darfst du nicht aus den Augen verlieren.

Sie zu interviewen war leicht und amüsant. Sie erzählte drollige Anekdoten und ein paarmal sagte sie: „Das erzähle ich

Ihnen privat, das brauchen Sie nicht zu drucken." Das freute mich, weil sie mir also persönlich etwas von ihrer Zeit widmete.

Als ich mit dem Interview fertig war, fragte ich sie, ob sie das Manuskript sehen wolle, ehe es in Druck ginge.

„Danke, das würde ja beruhigend sein", sagte sie lächelnd.

Ich griff zur Puderdose, um mich etwas zu verschönern für den Rückweg.

„Daß Sie das mögen!" sagte Solveig Strand.

Ich hielt inne, mit der Puderquaste in der einen und dem Spiegel in der anderen Hand.

„Sie sind so blaß, da sollten Sie das lieber nicht tun und statt dessen die Sonne an Ihre Haut herankommen lassen. Sonnenbräune würde Ihnen stehen."

Ich lächelte etwas unsicher. Dann steckte ich die Puderdose in meine Tasche, ohne sie zu gebrauchen.

„Braves Mädchen", lächelte Frau Strand.

Das brave Mädchen ging nachdenklich die Treppe hinunter mit seiner glänzenden Nase.

Gunnar rief gleich nach Mittag an.

„Nun, wie geht es Ihnen?"

Ich nahm mich gewaltig zusammen, um meine Stimme alltäglich freundlich zu machen, als ich ihn fragte, ob er bei mir eine Tasse Kaffee trinken wolle.

„Heute bin ich leider nicht frei", sagte er. „Aber gilt die Einladung vielleicht auch für Mittwoch?"

Ich hätte mir vor Wut die Zunge abbeißen können, weil ich gleich zustimmte.

„Also schön", sagte Gunnar. „Dann komme ich am Mittwoch gegen halb sechs."

„Abgemacht und schön willkommen." Nachdem ich abgehängt hatte, war ich rasend auf mich selbst.

Da hatte ich nun die Stunden gezählt, bis er anrufen würde, und dann bekomme ich den Bescheid, daß er nicht frei ist. Nicht frei, und dies mit ganz gleichgültiger Stimme vorgebracht. Ach, was für ein Schaf ich war! Natürlich hätte ich am Mittwoch ganz schwer besetzt sein müssen, und wann es mir passen würde, ja, schwer zu sagen, aber vielleicht könnte er am Ende der Woche nochmals anrufen? Ach, ich Rindvieh, ich Idiot!

So sicher war ich gewesen, daß ich Likör und Petits fours gekauft hatte, es war ein ekelhaft flaues Gefühl, sie jetzt auf dem Küchentisch liegen zu sehen.

Ich rief Matti an und lud sie zum Kaffee ein. Wir aßen die Kuchen, tranken fast den ganzen Likör aus, und Matti erzählte von Hans kontra Willi.

Während ich im Lehnstuhl saß, eine Zigarette nach der anderen rauchte und mir Mattis Darlegungen und ihre äußerst dehnbaren Moralbegriffe anhörte, dachte ich plötzlich an Solveig Strand.

„Daß Sie das mögen!" hatte sie am Vormittag gesagt.

Ja, daß ich das mochte!

Am nächsten Tag ging ich mit dem Interview zu ihr. Sie las es rasch und aufmerksam durch, verbesserte ein paar Kleinigkeiten und gab es mir zurück.

„Müssen Sie in die Zeitung zurück?" fragte sie.

Das sollte ich eigentlich, aber ich beschloß sofort, es sein zu lassen.

„Nein, dazu ist es nun schon etwas zu spät geworden.“

„Dann gehen Sie doch etwas mit mir spazieren. Wo wohnen Sie?“

Ich sagte es ihr.

„Das ist ja nicht weit von mir.“ Wir gingen also.

Sie trug ein einfaches Kostüm und Schuhe mit flachen Absätzen, elegante Handschuhe, eine hübsche Handtasche, aber keinen Schmuck. Der einfache dunkle Hut war aus gutem Material und vermutlich ein Modell.

Wir gingen den Drammensweg entlang. Sie erzählte leicht und humorvoll von ihrer Studentenzeit vor fünfundzwanzig Jahren. Von der Skepsis der männlichen Studenten den weiblichen Kommilitonen gegenüber. Von den Witzen der Professoren, den geschwänzten Vorlesungen, von Skitouren und von der Examensnervosität.

„Warum haben Sie ausgerechnet Jura studiert?“ fragte ich.

„Eigentlich wäre ich für Philologie prädestiniert gewesen. Andererseits bin ich mit einem Gefühl für Logik behaftet, das war es wohl, das mich zur Jura hinzog. Den Ausschlag gab jedoch ein Fall von Kindesmord, der gerade verhandelt wurde, als ich vor dem Abitur stand. Ich las die Berichte, kaufte alle Zeitungen und pflügte mich durch alle Einzelheiten. Und ich war so wütend auf den Verteidiger. Meiner Meinung nach brachte er nicht ein einziges Argument vor, das dem Mädchen hätte nützen können. Ich dachte, wie sinnlos es doch war, daß ein alter Mann, trocken und theoretisch wie ein Gesetzbuch, das Schicksal eines solchen unglücklichen Wesens in der Hand haben sollte. Je mehr ich davon las und darüber nachdachte, desto klarer stand es vor mir, was ich an seiner Stelle gesagt hätte. Ich erkannte, daß man für besondere Fälle weibliche Juristen haben sollte. Da gab ich die Philologie auf und begann mit dem Jurastudium. Und ich bin froh darüber. Wenige Menschen kommen ihren Mitmenschen so nahe, hören so viel von ihren Sorgen und Freuden, ihrer Lebensauffassung, den verschiedenen Schicksalen wie wir Juristen. Wir lernen zu verstehen, und wir lernen zu beurteilen. Oder, richtiger gesagt, wir lernen es, nie jemand zu verurteilen."

„Hatten Sie auch Gelegenheit, eine Kindesmörderin zu verteidigen?"

„Ja, einmal. Natürlich habe ich nicht nur Jura gewählt, um Kindesmörderinnen zu verteidigen. Es war bloß diese Geschichte, die mich dazu überwechseln ließ. Aber meiner Meinung nach gibt es keinen Zweifel, daß wir weibliche Juristen nötig haben."

„Dann haben Sie bestimmt viele Scheidungsprozesse. Ich könnte mir denken, daß die Frauen lieber mit einem weiblichen Anwalt sprechen."

„Natürlich. Wissen Sie, die Frau ist ein seltsames Wesen. Ich sollte ja eigentlich daran gewöhnt sein. Aber ich wundere mich noch immer darüber, wie viele und intime Sachen eine Frau von sich selbst erzählen kann. Ich möchte es beinahe einen geistigen Exhibitionismus nennen. Der Durchschnittsmann hat viel mehr Hemmungen, den Eindruck habe ich jedenfalls. Gegenüber der Durchschnittsfrau könnte man ihn eine zarte Pflanze nennen."

Wir schwiegen beide eine Weile.

„Was wurde denn aus ihr?" fragte ich schließlich. Ich war meinen eigenen Gedankengängen gefolgt.

„Aus wem?“

„Aus der Kindesmörderin. Wurde sie freigesprochen?“

„Nein, aber ich erreichte es, daß ihre Strafe stark gemildert wurde.“

„Wissen Sie, was dann aus ihr wurde?“

„Ja, sie ist Hausangestellte bei mir.“

„Ah---“

Wir waren gelaufen, ohne an die Zeit zu denken und nun ganz bis nach Bygdö gekommen.

„Ich beneide Sie“, sagte ich.

„Worum beneiden Sie mich?“

„Erstens beneide ich Sie darum, daß Sie eine ordentliche Ausbildung haben, etwas Solides, auf das Sie bauen können. Dann beneide ich Sie darum, daß Sie eine Arbeit haben, bei der Sie Sie selbst sein können, bei der Sie Gebrauch für Ihren Verstand, Ihren Takt und alles übrige haben.“

„Haben Sie nicht selbst Gebrauch für Ihren Verstand und alles übrige?“

„Ja, vor allem für das übrige. Ich habe Gebrauch für Findigkeit und Bluff und ein äußerlich liebenswürdiges Wesen. Glauben Sie, es ist förderlich für den Geist, über Modeschauen zu schreiben, oder über Wettbewerbe für den schön gedeckten Tisch? Glauben Sie, es gehört viel Verstand dazu, zu berichten, daß die Firma Olsen & Hansen einen neuen Stoff für Abendkleider herausgebracht hat? Glauben Sie, man ist von einer großen Idee beseelt, wenn man Weihnachtsgeschichten von dem kleinen armen Jungen schreibt, der doch noch einen Christbaum bekam, weil er so brav war, oder von der alten Frau, deren Tochter am heiligen Abend zurückkehrte, so daß es dann für sie doch noch Weihnachten wurde? Pfui Teufel!“

„Warum haben Sie dann diese Arbeit gewählt?"

„Was heißt gewählt? Reingerutscht bin ich. Ich habe keine Ausbildung außer dem Abitur. Dafür besitze ich eine kleine Begabung fürs Schreiben und Zeichnen."

„Aber ... Sie passen doch für Ihren Beruf, oder nicht?"

„Ich habe mir nie den Luxus erlauben können, über diese Frage nachzudenken. Ich mache meine Arbeit und mache sie so gut ich kann. Manchmal finde ich sie sogar amüsant, zum Beispiel, wenn ich einen Artikel über etwas schreiben kann, was mich geärgert hat. Das mag ich gern. Ich kreuze gern mit jemand die Klinge; ich liebe es, mit Worten zu jonglieren. Ich liebe es, eine Sache hin und her zu drehen und die Argumente meines Gegners zu entkräften."

Solveig Strand lächelte.

„Mit anderen Worten, Sie sind noch nicht mit den journalistischen Kinderkrankheiten fertig." Dann sah sie mich von der Seite an und legte eine Hand auf meinen Arm. „Lassen Sie es gut sein, Kind. Erzählen Sie mir lieber, wie Sie zu dieser Laufbahn gekommen sind."

„Haben Sie jemals zehn Tage hintereinander Brot und Margarine zu Mittag gegessen?"

„Nein, ich muß zugeben, das habe ich nicht."

„Aber ich! Wenn Sie das mitgemacht hätten, würden Sie nicht so dumm fragen. Ja, entschuldigen Sie."

Sie nahm es nicht übel.

Sie lachte.

Wir waren auf einen kleinen Waldweg gelangt.

„Kommen Sie, setzen wir uns ein wenig."

Ich zog mein Zigarettenetui heraus und bot es ihr an. Sie zögerte etwas.

„Ach ja, warum nicht?" Sie nahm eine Zigarette und ich gab ihr Feuer. Dann zündete ich meine eigene an.

Sie ergriff meine Hand, betrachtete meine braunen Fingerspitzen.

„Kind, Kind, Sie rauchen zu viel."

„Ja", sagte ich.

„Warum tun Sie das?"

„Es schmeckt mir."

„Sie verderben sich."

„Ja und?"

„Ja und ... macht es denn Spaß, sich selbst zu ruinieren?"

Ich blies Ringe.

„Wenn es einen einzigen Menschen auf der Welt gäbe, der sich dafür interessiert, ob ich mich ruiniere oder nicht, dann ließe ich das Rauchen vielleicht sein. Aber es gibt keinen."

Ich rechnete es Solveig Strand hoch an, daß sie nicht sagte, was die meisten Menschen darauf erwidert hätten, nämlich: „Ich würde es sehr traurig finden, wenn Sie sich selbst ruinieren."

Sie sagte es nicht. Sie zog nur an ihrer Zigarette und sagte „na ja". Und dann erinnerte sie mich an einen Satz, der in dem Interview geändert werden sollte.

Mittag war längst vorbei, als wir uns verabschiedeten.

„Schauen Sie bei mir in der Kanzlei herein, wenn Sie Zeit haben", sagte Solveig Strand. „Es war nett, mit Ihnen zu plaudern."

„Vielen Dank, das will ich sehr gern tun."

Und das meinte ich auch.

Am nächsten Morgen klingelte das Telefon.

„Guten Tag. Ich bin es."

Ich erkannte gleich Frau Strands Stimme.

„Ich rufe an, um zu fragen, ob Sie mir einen Gefallen tun wollen."

„Nichts würde ich lieber tun."

„Gut. Also wollen Sie heute eine Zigarette weniger rauchen, als Sie eigentlich Lust hatten?"

Ein paar Sekunden war ich sprachlos. Dann lachte ich.

„Sie sind sehr lieb. Ja, ich verspreche es und ich werde es auch halten."

„Das weiß ich. Wie schon gesagt, kommen Sie zu mir, wenn Sie Lust dazu haben. Und schreiben Sie recht schön über Olsen & Hansens neue Kleidermodelle."

Ich legte den Hörer auf und dachte darüber nach, was nur an Solveig Strand war, daß mir so warm ums Herz wurde. Warm ums Herz, ein lächerlicher Ausdruck. Aber es war gerade das. Ich hatte den Wunsch, gut zu sein, wenn ich an sie dachte. War ich mir eigentlich selbst darüber klar gewesen, wie sinnlos mein gegenwärtiges Dasein war, bevor ich es aussprach? Jetzt wußte ich es jedenfalls. Denn jetzt sah ich es auf dem Hintergrund eines harmonischen Lebens, eines Menschen, der täglich das Beste in sich für seine Arbeit brauchte. Solveig Strand war in einer ordentlichen Welt daheim, einer Welt, die noch keine Lebenswerte über Bord geworfen hatte. Sie hätte verheiratet und Mutter von sechs Kindern sein sollen. Sie wäre eine ideale Mutter gewesen.

Im Grunde war ich zu einem gleichen Dasein geboren. Meine Eltern hatten ihre Ideale bewahrt. Sie verstanden sich auf wahre Lebenswerte und hüteten sie.

Vater hätte Solveig Strand gern gemocht.

Ich saß im Büro, das Kinn in die Hand gestützt, ein halbfertiges Manuskript vor mir, und dachte an meine Kindheit, an die ich mich so selten erinnerte, weil sie so fern ist von dem Dasein, das ich jetzt führte.

Ich dachte an die Winternachmittage daheim in Rekevik, wie oft ich zum Bücherschrank gegangen war, den schweren „Andrés Handatlas" über den Fußboden geschleppt und dann dort aufgeschlagen hatte, wo Vati mir die Gestirne gezeigt hatte.

„Vati, erzähl von der Sternengeographie", bat ich.

Und Vater erzählte von der Erde, die rund war wie eine Apfelsine, und eine Schale von Luft um sich hatte, genau wie die Apfelsine ihre gelbe Schale. Er erzählte von der Sonne, die viel, viel größer war als die Erde, und die Erde ging rund um die Sonne, und der Mond ging rund um die Erde, und die Erde hatte viele Geschwister, sie hießen Merkur und Venus und Mars und Saturn und Jupiter. Und alle gingen rund um die Sonne, und alles war in ewiger Bewegung.

So wie Vati es erzählte, war es leicht zu verstehen. Eines Abends, als ich Brot mit Milch aß, starrte ich auf eine Krume, die auf das Tischtuch gefallen war. Ich dachte, wie klein sie doch war, und begann zu überlegen, ob es wohl noch etwas Kleineres geben könne.

Dann fragte ich: „Mutti, wie klein würden die Stückchen wohl sein, wenn ich dieses Krümchen in tausend Stücke teilen könnte?"

„Du kannst dir doch denken, daß dann überhaupt nichts sein würde", sagte Mutti.

Es war seltsam. Mutti verstand das wohl nicht. Also fragte ich Vati.

„Vati, wie klein würden die Stückchen sein, wenn ich dieses Krümchen in tausend Teile teilen könnte?"

„Ach, da würde dann gar nichts mehr sein", antwortete Vati. Ich war tief enttäuscht. Daß selbst Vati so dumm sein konnte! Dann holte ich tief Luft und erklärte:

„Ja aber Vati, wenn ich die Krume in zwei teilte, wären es zwei Stücke. Und wenn ich diese Stücke wieder teilte, wären es vier. Und wenn ich so den ganzen Tag teilte, müßten die Teilchen immer kleiner werden, aber wann würden sie denn anfangen, gar nichts zu werden?"

Da lachte Vati.

„Ja weißt du, wenn du das tun könntest, würde schon etwas da sein, aber die Stückchen wären so klein, daß du sie nicht sehen könntest."

Als ich gegessen hatte, sagte Vater: „Du darfst heute abend etwas länger aufbleiben, ich werde dir etwas Interessantes erzählen, etwas das noch merkwürdiger ist als Sternengeographie."

Ich ging mit Vati ins Rauchzimmer, und er erzählte mir von Molekülen und Atomen. Mit Hilfe eines Apfels und einiger

Erbsen zeigte er mir, wie die Elektronen um den Atomkern kreisen.

Ich war hellwach, obwohl es lange nach meiner gewöhnlichen Schlafenszeit war.

„Ja, aber Vati, das ist ja genau wie mit der Sonne und allen Sternen rundherum."

„Ja", sagte Vati, „es ist genau so."

Kluger Vati! Du erzähltest mir nicht dumme Märchen von Zwergen und Elfen. Du erzähltest mir aus dem wunderbaren Märchenbuch des Weltalls.

In der Dämmerung kroch ich auf Muttis Schoß. Mutti erzählte vom Jesuskind und von Gott.

„Hat Gott alles erschaffen?" fragte ich.

„Ja, alles."

„Wie hat er das denn gemacht?"

Mutti erzählte mir die Schöpfungsgeschichte.

„Aber Mutti, du sagst, daß Gott zwei große Lichter erschaffen hat, eins, um bei Tage zu leuchten, und eins, um bei Nacht zu leuchten. Das waren doch wohl die Sonne und der Mond?"

„Ja, gewiß."

„Ja aber hat Gott alle die anderen Sterne gleichzeitig erschaffen? Die Sonne mußte er wohl vor der Erde erschaffen, denn Vati hat gesagt, wenn wir nicht die Sonne hätten, müßten wir zu Tode erfrieren und alles wäre dunkel. Zuerst mußte Gott die Sonne machen und dann alle die Erden."

„Alle die Erden? Was meinst du damit?" fragte Mutti.

Da wurde mir klar, daß Vati und ich ein gemeinsames Wissen hatten, das Mutti nicht teilte. Wenn ich Mutti von den Himmelskörpern und dem Mond erzählte und daß alle Dinge aus kleinsten Teilchen geschaffen sind, die Atome heißen, schüttelte sie den Kopf und antwortete nicht viel. Und wenn ich Vati die Schöpfungsgeschichte erzählte, schüttelte er den Kopf.

So lernte ich es, die beiden verschiedenen Auffassungen auseinanderzuhalten. Aber ich mochte Vatis Auffassung lieber.

Zu meinem sechzehnten Geburtstag bekam ich von Vati ein Buch. Es steht noch in meinem Bücherregal, zerlesen und zerschlissen. „Für meine kleine Benne von Vater" steht darin. Und das Datum.

Der Titel heißt „Aus den Tiefen des Weltraums zum Inneren der Atome". Mutti sah es erschrocken an.

„Verstehst du denn etwas davon, Benne?" fragte sie.

Ich weiß nicht, ob ich alles verstand. Ich erinnere mich, daß etwas über die Spaltung von Wasserstoffatomen weit über meine Begriffe ging, und etwas über Kathodenstrahlen.

Aber das Wesentliche verstand ich. Ich erkannte die Größe und das Wunderbare in der Natur und meine eigene Kleinheit.

Es war damals, daß ich mir meine eigene Religion bildete.

Mutti besaß nicht Vatis Gabe, sich Kümmernisse mit Philosophie zu vertreiben. Sie suchte Trost in der Religion, im Christentum. Und sie litt unter den veränderten Verhältnissen nach dem Konkurs und Vatis Tod. Wir mußten umziehen und suchten nach einer billigen Wohnung. Täglich studierten wir die Annoncen in der Zeitung.

„Zwei Zimmer mit Küche für ordentliche Mieter."

„1 Zimmer m. Kam. u. Kü. für Berufstätige."

„Zwei Sonnenz. Kü.ben. Bad, nur Erwachsene."

„Zwei Z. teilmöbl. f. 2 Damen."

Zwei Zimmer, zwei Zimmer. Zwei Zimmer mit Küche, wie ich diese Worte haßte! Wie sie mich an das Rennen treppauf, treppab erinnerten! Essensgeruch in den Treppenaufgängen, Kinder in den Haustüren, alte Weiber hinter den Gucklöchern.

Endlich entschlossen wir uns und bewohnten „zwei Zimmer und Küche". Streitereien um den Trockenboden. „Das war doch nicht Ihre Woche, Frau Helmer, ich erinnere mich deutlich, daß wir abgemacht haben ..." „Fräulein Helmer, Sie haben vergessen, den Mülleimer herunterzutragen!" „Nein, habt ihr das von Frau Andersen im 4. Stock gehört?" Und dann das Gewisper, das ich eines Abends im Gang hörte:

„Ja, die haben bessere Tage gesehen, verstehen Sie. Die Frau kann einem ja leid tun, sie nimmt Näharbeit ins Haus, und die Tochter, die ist ja so dünn wie ein Strich geworden, seit sie hier eingezogen sind. Aber das muß ich doch sagen, sie sollen nicht so großtun, die sollen nur nicht glauben, daß andere ihre Hintertreppe aufwischen, wenn sie dran sind, bloß weil sie einmal reiche Leute waren ..."

Ich hatte schon wieder die Hintertreppe vergessen!

Ja, Mutti konnte einem leid tun. Arme Mutti, hättest du doch länger gelebt! Jetzt könntest du es gut haben. Hätte ich damals nur die Hälfte von dem verdient, was ich heute verdiene!

Ich traute meinen Augen nicht, als ich sah, daß eine Träne auf die g-Taste meiner Schreibmaschine gefallen war.

Es klingelte. Die Uhr war genau halb sechs.

Und ich ließ Gunnar eintreten.

Ich sah, daß ihm mein Zimmer gefiel. Ich hatte mir auch große Mühe gegeben. Der Kaffeetisch war mit meinem roten Service gedeckt und die kleine Leselampe eingeschaltet, obwohl es draußen noch hell war. Daß ich diese Leselampe am selben Tag gekauft hatte, brauchte Gunnar ja nicht zu wissen.

„Wie gemütlich Sie hier wohnen!"

„Ja, es ist nicht schlecht."

Ich ging in die Küche, um den Kaffee zu holen. Als ich wiederkam, kramte Gunnar in meinen Büchern. Ich lachte.

„Können Sie es auch nicht lassen, in anderer Leute Bücherregalen zu stöbern?"

„Ja, aber nicht, um mir etwas auszuborgen, sondern um mir eine Meinung über den Eigentümer zu bilden."

„Haben Sie sich in diesem Fall die Meinung nicht schon vorher gebildet?" Ich war damit beschäftigt, den Kaffee einzuschenken und blickte Gunnar nicht an.

„Doch ja, teilweise. Ich wollte bloß sehen, ob meine Meinung bekräftigt oder abgeschwächt wird."

Ich ging zu ihm hin und sah auf das Buch, das er in der Hand hielt. Es war ein Roman von Steinbeck.

„Nun, wie wirkt es auf ihre Meinung von mir, daß ich Steinbeck lese?"

„Bekräftigend. Ich bin ein großer Steinbeck-Verehrer. Es ist immer nett, mit Menschen zusammen zu sein, die den gleichen Geschmack haben wie man selbst."

„Kommen Sie jetzt Kaffee trinken."

„Einen Augenblick. Ibsen, das ist gut. Kielland, nichts dagegen zu sagen. Herman Bang – sieh mal an, mögen Sie Herman Bang?"

„Ich glaube, ich könnte seitenweise aus seinen Büchern aus wendig aufsagen."

„Danke, nicht nötig. Ich kann das nämlich selber."

„Kommen Sie jetzt. Nein, dieses Fach dürfen Sie nicht anschauen, das sind bloß Jungmädchenbücher."

„Hören Sie mal, nennen Sie Professor Störmer einen Jungmädchenautor?" Er hatte Vaters Geschenkbuch entdeckt. „Kleine Benne", las er. „Nannte Ihr Vater Sie Benne?"

„Ja, und Mutti nannte mich auch so. Nun müssen Sie aber kommen, der Kaffee wird sonst kalt."

„Ich mag kalten Kaffee. Aber übrigens komme ich jetzt."

Zwei Menschen mit denselben Interessen in der Literatur haben es immer gemütlich miteinander. Die Zeit verflog.

Während Zitate von unseren Lieblingsschriftstellern quer über den Tisch zwischen uns flogen, lag der unsichtbare elektrische Funke zitternd in der Luft.

Und plötzlich kam mir der Gedanke: Wird es heute geschehen? Denn wenn, dann war es o.k. Nicht auf derselben Basis wie mit Kurt. Denn Gunnar hatte ich lieb. Ganz einfach lieb.

Ich brauchte mir selbst gegenüber keine Entschuldigung, was auch geschähe. Denn daß man jemanden liebt, ist keine Entschuldigung. Es ist eine Begründung – die einzige richtige und moralische Begründung.

Es geschah nichts. Denn plötzlich sah Gunnar auf die Uhr.

„Gott bewahre, ich muß fort! In zehn Minuten bin ich verabredet, ich meine, vor zehn Minuten!"

„Müssen Sie wirklich gehen?"

„Nein, ich muß rennen. Tausend Dank für den reizenden Nachmittag, es war sehr gemütlich. Hoffentlich darf ich öfters kommen."

„Ja, rufen Sie doch an."

In der Tür reichte er mir nochmals die Hand.

„Vielen Dank, kleine Benne."

Klar, daß ich enttäuscht war. Ich hatte geglaubt, ja was hatte ich eigentlich geglaubt? Jedenfalls hatte ich Schinken und Oliven und französischen Käse gekauft und eine Flasche Wein.

Aber er hatte mich „kleine Benne" genannt. Das hatte ich bis jetzt noch niemand erlaubt, weil es der Kosename war, mit dem mich meine Eltern riefen.

Jetzt sollte Gunnar allein ihn gebrauchen dürfen.

Ich fragte abermals nach Siri und bekam wieder die Antwort: „Sie ist nicht hier." Als Fräulein Nielsen zum dritten Mal dieselbe Antwort gab, ahnte ich Unheil.

„Ist denn Siri krank?"

„Nein, nein, davon weiß ich nichts."

Fräulein Nielsen wollte offenbar nichts weiter sagen. Ich fragte Pedersen in der Redaktion.

„Siri? Himmel, haben Sie das nicht gehört? Sie wurde fristlos entlassen. Unterschlagung, wissen Sie."

Ich glaubte nicht recht zu hören.

„Sie phantasieren, Pedersen."

„Nein, wahrhaftig nicht. Sie tat mir ja leid. Kein Wort, um sich zu verteidigen, wissen Sie. Sie ging einfach weg, noch blasser als sonst. Sagte keinen Ton. Hat sich seither nicht mehr hier gezeigt."

Ich erfuhr, daß die Unterschlagung vierhundert Kronen betrug. Siri hatte Fräulein Nielsen ein paar Tage vertreten und dabei das Geld aus der Kasse genommen.

Arme, kleine Siri! Es war natürlich der Bruder, dieser Halunke. Sicher mußte Siri ihn aus irgendeiner Klemme retten. Arme Kleine!

Ich ging zeitig vom Büro fort und fuhr direkt zu Siri, das heißt zu ihrer früheren Wohnung. Wie ich befürchtet hatte, war sie ausgezogen.

Ob die Wirtin wußte, wohin sie gezogen war? Nein, sie wußte es nicht. Sie war nur froh, solche Mieter los zu sein. Ja, dem Fräulein war wohl nichts nachzusagen, aber dieser Holdt, der jeden Tag betrunken heimkam, seine Schwester prügelte und Spektakel machte!

Mich schauderte, ich mochte nichts weiter hören. Versuchte es beim Einwohnermeldeamt. Nein, es war kein Umzug gemeldet. Da konnte ich also nichts weiter tun.

Ich war ehrlich enttäuscht, hatte ich mich doch darauf gefreut, etwas für Siri tun zu können. Es tat mir weh, daran zu denken, daß sie nun herumging und hungerte und elend war. Kleine blasse Siri, die mir so lieb geschrieben hatte, und mir eine so gute Freundin hätte sein können!

Aber wenn ich den Mut hatte, ehrlich gegen mich selbst zu sein, mußte ich eine schändliche kleine Erleichterung feststellen, weil diese Verpflichtung nun von mir genommen war. Jetzt stand ich Gunnar ganz zur Verfügung. Niemand sonst hatte Ansprüche an mich. Matti war mit Hans beschäftigt. Und Hans und Willi traf ich nie außer bei Matti oder zusammen mit Matti.

Aber dieses „Gunnar zur Verfügung stehen" war ein gemischtes Vergnügen. Mein Gott, wie ich Tag für Tag darauf wartete, daß das Telefon klingelte! Ich nahm mir vor, nächstes Mal keine Zeit für ihn zu haben und das übernächste Mal auch nicht, um mich etwas begehrenswerter zu machen.

Aber die Tage vergingen, und als Gunnar endlich anrief, war ich vom langen Warten zermürbt und klein und häßlich und sagte, er solle nur kommen.

Und er kam.

„Nun, kleine Benne, wie geht es?"

Ich freute mich, daß er sich meines Kosenamens erinnerte und ihn gebrauchte.

„Danke, ausgezeichnet. Und Ihnen? Viel zu tun?"

„Ja, glücklicherweise. Ich arbeite gern."

Das konnte ich mir denken. Gunnar könnte gar nichts anderes sein als Ingenieur. Er hatte genau den kühlen, klugen mathematischen Kopf, für den ich eine Schwäche habe. Vielleicht weil er ein wohltuender Gegensatz ist zu den Köpfen, mit denen ich täglich umgehen muß.

Aber wie ich mich danach sehnte, daß einmal eine Flamme heißen Verlangens in diesen klugen, klaren Augen aufflammte! Wie ich wünschte, daß die nüchterne Stimme warm und leise werden möchte!

Gunnar jedoch saß da und erzählte mir von einem neuen Modell für Rundfunkgeräte.

Dann unterbrauch er sich.

„Aber das interessiert Sie sicher nicht."

„Doch", sagte ich. „Es gibt überhaupt nichts auf der Welt, was mich nicht interessiert. Aber ich verstehe so wenig davon. Fangen Sie lieber an, mir das Grundprinzip des Rundfunks zu erklären."

„Wenn Sie sich wirklich dafür interessieren, tue ich es gern." Gunnar schob die Kaffeetassen zur Seite, machte Skizzen auf die Rückseite eines Umschlags und erklärte sie.

„Sie verstehen, die Geschwindigkeit der Radiowellen ..."

„Ist dieselbe wie die der Lichtwellen", sagte ich. „Lassen Sie das aus."

„Ist es Störmer, der Ihnen das mit der Lichtgeschwindigkeit beigebracht hat?"

„Ja, Störmer und mein Vater."

„Wollen Sie damit sagen, daß Sie das Buch gelesen haben? Das vom Weltraum und den Atomen?"

„Ja, das habe ich allerdings."

„Frauen sollten so was nicht lesen. Haben Sie es denn verstanden?"

„Nicht alles", bekannte ich.

„Das ist gut", sagte er, ohne zu erklären, warum es gut wäre.

Eine von Mattis Sentenzen fiel mir ein. „Wenn du etwas verstehst, dann halt einem Mann gegenüber den Mund. Die Männer wollen immer allein alles verstehen."

Matti kann gute Aussprüche tun.

„Jetzt ist es wieder spät geworden", sagte Gunnar.

Ich stellte die Kaffeetassen zusammen. „Sind Sie heute auch wieder besetzt?" Ich ärgerte mich, weil ich „auch" gesagt hatte.

„Nein, heute nicht."

„Nun, dann eilt es ja nicht."

Ich kam aus der Küche wieder herein und begann das Tischtuch zusammenzulegen. Gunnar stand hinter mir. Ich fühlte einen Griff um meine Schultern, dann zog er mich an sich und legte seinen Kopf über meine Schulter, so daß ich seine Wange gegen meine fühlte.

„Darf ich noch ein Weilchen bleiben, kleine Benne?"

„Ja", flüsterte ich.

„Ein langes Weilchen?"

„Ja."

„So lange ich will?"

„Ja."

Ich fragte Gunnar nie, wo er war oder was er tat an den vielen Abenden, die er nicht bei mir war. Ich äußerte nie etwas davon, daß ich gern mit ihm ausgehen würde. Ich wußte, daß er nicht viel Geld hatte. Und warum sollten wir auch ausgehen, wir hatten es doch daheim so gut. Aber ich grübelte darüber nach, ob ich die einzige für Gunnar war, und ich litt darunter.

Gunnar sah in die Zeitung, während ich den Tisch deckte. „Benne, heute ist Premiere von einem Audrey-Hepburn-Film. Magst du Audrey Hepburn?"

„Ja, sie ist gut."

Kam da keine Aufforderung?

„Den will ich mir aber bestimmt ansehen."

Ich! Soso!

Ich ließ mir nichts anmerken, brachte den Tee und die Spiegeleier.

„Wenn du willst, können wir heute abend gehen. Du kannst auf meinen Presseausweis mit hereinkommen."

„Meine Güte ja, ich dachte gar nicht daran, daß du gratis ins Kino gehen kannst. Dann muß ich wohl meine Schmarotzerrolle weiterspielen und schönen Dank sagen."

„Schmarotzerrolle?"

„Ja, findest du nicht? Du lädst mich zum Abendessen ein, zu Kaffee und Likör, und jetzt sind es auch noch Kinokarten."

„Und demnächst lade ich dich auch ins Theater ein."

Gunnar lachte. „Ja, ich habe es gut. Aber ich versichere dir, daß hier bei dir die einzige Stelle ist, an der ich Schmarotzer spiele."

Ach, wie tat das weh! Die einzige Stelle. Es gab also andere Stellen? Und wo waren die? Und mit wem war er an diesen „anderen Stellen" zusammen?

Ich traute mich nicht zu fragen. Erstens, weil man keinen Mann viel fragen soll, und dann auch, weil ich gar nichts wissen wollte. Denn wenn ich erfuhr, daß er außer mir noch andere hatte, mußte ich Schluß mit ihm machen. Und das wollte ich nicht, ich wollte ihn nicht verlieren.

Wir gingen ins Kino. Und ich grübelte. Hatte er mich bisher nicht zum Ausgehen eingeladen, weil er keine Lust dazu hatte, oder weil es ihm an Geld fehlte? Und ging er nun mit mir aus, weil er Lust hatte, mit mir beisammen zu sein, oder ... weil es umsonst war?

Was für häßliche Gedanken ich doch hatte!

„Ich habe dich so lieb."

Ich dachte es, ich flüsterte es vor mich hin, ich träumte es, ich summte es während meiner Arbeit – aber ich sagte es nie.

„Du bist ein guter Kamerad, Benne", sagte Gunnar.

Das tat wieder weh. Ein guter Kamerad, ja, das bin ich immer, aber niemals etwas mehr.

„Bei dir ist man sicher. Nie kommst du mit irgendeinem Unsinn. Keine Hysterie. Ich weiß, woran ich bei dir bin. Du bist

… ja ich möchte sagen, zu 99 Prozent Frau, aber das eine Prozent, das du Mann bist, ist ein gewaltiges Prozent."

Ich lachte und fragte ihn, wo er Prozentrechnung gelernt hätte.

„Übrigens mußt du ja schauderhafte Erfahrungen mit Frauen gemacht haben, wenn du findest, daß ich so ein Unikum bin."

„Erfahrungen? Ja, Gott sei's geklagt! Man hat so ein kleines Mädel gern, sie ist nett und willig, aber kaum hat man sie geküßt, kommt sie mit einer Liebeserklärung. Ich versichere dir, ich habe manchmal alle Frauenzimmer gründlich satt gehabt."

Das sagte er um drei Uhr nachts. Er stand da und band sich seine Krawatte vor dem Spiegel, und ich, eine Vertreterin dieses Frauenzimmervolkes, lag in meinem rosa Nachtkleid im Bett, noch warm von seinen Küssen.

Ich fühlte einen Klumpen im Hals. Ich schluckte und sagte so ruhig wie möglich: „Also wirst du mich wohl eines Tages auch sattbekommen."

„Nicht, solange du dich vernünftig benimmst."

Er küßte mich zum Abschied. Die Tür fiel hinter ihm zu. Ich stand auf und öffnete das Fenster. Ich hörte, daß die Haustür ins Schloß fiel, und jetzt ging er die Straße hinunter. Er sah nicht herauf.

Eines Tages ging ich nach Büroschluß zu Solveig Strand. Ich hatte das Bedürfnis, mit einem vernünftigen Menschen zu sprechen.

Auf der Treppe blieb ich stehen und wischte meinen kußfesten Lippenstift ab. Wie feige ich doch bin!

„Nun, Kind? Sie sehen so nachdenklich aus."

„Störe ich Sie?"

„Keine Spur. Die letzte Scheidungsdame ist vor fünf Minuten fortgegangen. Heute kommen kaum noch andere."

„Ja, wissen Sie, ich will weder mein Testament aufsetzen noch eine Klage vorbringen. Aufrichtig gesagt wollte ich nur ein wenig mit ihnen plaudern."

„Tun Sie das nur. Aber wenn wir gemütlich plaudern wollen, gehen wir besser heim zu mir. Haben Sie Zeit?"

„Eine Masse. Vielen Dank."

Sie griff zum Telefon.

„Decken Sie heute für zwei, Elfried." Sie sagte es so, als wäre es kein ungewöhnlicher Bescheid.

Wir gingen. Mitten auf der Karl-Johannes-Sträße sah ich Gunnar. Er lächelte, nickte und ging vorbei. Das traf sich im

Grunde gut. So sah er wohl, daß ich heute besetzt war, und ich brauchte nicht zu befürchten, daß er vergebens anrufen würde.

Aber trotzdem – wenn ich ihn schon so rein zufällig treffen sollte, wäre es ja besser gewesen, wenn er mich mit einem Mann gesehen hätte. Es hätte vielleicht seine Eifersucht etwas gereizt. Allerdings diese Eifersucht war sehr latent, wenn sie überhaupt existierte.

Genau so mußte Solveig Strands Heim sein. Mahagonimöbel, alt und in reinen Linien, einige wenige Gemälde und Radierungen an den Wänden. Ein mächtiger Schreibtisch mit ein paar Fotos darüber. Ich fand gleich das Bild der Eltern.

Ein ziemlich großer Flügel in einer Ecke und ein überfüllter Notenständer.

„Sie spielen Klavier, Frau Rechtsanwalt?"

„Jetzt nicht so viel wie früher. Ich spielte viel in meiner Jugend."

„Es hört sich sonderbar an, wenn Sie von Ihrer Jugend sprechen. Ich finde Sie auch jetzt noch jung."

„Bedenken Sie, daß ich einer anderen Generation angehöre als Sie."

Dann kam Elfried und bat zu Tisch. Ich musterte sie verstohlen. Ein stämmiges Bauernmädchen, gut in den Dreißigern, ein volles, gutmütiges Gesicht. So sah also eine Kindesmörderin aus, die im Gefängnis gesessen hatte. Unbegreiflich. Kindesmörderin – was für ein abstoßendes Wort! Und daß es noch heute Menschen gibt, die durch ihre ganze Einstellung, ihre Engstirnigkeit, ihre Tadelsucht, ihr boshaftes Klatschen ein Mädchen zu einer solchen Verzweiflungstat bringen können!

Ich sagte das zu Solveig Strand, als Elfried aus dem Speisezimmer gegangen war.

„Ja, es ist unglaublich. In dem abgelegenen Tal, wo sie aufgewachsen ist, gehören die Leute einer fanatischen Sekte an. Elfried ist die beste und treueste Seele, die Sie sich denken können. Sie versorgt mich und verwöhnt mich auf jede erdenkliche Weise."

„Ich glaube, diese Güte ist wohl gegenseitig."

Solveig Strand antwortete nicht.

„Sind Sie sich übrigens klar darüber, wie dankbar Sie für diese Gottesgabe sein müssen, die Sie mitbekommen haben?"

„Eine Gottesgabe?"

„Ja, ich nenne es eine Gottesgabe, wenn man etwas in seinem Wesen hat, so daß alle Menschen einen gernhaben müssen."

„Na, na, Kind, jetzt übertreiben Sie aber."

„Nein, ich übertreibe nicht. Ich bin weder überspannt noch hysterisch. Aber daß ich, die ich sonst so kühl bin, Sie so schrecklich liebgewonnen habe, ist der beste Beweis, daß Sie diese Gottesgabe besitzen."

Sie lachte ein wenig.

„Was soll ich darauf antworten?"

„Es bedarf keiner Antwort."

Elfried kam herein, um die Teller wegzuräumen und den Nachtisch zu bringen.

„Sidsel ist in der Küche und fragt nach Frau Rechtsanwalt."

„Lassen Sie sie nur hereinkommen. Sie kann etwas Nachtisch mit uns essen."

„Sidsel ist die Tochter von den Leuten im ersten Stock", erklärte mir Solveig Strand. „Sie besucht mich fast jeden Nachmittag."

„Wieder die Gottesgabe", lächelte ich.

Sidsel kam, eine süße Achtjährige.

„Nun, Sidsel, du kommst heute zeitig."

„Ich habe ‚Richtig' für alle meine Rechenaufgaben bekommen. Und ‚Gut' obendrein." Sidsel reichte stolz ein aufgeschlagenes Rechenheft hin.

„Siehst du, Sidsel, ich sagte dir doch, daß du rechnen kannst, wenn du dich nur zusammennimmst."

„Ja, es war so leicht, wie du es erklärt hast. Viel leichter, als wenn Fräulein es tut."

„Du mußt die Dame hier begrüßen, Sidsel."

Sidsel knickste und sah mich forschend an.

„Bist du auch Rechtsanwalt?"

„Leider nicht", lachte ich. „Ich schreibe Erzählungen und so was, Sidsel. Manchmal schreibe ich auch Märchen."

„Ebenso schöne wie Tante Solveig erzählt?"

„Das glaube ich nicht."

„Komm, Sidsel, nun sollst du Sahneneis haben."

Sidsel schmauste schweigend. Nachher ging sie mit uns auf den Balkon. Es war glühend heiß, so heiß, wie es an einem sonnenblanken Septembertag nur sein kann. Sidsel kroch mit der selbstverständlichsten Miene der Welt auf Tante Solveigs Schoß.

„Wird die Dame lange bei dir bleiben, Tante Solveig?"

„Ach ja, das glaube ich schon. Hast du etwas auf dem Herzen?" Es folgte ein intensives Flüstern. Ich blickte auf Solveig Strands Gesicht, wie sie dasaß, zu dem Kind gebeugt, um die Worte aufzufassen. Ich habe viele Mütter in derselben Stellung gesehen. Aber noch nie einen so fröhlichen und mütterlichen Ausdruck wie den ihren.

„Jetzt hör mal zu, Sidsel. Ich borge dir meinen lustigen Bleistift, den zum Schrauben, weißt du, und dann gehst du heim und versuchst deine Aufgaben allein zu machen. Setz ein kleines Bleistiftkreuz neben die Wörter, die du schwer findest, dann werden wir sie später zusammen lesen. Ich werde Elfried mit einem Bescheid schicken, wann du kommen kannst."

Sidsel bekam den Bleistift und ging strahlend davon.

„Es fiel ihr etwas schwer, in der Schule mitzukommen", erklärte Solveig Strand, „aber jetzt geht es fein. Wir spielen, daß die Buchstaben kleine Tiere sind, die sich in Scharen versammeln, und wenn wir mit Nüssen rechnen statt mit Zahlen, geht es wie geschmiert."

„Mein Gott, Frau Rechtsanwalt, warum haben Sie bloß keine Kinder?"

„Warum sind Sie nicht selbst Mutter? Glauben Sie, ich kann Ihnen nicht ansehen, wie gern Sie Kinder haben?"

„Warum, warum? Ich bin ja nicht verheiratet, wie Sie wohl erraten haben. Allerdings würde ich gern ein Kind haben, auch ohne verheiratet zu sein, aber das gehört ja zu den Dingen, die man sich überlegt."

„Ja, ja. Ich bin auch nicht verheiratet, also verstehen Sie mich wohl."

„Ja, aber ist das nicht verrückt? Da gehen viele gesunde junge, verheiratete Frauen herum, denen es vom Schöpfer auferlegt ist, sich zu vermehren und sich die Erde untertan zu machen, und dann wenden sie lauter Kniffe an, um keine Kinder zu kriegen. Fragen Sie Frauenärzte, die werden von Frauen überrannt, die keine Kinder haben wollen. Die sollten den Hintern voll haben, weil sie Gott nicht auf den Knien danken, daß sie Mütter werden dürfen! Und es gibt arbeitslose, kranke, minderwertige, geistesschwache Menschen, die sich wie Katzen vermehren. Und hier sitzen wir, frisch und relativ gut gestellt, und gebrauchen unsere zurückgedrängten Mutterinstinkte für die Kinder anderer. Glauben Sie mir, auch in unserer modernen Zeit würden uns viele Menschen verurteilen, falls wir uns über den Trauschein neun Monate vor einem Kindbett hinwegsetzen."

„Liebes Kind, Sie sind noch so jung, Sie können sich doch noch verheiraten und eine Menge Kinder bekommen, wenn Sie wollen."

„Nein, das kann ich nicht."

„Warum nicht?"

„Weil ich bloß einen einzigen Mann auf der Welt lieb habe. Und der will nicht heiraten, jedenfalls nicht mich."

Elfried kam mit dem Kaffee, und wir sprachen eine Weile von gleichgültigen Dingen.

„Nehmen Sie nicht die Sahne vor dem Zucker", lachte ich, „sonst werden Sie eine alte Jungfer." Ich biß mir auf die Zunge, weil mir das entschlüpft war.

„Ich bin ja bereits auf dem besten Wege dazu", lächelte Solveig Strand.

„Schade", sagte ich.

„Schade?"

„Ja, ich finde es schade. Daß Sie nicht verheiratet sind, ist im Grunde gut, denn es gibt keinen Mann, der neben Ihnen bestehen könnte. Zu Ihnen paßt es besser, selbständig und allein zu sein. Aber das mit der Jungfräulichkeit also, das ist schade. Jede Frau sollte wenigstens für ein paar Monate ein Verhältnis haben. Es muß doch verflixt ärgerlich sein, das Leben zu beenden, ohne es richtig kennengelernt zu haben. Ärgerlich, betrogen zu sein um das Wesentliche im Leben. Nein, da bin ich doch froh, daß ich erlebt habe, was ich eben erlebt habe. Ich brauche mich aus diesem Grund nicht zu ärgern."

„Sie leben nach diesen Prinzipien?"

„Finden Sie meine Schlußfolgerungen falsch?"

„Ach nein, ich sage ja nicht, daß Sie unrecht haben."

Auf einmal hatte ich Solveig Strand von Kurt und Gunnar erzählt. Niemals hätte ich geglaubt, daß ich darüber zu einem anderen Menschen sprechen könnte. Ich erzählte, wie lieb ich Gunnar hatte und wie ich log und Komödie spielte, damit er es nicht entdeckte.

Sie saß ganz still und hörte mir zu.

„Sind Sie jetzt entsetzt über mich?"

„Nein, ich habe zu viel vom Leben gesehen und zu viele Einblicke in Menschenschicksale gewonnen, um entsetzt zu sein."

„Verurteilen Sie mich?"

„Nein. Aber warum haben Sie es mir erzählt?"

„Weil ... weil ... verstehen Sie, ich schätze Sie so hoch und möchte so gern weiterhin zu Ihnen kommen dürfen. Sie sind der einzige Mensch, mit dem ich richtig reden kann. Deshalb will ich nicht unter falscher Flagge segeln. Sie sollen wissen, wie ich bin."

Solveig Strand lächelte und reichte mir die Hand.

„Sie sind sehr lieb", sagte sie.

Ich glaubte damals selber, was ich sagte. Aber später wurde mir klar, daß meine Offenheit noch einen anderen Grund hatte. Es war meine einzige Möglichkeit, mich zu behaupten. Ich wollte sie neidisch machen, wollte ihr zeigen, daß ich etwas erleben konnte, wenn ich nur wollte. Es war die „erfahrene" Frau, die sich über die Jungfrau erhob.

Wenn es nicht mit technischen Schwierigkeiten verbunden gewesen wäre, hätte ich mir selber ins Gesicht spucken mögen.

Es war ein paar Wochen später.

Das Wetter war umgeschlagen, draußen heulte der Wind. Ich hatte die Leselampe angezündet und den elektrischen Ofen angemacht, obwohl die Zentralheizung in Gang war. Ein stiller und friedlicher Abend. Gunnar war im Polytechnischen Verein, ich strickte an einem Pulli für ihn. Hatte heimlich seinen Geburtstag in seinem Paß gelesen, er war im November.

Ich überlegte gerade, ob ich zu Bett gehen sollte, da klingelte es an der Wohnungstür.

Sicher eine Nachbarin, die bei mir telefonieren will, dachte ich in milder und versöhnlicher Stimmung und nahm mir vor, recht freundlich zu ihr zu sein.

Es war keine Nachbarin. Ich erkannte meinen alten Regenmantel, aber es war schwierig, Siri Holdt darin wiederzuerkennen.

„Gott im Himmel, sind Sie das?"

Sie kam herein, setzte einen kleinen klatschnassen Koffer auf die Erde und ging wie eine Schlafwandlerin ins Zimmer, ohne den Mantel abzulegen. Direkt hin zum Rauchtisch steuerte sie, öffnete die Zigarettenschachtel und zündete sich eine Zigarette an. Dann rauchte sie schweigend. Ich nahm ihr Mantel und Kappe ab, schob sie in einen Stuhl.

„Danke", sagte sie.

Ich setzte mich ihr gegenüber. Wie sollte ich nur beginnen? Da kam mir ein glücklicher Einfall.

„Hör zu, wir sagen jetzt gleich du zueinander. Dazu wären wir ja früher oder später doch gekommen."

Der Schatten eines Lächelns.

„Ich bin jetzt ganz unten angelangt."

„Das sehe ich. Ich war selber einmal soweit. Von alledem reden wir jetzt nicht. Das Wichtigste zuerst."

Ich ließ Badewasser ein, holte Wäsche aus der Kommode, nahm ein Kleid aus dem Schrank und setzte meine Pantoffeln zurecht.

„Bade jetzt und zieh dich um. Ich mache inzwischen das Abendessen."

Ich begann Butterbrote zu schmieren und reichte ihr dann ein Stück Brot mit Dosenkrebs durch die Badezimmertür.

„Da, koste mal. Schmeckt Taschenkrebs nicht gut?"

„Danke. Ist das also das Wichtigste? Aber du hast recht, ich bin schrecklich hungrig."

Sie war wirklich tapfer die kleine Siri.

Ich machte eine Menge Brote zurecht, deckte den Tisch und brühte Tee auf. Da sie gewiß tagelang kein warmes Essen bekommen hatte, briet ich noch eine Portion Speck mit Spiegeleiern. Dann lugte ich wieder durch die Spalte.

„Rouge und Puder findest du in der Schublade."

„Danke, das ist nötig."

Sie war ein neuer Mensch, als sie wieder herauskam – obwohl das Kleid von mir wie ein Sack um sie hing.

Wir aßen.

„Du brauchst nicht aus Höflichkeit noch einmal zu essen. Die Höflichkeit lassen wir beiseite, ebenso wie den Stolz. Rauche lieber und sieh mir beim Essen zu, wenn dir das Spaß macht. Es wird ein langwieriges Vergnügen."

Ich staunte. Was für eine überlegene kleine Person!

„Hast du noch Tee?"

Ich holte die Kanne.

„Und jetzt eine Zigarette."

Sie bekam eine.

„Hör zu. Ich bringe es noch nicht fertig, dir Einzelheiten zu erzählen. Es genügt, wenn ich sage, daß ich gar nichts mehr habe. Kein Geld, keine Arbeit. Ich hatte die Wahl zwischen dir und der Fürsorge. Ich wählte dich."

„Bist ein vernünftiges Mädchen, Siri. Ich habe versucht, dich zu finden, aber du warst ausgezogen."

„Ja. Also die Lage ist nun so, daß ich absolut nichts mehr besitze als das bißchen Zeug im Koffer. Ich brauche ein Obdach, Kleider, Essen, Geld, Arbeit. So komme ich zu dir."

„Ich verstehe. Ein Obdach kannst du hier bekommen, solange es nötig ist, Kleider und Essen auch. Geld kannst du borgen, und was Arbeit betrifft, ja, ich glaube damit warten wir noch ein paar Tage. Erst mußt du dich ein bißchen erholen. Die einzige Arbeit, die ich dir vielleicht verschaffen kann, ist bei einer Versicherungsagentur. Aber da kannst du nicht anfangen, ehe du nicht einige Tage ausgeruht hast."

„Du bist sehr lieb, Benedikte."

„Keineswegs. Ich schulde das nur meinem Herrgott, weil er mir all das gegeben hat, was du nicht hast. Ich war auch einmal ganz unten, aber der Herrgott hat mir Essen und Kleidung und

Wohnung gegeben, keinen Mann allerdings und keine Kinder, aber er sorgt täglich für mich mit Ernährung für die Notdurft des Leibes und des Lebens, heißt es nicht so im Katechismus? Setz dich dort in den Lehnstuhl während ich abwasche."

„Laß doch den Abwasch sein, Benedikte. Ich mache das morgen, wenn du in die Redaktion gegangen bist."

„Ausgezeichnet. Kannst du auch Staub wischen und einkaufen?"

Siri war so vernünftig! Ich wies sie in meiner Puppenküche zurecht, sagte ihr, wo ich gewöhnlich einkaufe, gab ihr das Verfügungsrecht über mein Haushaltsgeld und suchte schließlich Kleider für sie hervor.

„Kannst du nicht einstweilen das Kleid tragen, das du anhast? Es war hellgrau und ist eben vom Färben gekommen. Jetzt, wo es negerbraun ist, kennt es niemand wieder. Und dann kannst du den Mantel hier nehmen. Ich habe ihn in Hamburg gekauft und noch nicht getragen. Hast du Nachtzeug?"

„Frage lieber nicht danach, was ich habe. Jetzt sollst du hören, warum ich nichts habe."

„Diese Schublade ist für dich." Ich räumte innerhalb der Kommode um und legte Wäsche und Nachthemden in das unterste Fach.

„Benedikte ..."

„Ja?"

„Ich kann jetzt nicht anfangen dir zu danken, sonst hätte ich nichts anderes zu tun. Später wirst du einen gewaltigen Generaldank bekommen. Jetzt etwas anderes. Hast du einen Freund?"

„Ja, aber den borge ich nicht aus."

„Danke, zur Zeit habe ich keinen Überschuß an Gelüsten, du

kannst ihn in Ruhe behalten. Aber kommt er gewöhnlich gegen Abend her?"

Daran hatte ich auch schon gedacht. „Ja das kommt vor. Aber beruhige dich, ich kann auch zu ihm gehen."

„Es tut mir ja leid, aber daran ist wohl nichts zu ändern. Aber sobald ich etwas verdiene, miete ich mir eine eigene Bude."

„Bleib nur, solange du willst, Siri." Ich fühlte selbst, daß keine überzeugende Herzlichkeit in meinem Tonfall lag. Deshalb fuhr ich schnell fort: „Weißt du, dem Auserkorenen meines Herzens kann es nur gut tun zu hören, daß es mir nicht immer paßt. Ich war viel zu nett zu ihm."

„Ja, ich habe mir sagen lassen, daß das dumm sein soll. Ich weiß nicht recht. Ich glaube, wenn ich einen lieb hätte, wäre ich nicht imstande, vor ihm Komödie zu spielen. Ich müßte ganz ich selber sein, müßte frei sprechen können, wenn ich Lust dazu hätte, ohne Angst, daß er deshalb meiner überdrüssig werden könnte. Ja, ich weiß, ich bin so gar nicht aufregend. Aber wenn ein Mann mich nicht haben will, wie ich bin, muß er es eben sein lassen."

„Du sprichst wie ein Buch, Siri, aber wie ein theoretisches und unbrauchbares. Jetzt gehen wir schlafen, es ist schon zwölf Uhr durch."

„Ich weiß nicht, wie ich Schlaf finden soll. Ich fühle mich so überwach."

„Leg dich nur hin, ich werde schon dafür sorgen, daß du schläfst."

Ich legte eine Platte mit einem Arioso von Bach auf, nahm den Plattenspieler mit ans Bett, stellte ihn ganz leise. Danach spielte ich kleine unschuldige Menuette und, als mein klassisches Reportoire erschöpft war, einige von Mattis Schnulzen, zäh wie Sirup.

Mitten im Sirup lugte ich zu Siri hinüber. Sie schlief süß und friedlich.

Ach Gott, wie gütig ich mir vorkam! Lächerlich, daß man sich wie ein kleiner Gottesengel fühlt, wenn man etwas tut, was einem selbst angenehm ist. Denn natürlich ist es angenehm, die Wohlhabende zu sein, die helfen kann. Nicht zwei Öre gebe ich für diese Art von Güte.

Siri konnte es brauchen, daß man gut zu ihr war. Ich hatte es ja selbst schlimm gehabt, aber verglichen mit ihrem Schicksal ...

Während ich im Büro war, pusselte sie in meiner Wohnung herum. Ich kam heim zu einem fertigen Mittagessen, in ein sauberes, frisch gelüftetes Zimmer. Meine Strümpfe lagen gewaschen und sortiert in der Schublade, die Kakteen wurden gepflegt wie nie zuvor. Die Wäsche, die ich daheim wusch, war plötzlich aus dem Beutel für Schmutzwäsche verschwunden und lag tags darauf gewaschen und gebügelt auf ihrem Platz.

Brave, geschickte kleine Siri!

Nach und nach begann sie zu erzählen. Fragen mochte ich nicht. Aber eines Tages erwähnte sie in irgendeiner Verbindung die Kantine im Universitätskeller.

„Kennst du dich dort aus?" fragte ich.

„Ja, weißt du, ich habe einige Monate studiert. Die Absicht war, daß ich Jura studieren sollte. Ich hatte gerade ein Semester hinter mir, als daheim das Unglück anfing. Als Vater

starb, mußte ich meine Studien abbrechen. Meine Mutter hatte ich kaum gekannt, ich war erst drei Jahre, als sie starb. Vater hinterließ sehr wenig Geld, er hatte eine ganz gute Stellung, aber kein Vermögen. Dann arbeitete ich in einem Büro, bis die Firma zu Computern überging und ich als die jüngste entlassen wurde. Danach war ich eine Weile arbeitslos, bis ich die Stellung in der Expedition bekam."

„Und dann?"

Armes Kind! Dann hatte sich der Bruder der Betrügerei schuldig gemacht und war vor die Wahl gestellt, das Geld in zwei Tagen herbeizuschaffen oder ins Kittchen zu wandern. Gerade damals vertrat Siri die Kassiererin. So geschah dann das Unglück.

Sie wurde entlassen, und man sagte ihr, sie könne froh sein, daß man sie nicht angezeigt habe. Sie bekam Arbeit als Staubsaugervertreterin. Aber Siri als Agentin! Ja, zwei Staubsauger hat sie glücklich verkauft. Aber das bißchen Geld war schnell verbraucht.

Der Bruder führte rührselige Weinszenen auf und versprach Besserung. „Um Vaters willen, Siri, verlaß nicht deinen einzigen Bruder!" flehte er.

Aber tränenreiche Szenen verschaffen kein Brot und kein Geld für die Miete. Also mußten sie ausziehen.

Ein Zimmer und Kammer, ohne Küche wurde ihre neue Behausung in einem Stadtteil, von dem ich nur in Verbindung mit Raufereien und Verhaftungen gehört hatte.

Dann tat der Bruder das einzig Vernünftige, was er je im Leben getan hatte, er riß auf einem Frachter aus. Siri wußte nicht wohin und begriff nicht warum, bis ein Polizist sich bei ihr einfand und nach ihm fragte.

Es gab eine Menge Verhöre, es handelte sich wieder um Betrügereien. Aber nun war der Bruder glücklicherweise fort, spurlos verschwunden.

Wenn man stundenlang auf Polizeirevieren verhört wird, kann man keine Staubsauger verkaufen und kein Geld für Essen und Miete verdienen.

Als wieder der Hinauswurf drohte, raffte sie alles zusammen, was sie besaß, und versetzte es im Leihhaus. Das Geld hatte sie schnell verbraucht, es war nicht viel.

Natürlich hatte sie die ganze Zeit eine Stellung gesucht, aber es war ihr unmöglich, eine zu bekommen. „Sie müssen ja die Schwindsucht haben", sagte eine Frau, die nach einem Stubenmädchen inseriert hatte.

Dann sagte die Wirtin, Siri könne nun gehen, wohin sie wolle, die Wohnung sei für sie verschlossen. Die Möbel wolle sie behalten, bis die Miete bezahlt sei.

So kam Siri zu mir.

Gunnar hatte ich telefonisch Bescheid über die Lage gegeben. Während ich die Nummer wählte, dachte ich daran, daß dies das erste Mal war, daß ich ihn anrief. Er konnte wirklich nicht sagen, daß ich aufdringlich sei.

„So", sagte Gunnar nur. „Dann mußt du eben zu mir kommen. Kommst du morgen?"

Und ich sagte sofort ja.

Ich hatte Herzklopfen, als ich bei ihm klingelte.

Ein gemütliches kleines Junggesellenheim. Zwei winzige Zimmer, wenige aber hübsche Möbel.

„Hast du auch eine Küche?"

„Nein", sagte Gunnar, „warum?"

„Gott sei Dank! Ich muß dir sagen, daß ich einen Komplex in der Richtung habe. Einen „zwei-Zimmer-und-Küche-Komplex". Mutter und ich wohnten in zwei Zimmern mit Küche, und wir hatten es schrecklich. Wenn ich ein Inserat lese wie „Jungverh. suchen zwei Zi. u. Kü.", dann steht das vor mir wie der Anfang einer unglücklichen Ehe. Zwei Menschen, die sich billig einrichten, einander auf die Zehen treten und sich gegenseitig auf die Nerven gehen. Im Anfang ist es natürlich reizend und lustig, daß sie den Schreibtisch abräumen und ihn als Anrichte benützen müssen, und die Nippsachen von dem ererbten runden Wohnzimmertisch entfernen müssen, wenn zum Essen gedeckt werden soll. Und es ist so bezaubernd, sie anzusehen, wenn sie sich auszieht und ankleidet, und sie findet es köstlich, ihn in Unterhosen zu sehen. Ja, ja, ich habe dankbar bemerkt, daß du zum An- und Auskleiden ins Bad verschwindest! Ja, so gewöhnen sie sich aneinander, und dann kriegen sie einander satt. Es macht ihn verrückt, wenn sie Schokolade im Bett knabbert, und sie wird kribblig, weil er die Hosen über die Jacke des Schlafanzugs bindet. Und eines Tages haben sie einander gründlich satt, weil sie zu eng zusammen hausen."

„Kurz und gut, du bist für getrennte Schlafzimmer."

„Ja, das bin ich. Sollte ich wider Erwarten einmal heiraten, so will ich fünf Zimmer haben, zwei Schlafzimmer, ein Wohnzimmer, ein Arbeitszimmer und ein Speisezimmer."

„Ein Arbeitszimmer auch?"

„Ja, für mich. Und wenn ich keine Zeit habe, mit Feder oder Schreibmaschine zu arbeiten, könnte es ja zum Kinderzimmer werden."

Es war gleichsam, als ob das Wort Kinderzimmer eine Weile in der Luft zitterte. Keiner von uns sagte etwas.

„Sieh mal an," meinte er schließlich. „Ich hatte immer den Eindruck, daß du nicht heiraten willst."

„Das werde ich auch wahrscheinlich nicht tun. Nur... Ich möchte gern Kinder haben."

„Nein, wirklich? Vielleicht von mir?"

„Ich kann nicht sagen, daß ich Pläne in dieser Richtung habe. Außerdem", – ich holte tief Luft – „den Mann, von dem ich Kinder haben möchte, müßte ich über alle Grenzen lieb haben.

Ja, ich müßte ihn ganz einfach lieben, um diesen gräßlichen Ausdruck zu gebrauchen."

„Danke, das beruhigt mich. Du bist frivol, Benne, aber ein verteufelt gescheites Mädchen."

„Das ist wohl das größte Kompliment, das du Zustande bringen kannst", lachte ich. Und ich fand, daß ich eine verflixt gute Schauspielerin gewesen war.

Der Abend verlief, wie eben unsere Abende zu verlaufen pflegten. Erst spät in der Nacht begann ich von Siri zu erzählen.

„Sie ist einfach zu gut für diese Welt. Das Gutmütigste, was du dir denken kannst. Und weißt du was? Sie glaubt an Gott."

„An Gott. Ja, tust du das denn nicht, Benne?"

Ich wurde verlegen. Noch niemals hatte ich mit jemand über Gott gesprochen, nicht seit Mutter tot war.

„Doch ja ... ich glaube ... ich glaube, ich glaube viel mehr, als die Leute glauben, daß ich glaube." Ich lachte über meine ungeschickte Ausdrucksweise. Aber Gunnar lachte nicht.

Er streckte die Hand nach einer Zigarette aus, legte sich zurück und starrte an die Decke. Und ich kuschelte mich in seinen Arm.

„Sag mir, was du glaubst, Benne."

Ich freute mich darüber, daß er auch mein Innerstes kennenlernen wollte, und sagte zu mir selbst: Nun sollst du dich nicht genieren, Benedikte. Zu wem solltest du denn offen reden, wenn nicht zu dem Mann, den du lieb hast? Und es tat gut, sich klein und verlegen zu fühlen, in seinen Armen zu liegen und zu versuchen, etwas zu erklären, was so schrecklich schwierig war, etwas, was ich in Worte zu setzen nie versucht hatte.

Ich empfand ein tiefes, leuchtendes Glück, eine demütige Dankbarkeit, weil es mir vergönnt war, einen Menschen so zu lieben, daß ich meine geheimsten, heiligsten Gedanken mit ihm teilen konnte, Gedanken, die ich nicht einmal Vati verraten hatte.

„Ich will versuchen, es dir zu erklären. Aber ich fürchte, ich muß ziemlich weit ausholen."

„Tu das, Benne. Ich habe Zeit."

Er drehte die Nachttischlampe so, daß unsere Gesichter im Schatten lagen.

„Als ich etwa sechs Jahre alt war, spielte ich einmal am Strand und suchte hübsche, runde Steine zusammen. Dann blieb ich mit einem Steinchen in der Hand sitzen, ich strich über seine schöne, glatte Oberfläche, und plötzlich fiel mir ein Gedanke ein – ich weiß nicht wieso und woher, ein Kind kann nicht von selbst auf einen solchen Gedanken kommen, ich glaube, es muß das sein, was man eine Eingebung nennt. Ich dachte – du wirst vielleicht lachen, aber ich dachte also: „Wenn nun in diesem Stein etwas lebt? Wenn nun winzig-winzig kleine Städte darin wären, und winzig-winzig kleine Menschen in kleinen, kleinen Häusern, so klein, daß man sie nicht sehen und nicht fühlen kann – aber wenn sie nun doch darin wären? Ja, so saß ich, war es eine halbe Minute, waren es fünf Minuten, ich weiß nicht – dann rief Mutti und ich sammelte meine Steine und war wieder nur ein spielendes sechsjähriges Kind und nicht ein Wesen, zu dem Gott selbst für einen Augenblick gesprochen hatte."

Ich machte eine Pause, ich mußte mir überlegen, wie ich das Weitere formen sollte. Gunnar wartete schweigend.

„Ja, dann kam die Zeit, wo Vati mir über das Weltall erzählte, und über die Moleküle und Atome. Und Mutti erzählte mir aus der Bibel und gebrauchte oft das Wort Ewigkeit.

In meinem Kopf vereinten sich die beiden Begriffe. Vatis wissenschaftliche „Unendlichkeit" und Muttis religiöse „Ewigkeit". Allmählich baute ich mir daraus meine eigene Religion auf.

Siehst du, wir Menschen, wir machen die Begriffe Groß und Klein von unseren eigenen Ausmaßen abhängig. Wenn es nun einen Gottesgeist gibt, der unabhängig von Vergleichen ist, für den Groß und Klein nicht existiert? Wenn es nun stimmt, daß in meinem kleinen Stein Leben ist, wenn die Atome des Steines wiederum aus Atomen bestehen, und wenn es nun immer so weitergeht, ohne Grenzen, ohne Aufhören, in eine Mikrowelt ohne Ende? Und andererseits: Wenn nun unser Planetensystem ein Atom, unsere Milchstraße ein Molekül ist, in einem Körper, in einem Etwas, was wiederum ein Atom ist und so immer weiter, in das Unendliche hinein? Daß die Welt nach außen, in den Makrokosmos, und nach innen in den Mikrokosmos unendlich ist? Und wenn diese unendliche Welt nun Gottes Körper ist? Wenn das stimmt, dann sind wir Teile von Gott, unsere Körper sind Teile von Gottes Körper, unser Geist ist ein Teil von dem unendlichen, dem ewigen Gottesgeist. So sind wir unsterblich, so werden wir in irgend einer Form ewig leben, weil Gottes Geist immer da war und immer da sein wird. Das alles drückt die Bibel mit einem einzigen Wort aus: Ewigkeit."

Ich schwieg. Ich atmete tief auf und erwartete Fragen von Gunnar.

Es dauerte lange. Er lag auf dem Rücken, seine schönen Augen starrten vor sich hin. Endlich belebten sie sich. Er drehte den Kopf, zerdrückte seine Zigarette im Aschenbecher auf dem Nachttisch, dann guckte er mich an und lächelte.

„Wo hast du nun das alles gelesen, Benne?“

Ich stand auf und zog mich an. Ich sagte nichts, bis ich den Mantel anhatte.

„Entschuldige, daß ich dich belästigt habe, Gunnar. Ich habe das nicht irgendwo gelesen. Es waren meine eigenen Gedanken, über die ich bisher mit keinem anderen Menschen gesprochen habe. Es ist das Heiligste, was ich besitze. Entschuldige.“

Dann ging ich.

Nun sollte aber Schluß sein mit Gunnar. Ich jedenfalls würde mich nicht rühren. Jetzt mußte schon er das erste Wort sagen. Aber wie ich ihn kannte, würde er das nicht tun.

Es war schlimm, durch diese Tage zu kommen. Nur gut, daß ich viel Arbeit hatte und mich um Siri kümmern mußte. Es freute mich zu sehen, wie sie sich erholte. Ihre Wangen hatten wieder Farbe bekommen, und mein braunes Kleid füllte sie schon besser aus. Auch war ein neuer Ausdruck in ihre Augen gekommen. Ich rief Hans an.

„So, hast du sie jetzt gefunden?" fragte er. „Ist sie hübsch?"

„Laß den Unsinn, Hans. Es ist Ernst, verstehst du? Du mußt tun, was du kannst."

„Was ich kann, ja. Wenn das Mädchen nur gleich gekommen wäre, aber jetzt ist kein Büroplatz mehr frei. Wenn sie sich als Vertreterin versuchen will, schick sie morgen um zwölf Uhr her. Ich werde mit dem Personalchef sprechen."

„Natürlich will ich es versuchen", sagte Siri. „Ich bin ja jetzt ein neuer Mensch, schon allein weil ich so angezogen bin, daß ich mich vor den Leuten sehen lassen kann. Ich werde mich schon dahinterklemmen."

Selbstverständlich bekam Siri den Posten. Mit Tabellen und Schemas beladen erschien sie im Theatercafé, wo wir uns zum Lunch verabredet hatten. Sie strahlte übers ganze Gesicht.

„Bist du schon versichert, Benedikte?"

„Ja, leider."

„Aber du solltest eine Leibrente haben."

„Halt jetzt den Mund und iß."

Siri erwies sich als tüchtig. Es war mir fast unbegreiflich, daß sie schon am Tage darauf zwei Versicherungen zu je zehntausend Kronen vorlegen konnte. Sie hatte sich an frühere Kommilitoninnen erinnert und sie besucht. Große Begeisterung! Man hatte sich ja schon so lange nicht gesehen. Und sie hatten Siri nicht im Zustand ihrer Erniedrigung gekannt. Deshalb konnte sie ungehemmt mit ihnen reden und brauchte kein Theater zu machen.

Von den vier aufgesuchten Freundinnen zeichneten zwei Versicherungen für sich selbst. Eine andere war zu Tränen gerührt über Siris auf eigener Erfahrung beruhender Beschreibung, wie furchtbar es sei, ohne Eltern und ohne Geld dazustehen, und überredete ihren Mann, eine Versicherung für den Stammhalter abzuschließen, der in seinem Korb lag und brüllte. Zudem gab sie Siri noch Empfehlungen an Bekannte, die auch kleine Kinder hatten und sicher ansprechbar waren.

„Es sieht so aus, als ob Familien-Versorgungsversicherungen in Zukunft meine Spezialität sein werden", schloß Siri ihren Bericht.

Zwei Tage darauf zog sie aus.

Sie hatte ein hübsches möbliertes Zimmer gefunden, nicht einmal sehr teuer. Ich bewundere Siri wegen ihrer Fähigkeit, „etwas zu ergattern" und „zufällig zu entdecken". Denn ich weiß, was sie so nennt, ist im Grunde das Ergebnis langer Überlegungen und von viel Geduld.

Nach ihrem Wegzug kam mir die Wohnung leer vor, doppelt leer, weil Gunnar mich nicht mehr besuchte. Er hielt sich fern, so wie ich es erwartet hatte.

Nach drei einsamen Tagen ging ich zu Siri und lud sie ins Kino ein. Ich sollte eine Kritik schreiben. Es gab ein ganz gewöhnliches deutsches Lustspiel und doch wirkte es auf mich wie noch nie zuvor ein Film oder eine Theatervorstellung. Diese idiotischen Filmküsse, die traditionellen Mißverständnisse und die Aufklärung zum Schluß mit der wunderbaren Versöhnungsszene, das alles war so banal wie möglich; trotzdem war ich tief gerührt. Lieber Himmel, warum konnte nur ein Mannsbild nicht ein bißchen wie so ein Filmheld sein? Warum konnte ein Mann nicht auch in Wirklichkeit seine Sünden bereuen, herbeigestürmt kommen, auf die Knie fallen und seine Liebe erklären? „Männer taugen eigentlich nichts", sagte ich zu Siri, als wir aus dem Kino gingen.

„Dann befasse dich nicht mit ihnen", lautete ihr praktischer aber undurchführbarer Rat.

Lieber Himmel, wie einsam ich doch war!

Es ist so lächerlich, daß man eine Hoffnung nicht fahren lassen kann. Warum konnte Gunnar nicht von sich hören lassen und zugeben, oder wenigstens andeuten, daß er sich mir gegenüber schäbig aufgeführt hatte? Es vergingen beinahe vierzehn Tage. Ich war mit Siri beisammen, sonst mit niemand. Matti vertrug ich nicht, ich hatte mich zu weit von ihr entfernt. Siri arbeitete und strebte und fühlte sich dabei wohl, wie es schien.

Sie verdiente auch ganz gut. Nach und nach bekam ich meine Kleider zurück, gewaschen, gebügelt und hergerichtet, als seien sie in einer chemischen Reinigung gewesen.

„Ich bewundere dich, Siri", sagte ich eines Tages, als wir zusammen zu Mittag aßen. „Daß du es bei einer Vertretertätigkeit aushalten kannst!"

„Das ist gar nicht so schlimm", lachte Siri. „Du weißt, ich hatte eine Vorliebe für Jus, für gewandte Rede. Jetzt kann ich meine juristischen Fähigkeiten gebrauchen. Ich ziehe alle Gründe heran, die dafür sprechen, daß meine Opfer sich versichern lassen. Ich wende die mir angeborene juristische Schläue an, die mir eigentlich als Rechtsanwältin hätte zugute kommen sollen. Und wie schön es ist, in eine friedliche Bude heimzukommen, wo einen keiner nervös macht! Wie gut tut es, mit Achtung behandelt zu werden! Der Personalchef ist sehr nett zu mir. Am Anfang hatte er einige Zweifel, ob er mir sowohl festes Gehalt als auch Provision zahlen könnte, und nun soll ich sogar eine höhere Provision kriegen, wenn ich ein Minimum von 50000 Kronen im Monat einhalten kann."

„Siri, wenn du wählen könntest, was möchtest du am liebsten? Heiraten?"

„Nein, danke. Ich habe genug davon, von einem Mann abhängig zu sein. Jetzt will ich allein sein und Frieden haben. Was ich am liebsten möchte? Ach, das weiß ich eigentlich nicht, seitdem es mit dem Studium nichts geworden ist. Manchmal wird mir ein bißchen wehmütig zumute, wenn ich daran denke, daß ich jetzt eine fertige Referendarin hätte sein können. Ach was – „dont cry over spilt milk" ist mein Wahlspruch. Wenn ich Glück habe, kann ich vielleicht mit der Zeit einen Sekretärinnenposten in der Versicherung bekommen.

Sie saß eine Weile schweigend da. Dann lächelte sie ihr hübsches kleines Lächeln.

„Du, Benedikte (Siri nennt mich immer Benedikte, im Gegensatz zu Matti und den anderen, die mich Kisinka nennen), weißt du, was ich heute getan habe? Ich habe der Zeitung das Geld zurückbezahlt. Und da wurde mir angeboten, wieder in der Expedition zu beginnen. Es war ein herrlicher Augenblick, als ich das abschlagen konnte, weil ich eine andere Arbeit habe."

Ich rief Solveig Strand an.

„Liebes Kind, leben Sie noch?"

„Ja, soweit. Ich brauche Sie."

„Nett, das zu hören."

Ich wollte nicht gern eine Absage bekommen, darum zögerte ich ein wenig. Aber dann fragte ich sie kurzerhand, ob sie am Abend zu mir kommen wolle.

„Gern, mein Kind."

Gott segne sie! Jetzt war mein Nachmittag ausgefüllt. Ich kaufte ein, machte ein paar delikate Kleinigkeiten zurecht, füllte die Vasen mit Blumen und deckte sorgfältig den Tisch.

Mit Solveig Strand kam Friede und Gemütlichkeit. Ich hatte mich schon lange nicht so wohlgefühlt. Ich erkundigte mich nach ihrer Arbeit, nach Sidsel. Und sie erzählte.

Beim Kaffee fragte sie dann: „Warum brauchten Sie mich denn gerade heute?"

„Finden Sie es nicht nett, wenn jemand Sie braucht? Ich versichere Ihnen, daß ich selbst nicht Schöneres kenne, als gebraucht zu werden. Aber für gewöhnlich werkle und murkse ich bloß für mich selber."

„Was Sie da sagen, ist absoluter Unsinn." Damit machte Solveig Strand meine interessante Melancholie zunichte.

„So?"

„Wenn man ein nutzloses Leben führt, liegt das einzig und allein an einem selbst. Es gibt immer Menschen, die einen brauchen. Nur ist es nicht immer vergnüglich, gegen alle nett zu sein. Wenn es Ihnen gefällt, daß jemand Sie braucht, ist es in Wirklichkeit so, daß Sie diesen Jemand brauchen. Sie brauchen ein Wesen, an dem Sie Ihre Energie und Ihre Mutterinstinkte auslassen können. Handelt es sich aber um jemand, der nicht an Ihre Mutterinstinkte appelliert, sondern ganz einfach an Ihre Fähigkeit zu wirklicher Aufopferung, ist es jemand, aus dem Sie sich nichts machen, der Ihnen vielleicht nicht sympathisch ist, dann ist es gar nicht so vergnüglich, gut zu sein, und dann lassen Sie es vermutlich auch bleiben."

Das waren harte Worte. Aber sie waren wahr. Ich gab es auch zu. Gegenüber Solveig Strand muß man immer alles einräumen. Sie gehört zu den Menschen, denen man nichts vormachen kann.

„Nun also ... Sie brauchen mich heute?"

„Ja, mir ist elend zumute."

„Soso. Er hat Sie also verlassen. Weinen Sie nicht darum, mein Kind. Es ist gut, daß es so kam. Wenn er Sie doch nicht lieb hat."

„Ja, aber ich möchte doch so gern ... ich möchte ..."

„Was möchten Sie?"

„Ich hätte so gern ein Kind von ihm gehabt."

Dann konnte ich nicht mehr. Ich heulte, den Kopf in ihrem Schoß vergraben.

Nachher ging ich hinaus und wusch mir die Augen.

Als ich wiederkam, nahm ich mir eine Zigarette.

„Nun, nun, was habe ich über das Rauchen gesagt?"

„Himmel, was tut es schon? Ein Laster muß ich doch auch haben."

„Hören Sie, wenn Sie sich ruinieren wollen, so ist das Ihre Sache. Aber Sie reden von einem Kind. Natürlich sollen Sie ein Kind haben, doch dieses Kind soll sich nicht in einem nikotinvergifteten Organismus entwickeln. Verstehen Sie das?"

„Ich verstehe, daß Sie der gütigste Mensch sind, den ich kennen. Und der klügste. Aber ich werde kein Kind haben, weil ich nicht heirate. Vielleicht – ja vielleicht fasse ich einmal den Mut, ein Kind außerhalb der Ehe zu bekommen. Was würden Sie dazu sagen?"

„Ich würde nicht viel dazu sagen, glaube ich."

„Würden Sie auf Wochenbettbesuch zu mir kommen? Mit Obst und Blumen? Und mit einer Klapper für das Baby?"

„Ganz bestimmt."

„Würden Sie mit mir verkehren, wenn ich ein uneheliches Kind hätte?"

„Selbstverständlich."

„Würden Sie vielleicht auch Taufpatin sein?"

„Ja, gern. Soll ich während der Geburt auch Ihre Hand halten?"

„Ach ja, bitte. Ich habe ja keine Mutter mehr, die das tun könnte."

„Gut, Sie können das als ein Versprechen betrachten." Solveig Strand lachte.

Dann sprachen wir von etwas anderem.

Ich berichtete von Siri. Das interessierte sie; sie stellte Fragen und brachte mich dazu, alles zu erzählen, was ich von Siri wußte. Schließlich bat sie mich, am Samstagabend mit Siri zu ihr zu kommen.

Dann setzte ich den Plattenspieler in Gang und spielte meine schönsten Platten.

Sie nickte lächelnd zu den ihr bekannten Stücken und bat mich ab und zu, eine Platte zu wiederholen. Man merkte ihr an, daß sie Musik liebte.

„Sie sind in letzter Zeit so hübsch geworden", sagte sie plötzlich, während ich in den Platten kramte.

„Wie bitte?"

„Ich glaube, es kommt daher, weil Sie sich nicht mehr schminken."

Ich mußte lachen. „Ja, sind Sie nicht stolz auf mich?"

„Doch! Und ich sage zu Ihnen wie zu Sidsel: Sie können, wenn Sie nur wollen."

„Ach nein, wissen Sie, es ist nicht mein ungeschminktes Gesicht, das mich hübsch macht. Es kommt wohl eher von der Liebe oder von Liebessorgen."

„So? Wird man davon hübsch?"

„Es wird behauptet. Uff, wie habe ich es satt, all dieses Getue um die Liebe! Das Schlimmste ist, daß die Leute daran glauben. Dabei gibt es sie gar nicht. Zwei Menschen behaupten, daß sie einander lieben, und nach einem Jahr ist es aus. Schluß, fertig!"

„Glauben Sie auch nicht an Mutterliebe?"

„Liebe möchte ich das nicht nennen, eher Mutterinstinkt, ein Mittel der Natur zur Fortpflanzung. Eine Mutter opfert lieber ihr eigenes Leben als das ihrer Kinder. Das gilt für Katzen, Hunde, Kühe und Pferde ebenso wie für Menschen. Dabei ist nichts Merkwürdiges."

„Was setzen Sie denn dann am höchsten, wenn es nicht die Liebe ist?"

„Die Intelligenz, glaube ich. Ich habe eine ausgeprochene Vorliebe für klardenkende Menschen. Leute, die sich von Stimmungen beeinflussen lassen, kann ich nicht ausstehen. Ich mag auch keine Nachsicht, bin eher für Gerechtigkeit. Als ich klein war, hatte meine Mutter mir einmal eine Krone versprochen, wenn ich eine Eins bekäme. Ich hatte mich mächtig darauf gefreut. Als ich dann eine Zwei erhielt, schlug ich mir alle Gedanken an die Krone aus dem Kopf. Ich bekam sie trotzdem, freute mich aber nicht darüber. „Es ist nicht gerecht", sagte ich zu Mutti, „ich habe sie nicht verdient."

Mutti dachte, es sei Bescheidenheit, und überredete mich, die Krone anzunehmen. „Ich wollte dich nicht enttäuschen", sagte sie. „Ich weiß schon, daß ich schwach bin, aber so ist das nun einmal mit der Liebe." Schon damals bekam ich ein ungutes Gefühl gegenüber der sogenannten Liebe. Nein, da ziehe ich doch Logik, Intelliganz und Gerechtigkeit vor. Das sind allzu seltene Werte."

Bevor Solveig Strand ging, betrachtete sie mein Bücherregal. Sie suchte die Bibel hervor, schlug sie auf und legte einen Papierstreifen hinein.

„Hier haben Sie Lesestoff", sagte sie. „Lesen Sie das heute abend und denken Sie darüber nach."

Ich versprach es ihr.

Und als ich im Bett lag, schlug ich die Bibel auf, wo das Zeichen lag, und las:

„Wenn ich auch mit Menschen- und mit Engelszungen redete, und hätte der Liebe nicht, so wäre ich wie ein tönend Erz oder eine klingende Schelle. Und wenn ich weissagen könnte und wüßte alle Geheimnisse und alle Erkenntnis, und hätte allen Glauben, also daß ich Berge versetzte, und hätte der Liebe nicht, so wäre ich nichts. Und wenn ich alle meine Habe den Armen gäbe und ließe meinen Leib brennen, und hätte der Liebe nicht, so wäre mir nichts nütze."

Siri holte mich ab und wir standen bereit, zu Solveig Strand zu gehen. Da klingelte es an der Tür.

Ein Bote mit Blumen! Gott im Himmel, wie mein Herz klopfte! Ein Meer von Rosen, und eine Karte. Ich hatte noch nie Gunnars Schrift gesehen, aber ich wußte sofort, daß es die seine war.

„Liebe kleine Benne, ich war gemein gegen Dich. Verzeih!
Gunnar“

Wie war ich glücklich! Aber jetzt konnte ich Gunnar nicht anrufen. Erstens mochte ich nicht seine Wirtin anläuten und nach ihm fragen, zweitens hörte Siri zu, und drittens tat es ihm ganz gut, bis Montag zu warten.

Ich steckte mir eine der Rosen ins Knopfloch, und wir gingen. Solveig Strand lachte, als sie mein Gesicht sah.

„Na, ist es wieder gut?“

Es war unmöglich, sie zu täuschen. Also nickte ich bloß.

„Gratuliere!“

Solveig Strand und Siri gefielen einander, das merkte ich. Etwas später am Abend sagte Solveig Strand wie beiläufig:

„Wie ich höre, hätten wir eigentlich Kolleginnen sein sollen, Fräulein Holdt?“

Siri lächelte. „Ach ja, wenn alles nach Berechnung gegangen wäre, hätte ich jetzt vielleicht bei Ihnen als Referendarin gearbeitet."

„Haben Sie gern studiert?"

„Unbeschreiblich gern. Nachdem ich eine Stellung bekommen hatte, versuchte ich das Studium auf eigene Faust fortzusetzen, aber das ging nicht. Mein Kopf konnte es nicht verarbeiten, ich hatte an zu viel anderes zu denken."

„Haben Sie nie daran gedacht, ein Darlehen aufzunehmen, um weiter studieren zu können?"

„Dazu ist es zu spät. Ich bin beinahe vierundzwanzig. Ich hätte jetzt fertig sein sollen. Und außerdem ... wer würde mir wohl ein Darlehen geben? Welche Chancen hätte ich denn, es in absehbarer Zeit zurückzahlen zu können?"

„Ja, das ist wahr. Es ist wirklich nicht leicht, heute ein junger Jurist zu sein."

Wir schwiegen eine Weile. Dann bat ich Solveig Strand, etwas für uns zu spielen.

Sie stand sofort auf und setzte sich an den Flügel.

„Was möchten Sie hören?"

„Dürfen wir einfach Wünsche äußern?"

„Ja, in gewissen Grenzen. Alles was Jazz oder Beat heißt, liegt außerhalb meines Bereichs."

Ich schlug mein Lieblingsstück vor, Beethovens C-moll-Sonate, das berühmte „Opus 111".

Solveig Strand sah mich überrascht an. Dann schlug sie auf die Tasten und spielte auswendig.

Zuerst war ich überrascht, dann schloß ich die Augen und gab mich bloß dem Genuß hin. Da gibt es eine Mittelpartie, die ich schon als Kind geliebt habe.

Als ich sie zum ersten Mal hörte, flüsterte ich meiner Mutter zu: „Das erinnert mich an eine Rosenhecke."

Mutti sah mich fragend an, und ich mußte erklären.

„Hörst du es nicht, Mutti? Zuerst sind es kleine rosa Rosen, Heckenrosen, dann werden sie dichter und dichter und dunkler und dunkler, und die Hecke wird immer höher, während wir an ihr entlang gehen. Jetzt sind es keine wilden Rosen mehr, sondern Gartenrosen, schwere dunkle Rosen, und sie duften betörend stark. Es gibt eine solche Menge davon, daß man Lust hat, sich in die Hecke zu werfen und in Rosen zu ertrinken."

Mutti lächelte ein bißchen über meine Überspanntheit. Aber immer wenn ich diese Sonate höre, sehe ich Rosenhecken vor mir.

Dann hörten wir die Mondscheinsonate und zum Schluß ein Präludium und eine Fuge von Bach.

Himmel, wie wunderbar war es doch, gute Musik zu hören! Gerade heute abend. Ich brauchte das geradezu.

„Warum sind Sie bloß nicht Pianistin geworden?" fragte ich Solveig Strand, als sie zu uns zurückkam.

„Was denn nicht noch alles? Ich selber schwankte zwischen Philologie und Jura, und Sie werfen mir abwechselnd vor, daß ich nicht Mutter oder Pianistin geworden bin."

„Oder Leiterin eines Kinderheims, oder Professor in Psychologie, oder Ärztin, oder Schriftstellerin. Sie hätten alles werden können."

„Danke für die gute Meinung. Aber ich habe es gut, so wie es ist. Vorläufig werde ich versuchen, eine halbwegs aufmerksame Wirtin zu sein. Elfried, bringen Sie doch bitte noch etwas Kaffee."

Solveig Strand begann wieder mit Siri zu reden und fragte sie nach ihrer Arbeit aus. Siri erzählte klar und vernünftig.

„Hören Sie“, sagte Solveig Strand schließlich, „ich habe Ihnen einen Vorschlag zu machen. Aber es ist zu spät, um jetzt darüber zu reden. Könnten Sie am Montag gegen Mittag in meine Kanzlei kommen? Sie können gern mitkommen“, sagte sie und nickte mir zu. „Sie sind ja sozusagen in die Sache verwickelt.“

Montag morgen rief ich Gunnar an und machte mit ihm aus, daß er am Abend kommen solle. Nachdem ich mit ihm gesprochen hatte, überfiel mich plötzlich Ruhe. Jetzt mochte alles seinen Gang gehen, ich konnte nicht ohne Gunnar leben.

Ich stürzte mich mit Feuereifer in meine Arbeit. Als Siri gegen zwei Uhr kam, um mich zu dem Besuch bei Solveig Strand abzuholen, wollte ich gerade fortgehen, um eine dicke Sängerin italienischer Abstammung zu interviewen.

„Du mußt allein gehen, Siri. Aber komm nachher zu mir, ich bin sehr neugierig. Bis um vier Uhr triffst du mich hier an."

Siri ging zu Solveig Strand und ich zu meiner Italienerin.

„Vielleicht will sie eine Versicherung abschließen", sagte Siri bevor wir uns trennten. Erst nachher wurde mir klar, daß sie Solveig Strand gemeint hatte und nicht die Italienerin.

Während ich im Palmengarten saß und bei einem Wermuth aus einem Strom deutscher, französischer und italienischer Ausrufe und Superlative etwas herauszuholen versuchte, überlegte ich, warum Solveig Strand wohl Siri zu sich gebeten hatte. Daß es für Siri etwas Gutes bedeutete, war mir klar.

Eine Minute vor vier wurde die Tür zu meinem Zimmer in der Redaktion aufgerissen und wieder zugeknallt, so daß ich zu fühlen glaubte, wie die Angestellten im äußeren Büro zusammenschraken.

Siri setzte sich auf die Schreibtischkante, ganz außer Atem, mit zerzausten Haaren, das Halstuch in der Hand. Es liegt ihr nicht, mit langen Einleitungen und geheimnisvollen Andeutungen zu beginnen.

Sie sprudelte jubelnd hervor:

„Benedikte, ich darf studieren, Jura studieren! Frau Strand borgt mir eine Menge Geld, und die Bücher kriege ich auch von ihr. Ich brauche keine Versicherungen mehr abzuschließen! Ich habe versprochen ‚cum laude' zu bekommen, nachher soll ich bei ihr eingestellt werden, und sollte sie in der Zwischenzeit sterben, wird sie genügend Geld für mich hinterlassen, damit ich mein Studium beenden kann. Ich werde es in kürzerer Zeit schaffen, als du glaubst, Benedikte, das wirst du sehen! Ich freue mich so, ich könnte vor Freude sterben! Stell dir vor, nie mehr brauche ich nervös oder bedrückt zu sein, ich werde genug zum Leben haben, ich werde studieren und gleich nach dem Examen Arbeit bekommen! Nein, ich werde nicht vor Freude heulen, das habe ich schon gründlich in der Kanzlei bei Frau Strand besorgt. Ich heulte zum Davonschwimmen. Und ich umarmte sie und benahm mich schrecklich dumm, und sie war so lieb, und jetzt muß ich dich auch umarmen, denn ohne dich wäre das ja nicht geschehen. Ach, Benedikte, ich bin so froh, so glücklich!"

Herrgott ja, wie glücklich sie war! Und ich, die ich keine Zärtlichkeiten von Frauen vertragen kann, erwiderte ihre Umarmungen und Küsse. Ja, dies war ein Märchen für sie, das verstand ich gut. Und ich segnete Solveig Strand aus vollem Herzen.

Wir aßen zusammen Mittag, und als Siri sich etwas beruhigt hatte, erzählte sie Einzelheiten.

Bis Weihnachten sollte sie noch bei der Versicherungsgesellschaft arbeiten. Jetzt hatten wir November, und ab Neujahr sollte sie studieren. Allerdings wurde sie eine ziemlich alte Studentin, aber was machte das schon aus? Sie wollte sich ja nicht mit den Zwanzigjährigen abgeben, sie würde keine Zeit für Studentenfeste und dergleichen haben. Darüber sei sie hinweg, meinte sie lächelnd. Jetzt wolle sie nur arbeiten, nur arbeiten! „Mir ist, als ob meine Gehirnzellen sich geöffnet und von all dem Gerümpel, das sich da angesammelt hat, befreit hätten. Jetzt wollen sie mit einer Menge Wissen und Kenntnissen gefüllt werden. Meine Güte, wie ich mich darauf freue, anzufangen!"

Ich rief Solveig Strand am Nachmittag an und dankte ihr.

„Sie brauchen mir nicht zu danken, Kind. Den Plan hatte ich schon, ehe ich Fräulein Holdt kennenlernte. Finden Sie nicht, daß dies ein recht annehmbarer Ausschlag der zurückgedrängten Mutterinstinkte ist? Ursprünglich hatte ich an Sie gedacht, aber es paßt besser mit Fräulein Holdt. Sie sind für etwas anderes geschaffen."

„Wozu denn?" fragte ich, aber darauf antwortete sie nicht.

Übrigens wußte ich, was sie meinte.

Wieder ein Abend, an dem ich jede zweite Minute auf die Uhr blickte, das Teewasser zu früh aufsetzte, mein Haar zwanzigmal überprüfte, Lampen, Blumenvasen und Zigarettenschachteln immer wieder anders hinstellte. Mein Herz klopfte wie rasend, als ich den Schlüssel in der Tür hörte.

Und dann war Gunnar ganz gleichmütig, unsensationell, als wäre er erst vor zwei Tagen bei mir gewesen. Beiläufig erwähnte er, daß er Grippe gehabt und eine Woche im Bett gelegen habe.

„Aber, mein Lieber, wer hat sich denn da um dich gekümmert?"

„Ach, das ging fein. Meine Wirtin brachte mir Essen, und ganz ans Bett gefesselt war ich auch nicht. Ab und zu pusselte ich eine Stunde im Schlafrock herum.

„Du Racker! Warum hast du mich nicht benachrichtigt?"

„Dich? Was in aller Welt hättest du denn tun können?"

„Mich revanchieren für deine Betreuung im Flugzeug zwischen Hamburg und Kopenhagen."

„Danke, aber ich habe mich nicht übergeben. Nach dir zu schicken wäre mir nicht im Traum eingefallen."

„Warum denn nicht? Bin ich nicht vielleicht die nächst ..." Ich stockte. Wußte ich denn, ob ich die nächste war?

„Ich hasse es, bemuttert zu werden", sagte Gunnar.

Das tat weh. Mein Gott, wie gern hätte ich ihn gepflegt, ihm Essen gebracht und so weiter. Ich gehöre nicht zu den verträumten jungen Mädchen, die für Krankenpflege schwärmen, weil sie gern jungen Männern über die Stirn streichen und ihnen ab und zu ein Glas Wasser reichen wollen. Ich weiß wohl, daß Krankenpflege nicht immer ästhetisch ist. Nicht umsonst habe ich einen Samariterkurs in Rekevik mitgemacht, und es scheint mir fast, daß Klistierspritzen und Becken die wichtigsten Hilfsmittel in der Krankenpflege sind. Aber wenn eine Frau Gunnar pflegen sollte, dann wollte ich diese Frau sein. Ach, es nützte ja nichts, davon zu reden.

„Herzlichen Dank für die Rosen, Gunnar", lenkte ich ab. „Sie sind wundervoll."

„Ja, sie sind hübsch", sagte Gunnar.

Auch eine Antwort.

Kein Wort von der Karte, die dabei lag.

Dabei hatte ich erwartet ... Ja, was hatte ich eigentlich erwartet? Aber er war ebenso ruhig und gleichmütig, wie sonst. Heiß in der Erotik, aber sonst ganz ohne Wärme. Ich hätte das ja gewöhnt sein müssen.

„Ich bin wohl heute sehr wenig raffiniert", sagte ich entschuldigend, als ich mir ein altes Charmeuse-Nachthemd anzog. Meine beiden Perlons waren in der Wäsche.

„Nein, gerade raffiniert würde ich dich nicht nennen", räumte Gunnar ein, „aber du hast etwas anderes an dir. Du bist ästhetisch. Bei dir bin ich sicher und brauche nicht zu befürchten, daß du etwas Peinliches sagen oder tun wirst. Es wäre ja eine Lüge zu behaupten, daß du keusch bist, aber du bist trotzdem sauber. Und das mag ich leiden."

Warum konnte er nicht sagen, „dich mag ich leiden?"

Aber ich ahnte, daß Gunnar mich brauchte, und da wurde ich keß.

„Weißt du, was ich an dir mag, Gunnar? Daß du so stark bist, denn das bin ich auch. Wenn es einmal zwischen uns aus ist, wird keiner von uns Szenen machen. Es wird keine Abrechnung mit Briefschreiben und Verzweiflung geben. Wenn wir auseinandergehen, sind wir stark genug, dies zu tun. Beide."

Gunnar kam zu mir und küßte mich merkwürdig unmotiviert.

„Ja, Benne, du bist stark."

Dann kam der Dezember. Ich saß in meinem Büro und verfaßte Weihnachtsstoff bis zum Schwachsinn über Weihnachtsparties und Weihnachtsessen und billige Weihnachtsgeschenke und Weihnachtsbesuchskleider und lauter solchen Quatsch, den kein Mensch liest. Doch, man liest es vielleicht, aber niemand nimmt Notiz davon, denn alle haben ihre eigene Weihnachtstradition. Was nützt es, ein gutes Rezept für Gänsebraten auf dänische Art zu empfehlen, wenn die Leute trotzdem Schweinerippen oder gekochten Dorsch essen? Und warum moderne, leicht zuzubereitende Kuchen empfehlen, wenn die Hausfrauen an dem althergebrachten Schmalzgebackenem festhalten? Gott sei Dank übrigens, daß es so ist. Ich halte selbst auf Tradition.

Ich wußte nicht, wo ich den Weihnachtsabend verbringen würde. Gunnar würde vermutlich bei seinem Vater in Asker sein. Er hatte zwar nichts davon gesagt, und ich hatte nicht gefragt.

Voriges Jahr hatten Matti und ich in meiner Wohnung Weihnachten gefeiert, Platten gespielt und bis weit in den Morgen hinein herumgealbert. Jetzt möchte ich nicht daran denken. Ich hoffte im Stillen, daß Solveig Strand mich und Siri einladen würde.

Ganz deutlich erinnere ich mich an die Tage Anfang Dezember, die merkwürdigsten Tage meines Lebens. An einem Morgen, es war der 7. Dezember, begann ich etwas zu ahnen. Ich erwachte bei Morgengrauen und fühlte mich unwohl, war gleichsam nicht ich selber. Da ich nicht mehr schlafen konnte, stand ich auf, obwohl es erst halb sieben war. Ich fühlte mich so rastlos. Plötzlich mußte ich ins Bad und übergab mich.

Als ich frühstücken wollte, wurde mir beim Gedanken an Kaffee übel, obwohl ich mich sonst erst als Mensch fühle, nachdem ich meinen Morgenkaffee getrunken habe. Ich holte mir Milch und trank eine ganze Menge. Sonderbar!

Ich arbeitete nicht besonders gut an diesem Tag. Immer wieder schweiften meine Gedanken ab. Wenn es sich nun so verhielt, wie ich vermutete ... Die meisten Frauen in meiner Lage wären zum Doktor gerannt und hätten ihn um Abhilfe gebeten. Aber ich hatte mir ein Kind gewünscht, es wäre ein Verbrechen gewesen, es zu töten. Ja, ein herbeigeführter Abort ist Mord.

Aber nie im Leben wollte ich mich an Gunnar wenden und eine Heirat andeuten, nie im Leben! Ich hatte nach meiner eigenen Überzeugung gehandelt, jetzt wollte ich auch die Folgen tragen.

Ich verdiente gut. Dann war da das Mutterschutzgesetz, zum Glück. Ich mußte mir eben eine Kinderschwester halten, nachher ein Halbtagsmädchen. Freilich müßte ich dann meine Ansprüche an hübsche Kleider und Geselligkeit zurückschrauben. Jetzt wollte ich sparen, Geld zurücklegen, für mein und Gunnars Kind.

Eine heiße Welle durchströmte mich bei dem Gedanken: Gunnars Kind. Gunnars Kind mit seinem hellen Haar und den blauen, blauen Augen. Es sollte meins sein, niemand auf der Welt konnte es mir nehmen. Wenn es ein Junge wurde, sollte er Gunnar heißen. Nein, das würde Gunnar nicht mögen. Und wenn ich das Kind nach ihm benannte, konnte ja jemand Verdacht schöpfen. Wurde es ein Mädchen, sollte es Solveig heißen, das stand fest.

Uff, das war doch alles Unsinn. Vielleicht bildete ich mir das alles nur ein. Vielleicht kam meine Übelkeit am Morgen von dem Dosenhummer, den ich gestern abend gegessen hatte.

Nein, es lag nicht am Hummer, daß mir schlecht geworden war.

Einige Tage darauf nahm ich mich zusammen und ging zum Arzt.

„Hm, ja, Sie sollten heiraten“, sagte er, nachdem er mich untersucht hatte.

„Danke für den Rat, aber danach habe ich nicht gefragt. Ich wollte wissen, ob ich ein Kind bekomme.“

„Ja, so ist es, Fräulein. Darum habe ich Ihnen ja geraten zu heiraten. Sie sind jung und gesund und sollten ...“

Ich unterbrach ihn.

„Liegt das Embryo normal?“

„Es ist zu früh, sich darüber zu äußern, außer Sie lassen eine Röntgenaufnahme machen.“

„Gut, dann komme ich später einmal wieder, um mich untersuchen zu lassen. Im übrigen bin ich gut gebaut und durchaus geeignet, Kinder zu bekommen, nicht wahr?“

„Ja, absolut.“ Er sah mich verwundert an. „Ich hoffe, daß Ihr Verlobter einsieht...“

„Ich bin nicht verlobt und werde nicht heiraten. Falls es Sie interessiert, ich freue mich sehr auf das Kind. Was schulde ich Ihnen?“

Ich bezahlte und ging. Und ärgerte mich ein bißchen, daß ein Mann, bloß weil er ein Staatsexamen gemacht hat, sich erlaubt, einen väterlich beschützenden Ton mir gegenüber anzuschlagen. Ich weiß schon selbst was ich zu tun habe!

Ja, nun wußte ich also Bescheid. Und ich war froh darüber, aber nicht verantwortungslos, sentimental glücklich. Ich wußte, was mir bevorstand, wußte, wie der Leuteklatsch mir entgegenschlagen würde. Die einzige Art, meinem Kind ein einigermaßen sicheres Dasein zu verschaffen, waren gute pekuniäre Verhältnisse. Es galt also zu arbeiten. Ich ging gleich in eine Bank und zahlte zweihundert Kronen, die ich gerade bei mir hatte, auf ein neues Bankkonto ein. Und ich gelobte mir, in den kommenden acht bis neun Monaten viele neue Summen einzuzahlen.

Dann ging ich heim und begann eine Novelle, die mir dreihundert Kronen für Babys Bankbuch einbringen sollte.

Ich benahm mich so närrisch, wie man es tut, wenn man glücklich ist. Ich kaufte weiche, weiße Wolle und strickte ein paar merkwürdige kleine Socken. Ich kaufte feinen weißen Stoff und nähte sonderbare kleine Kleidungsstücke. Und ich ertappte mich dabei, daß ich die Auslagen der Babygeschäfte studierte.

Gunnar rief an. Ich entschuldigte mich, indem ich sagte, mir wäre nicht ganz wohl.

Eines Abends las ich in der Zeitung, daß Matti und Hans heiraten wollten. So weit hatte ich mich von Matti und der ganzen Bande entfernt, daß ich so etwas erst durch die Zeitung erfuhr.

Ich glaube, es war diese Notiz, durch die mir klar wurde, daß ich in diesem Herbst ein ganz anderer Mensch geworden war. Ich war Matti, dem Jargon, der Bummelei, dem ganzen Blödsinn entglitten, hatte begonnen, wieder Vatis Bücher zu lesen. Wie war das gekommen?

Ich glaube, es begann damals, als Siri zu mir kam, an dem Abend, bevor ich nach Deutschland reiste. Oder begann es im Flugzeug zwischen Hamburg und Kopenhagen? Oder war es an dem Tag, als ich zu Solveig Strand ging, um sie anläßlich ihres 25-jährigen Jubiläums zu interviewen?

Hier saß ich und sollte ein Kind bekommen ohne verheiratet zu sein, ohne heiraten zu wollen. Matti würde in Zucht und Ehre heiraten und sicher die ersten vier, fünf Jahre keine Kinder haben. Ich weiß nicht, ob Mutti mit mir zufrieden gewesen wäre, aber Vati schon, dessen war ich gewiß.

Matti heiratet, Siri sollte studieren, Solveig Strand war zufrieden mit dem Dasein und ihrem neuen, großen Pflegekind. Alle hatten es gut. Plötzlich fühlte ich mich grenzenlos allein mit meinem Baby. Trotzdem hätte ich mit niemand tauschen mögen.

Siri kam zu mir. Ich legte mein komisches kleines Nähzeug weg, ehe ich sie einließ.

„Nun, Siri? Du singst wohl bald deinen Schwanengesang als Vertreterin."

„Ja, übermorgen ist Schluß, zum großen Kummer des Personalchefs. Kann ich eine Zigarette haben? Ich brauche sie. Bin den ganzen Tag herumgelaufen. Und du rauchst nicht, Benedikte? Das ist ja ein ungewohnter Anblick."

„Ich habe damit aufgehört."

„Nun schlägt's aber dreizehn! Bist du im Begriff, ein Tugendbold zu werden? Aber jetzt mal im Ernst, woher soll ich bloß noch rasch eine Versicherung für 5000 Kronen kriegen? Es wäre doch zu ärgerlich, wenn mir diese 5000 fehlten, jetzt wo ich aufhören soll. Es war so befriedigend immer die 50.000 zu erreichen."

Ich lachte ein wenig. „Kram deine Tabellen heraus, Siri. Ich will sehen, was ich für dich tun kann."

„Willst du eine Versicherung abschließen, Benedikte?" Sie hatte schon das Schema und den Kugelschreiber bereit. „Das kann man aber leicht verdient nennen."

„Also schreibe. Den Namen und das Geburtsdatum kennst du."

Siri schrieb.

„Und die Summe?"

„Fünftausend."

„Du bist eine Perle! Also fünftausend. Die Auszahlung ..."

„Fällig in fünfzehn Jahren zu Gunsten von ..."

„Ach, du willst eine Schenkungsversicherung abschließen? Bist du jetzt auch Mäzen geworden?"

Ich glaube, meine Stimme bebte ein wenig, als ich langsam und deutlich fortfuhr: „Zu Gunsten des Kindes, das ich im Juli erwarte."

Lieber Gunnar!

Erschrick nicht darüber, einen Brief von mir zu bekommen. Ich habe Dir etwas Wichtiges zu sagen, und das kann ich am besten schriftlich tun. Ich verspreche Dir gleich, daß dies der letzte Brief sein soll, den Du von mir bekommst. Ich sagte neulich, daß ich stark bin, und ich werde Dir beweisen, daß es stimmt. Aber ehe ich mit Dir Schluß mache, muß ich Dir etwas erzählen. Du hast ein Recht darauf, es zu wissen. Ich werde ein Kind von Dir haben, Gunnar.

Überflüssig zu sagen, daß ich Dich nicht bitte, mich zu heiraten. Ich möchte keinen Mann heiraten, der mich nicht lieb hat. Das soll kein Vorwurf sein. Du kannst ja nichts dafür, daß Du nicht mehr als Freundschaft für mich empfindest.

Aber Du hast die Eigenschaften, die ich meinem Kinde als Erbteil wünsche. Du hast die Kultur, die ich vom Vater meines Kindes verlange. Ich bin froh, daß ich ein Kind von Dir haben werde.

Ich werde Dich nicht plagen. Weder mit der Forderung nach einem Unterhaltsbeitrag noch sonstigem. Wenn Du es nicht wünschst, soll niemand wissen, wessen Kind es ist. Ich nehme an, daß Du es so haben willst.

Ich verspreche Dir, daß Dein Kind es gut haben wird. Ich verspreche Dir, mein Leben so zu gestalten, daß Dein Kind sich nie seiner Mutter zu schämen braucht.

Aber eines bin ich mir selbst schuldig, das muß ich Dir sagen. Denn wenn Du diese Sache nicht weißt, kannst Du auch nicht verstehen, daß ich mich so auf das Kind freue.

Ich habe Dich lieb, Gunnar. Ich hatte Dich lieb von der ersten Sekunde, als ich Dich sah.

Übrigens – warum sollte ich mich vor großen Worten fürchten, wenn sie am Platz sind?

Ich liebe Dich, Gunnar.

Benne

Ich hatte den Brief abends in den Kasten geworfen und wußte, daß Gunnar ihn am Morgen bekommen würde. Natürlich war ich gespannt, wann und was er antworten würde. Übrigens wäre ich nicht überrascht gewesen, wenn er gar nichts von sich hören ließe. Nichts konnte mich bei Gunnar überraschen – außer dem, was dann geschah.

Am nächsten Morgen stand ich im Flur und zog den Pelz an, um in die Redaktion zu gehen, da hörte ich, wie ein Schlüssel ins Schloß gesteckt wurde.

Es war Gunnar. Nein, es war nicht Gunnar. Es war ein Mann, den ich nie zuvor gesehen hatte, den zu sehen ich mir nie hätte träumen lassen. Ein Mann, der die Arme um mich schlang, so daß mein Pelz zu Boden fiel und der Hut verrutschte. Ein Mann, der mich aufhob, ins Zimmer trug und in einen Lehnstuhl setzte. Ein Mann, der vor mir auf den Knien lag und meine Hände küßte. Und zwischen den Küssen kamen Worte, die ich nur wie durch einen Nebel vernahm.

„Benne, Benne, was für ein Idiot du bist! Geht da herum, spielt mir eine Komödie vor und zwingt mich dadurch, auch Komödie zu spielen. Glaubst du vielleicht, ich lasse dich,

Benne? Herrgott, Kind, ein Leben ohne dich wäre doch die Hölle! In den Wochen, als wir auseinander waren, bin ich beinahe verrückt geworden. Du warst immer so kühl und nüchtern, schon in Kopenhagen, und ich nahm mich mächtig zusammen, um ebenso kühl zu sein, damit du mich nicht satt kriegen solltest. Ach, Benne, wenn du wüßtest, was ich für Herzklopfen hatte, als ich dir die Rosen schickte. Und dann hörte ich zwei Tage lang nichts von dir. Du mußt mich heiraten, hörst du? Wage nicht mit Einwänden zu kommen. Du bist mein, das mußt du begreifen, bloß mein. Ich war grausam gegen dich, aber das war bloß, weil ich im Grunde so schwach bin und das durftest du nicht merken. Ich meinte ja gar nicht, was ich an dem Abend sagte, als du bei mir warst. Das sagte ich nur, weil du nicht merken solltest, wie tief du mir ins Herz eingedrungen und es ganz in Besitz genommen hast. Du hast gesagt, daß du mich magst, weil ich stark bin. Ich bin aber schwach, Benne, und ein großer Narr. Vor großen Worten habe ich genau solche Angst wie du. Aber einmal im Leben muß es gesagt werden und jetzt sage ich es: Ich liebe dich, Benne, ich bete dich an, ich liebe dich, ich liebe dich!"

Es war einige Stunden später. Ich hatte in der Redaktion angerufen und mich krank gemeldet. Gunnar und ich hatten zusammen gefrühstückt, wir hatten beide zuvor noch nichts gegessen. Und wir waren ebenso närrisch wie alle verliebten Leute.

„Ist doch klar, daß wir sofort das Aufgebot bestellen", sagte Gunnar. Ich mußte aus dem Schreibtisch meinen Taufschein, den Konfirmationsschein, den Impfschein und sonstige Papiere hervorholen.

„Ich glaube, es dauert drei Wochen, ehe man getraut werden kann. Du kannst doch wohl bis dahin fertig sein?“

„Ich glaube, du spinnst“, erwiderte ich und meinte es nicht.

„Unsinn, du mußt einfach fertig werden. Und Benne, deinen Redakteurposten solltest du aufgeben. Glaubst du nicht, daß wir mit meinen zweitausend Kronen im Monat auskommen könnten? Du kannst ja daheim arbeiten. Schreib Novellen und dergleichen, so viel du willst, aber bewahr mich davor, beim Heimkommen von irgendeiner Perle zu hören, daß die gnädige Frau noch im Büro ist oder zu einer Berichterstattung unterwegs. Die gnädige Frau das bist du, Benne. Findest du nicht, daß Benedikte Brekke gut klingt? Ich finde es.“

Gunnar war noch viel kindlicher als ich. Und dafür mußte ich ihn küssen, wieder und immer wieder.

„Wir werden ja sehen“, sagte ich. „Zweitausend Kronen sind ja ein bißchen wenig. Aber weißt du, ich kann wohl immer ein paar hundert im Monat mit Novellenschreiben und Gelegenheitsarbeiten beim Rundfunk verdienen. Doch ja, das müßte gehen.“

„Und wir brauchen nicht viel zu kaufen, nicht wahr, das brauchen wir doch nicht? Du hast ja ein ganzes Wohnzimmer und Bett und Diwan. Ich besitze einen Schreibtisch, einen Bücherschrank und zwei Klubsessel, und Wäschezeug wie Laken, Handtücher, Tischwäsche und dergleichen, das hast du natürlich.“

„Doch, ja.“ Ich war mindestens ebenso eifrig. „Wir brauchen nur einen Babykorb zu kaufen und Babyaussteuer, damit habe ich übrigens schon begonnen.“

Ich holte die komischen kleinen Socken hervor, die so gänzlich mißglückt in der Fasson aussahen.

„Bring mich bloß nicht zum Heulen, Benne, das ist einfach zuviel! Also Möbel haben wir, viel mehr brauchen wir ja nicht."

Ehe ich mich versah, waren mir die Worte entschlüpft:

„Und weißt du, anfangs brauchen wir ja nur zwei Zimmer und Küche."

Im XENOS Verlag sind in der gleichen Reihe erschienen:

Lollo

Rolf Ulrici

ein Mädchen von heute

Lieselotte Manders, von ihren Freunden wird sie allerdings Lollo gerufen, also Lollo bekommt zu ihrem Geburtstag ein Tagebuch geschenkt und weiß eigentlich gar nicht, ob sie sich darüber freuen soll.
Trotzdem beginnt sie ihre Erlebnisse in das Büchlein einzutragen und stellt bald fest, daß man sich nicht nur den Kummer von der Seele schreiben kann.
Offen und ehrlich vertraut sie ihrem Tagebuch alles an, was ein Mädchen mit 16 Jahren so erlebt und bewegt, und das sind eine ganze Menge Dinge. Träume, Sehnsüchte und kleine Geheimnisse. Und mit der Zeit kommt zu dem ersten noch ein weiteres Buch hinzu, obwohl Lollo sich geschworen hat, nie wieder schreibe ich ein Tagebuch.

ISBN 3-8212-0133-9

Das goldene X-Buch - der große Sonderband aus dem Xenos Verlag

Im XENOS Verlag sind in der gleichen Reihe erschienen:

Helen Dore Boylston

Susanne Barden

Hinaus ins Leben

Dieses Buch erzählt die Ausbildungsjahre von Susanne Barden, die nach ihrer Schulzeit nun ins Berufsleben hinausgeht. Sie hat sich in den Kopf gesetzt, Krankenschwester zu werden; ein nicht leichter Beruf. Und so sind auch die drei Jahre von Susanne von Höhen und Tiefen, von glücklichen und schweren Stunden begleitet. In dieser Weise ist auch das Buch geschrieben, das nicht nur eine Aufzählung von Tagesberichten, sondern einen Spiegel ihres Lebens durch die Ausbildungsjahre eines jungen Mädchens wiedergibt. Dabei vermittelt dieser Band die offene Hilfsbereitschaft und Lebensfreude, die Susanne in ihrer Umgebung ausstrahlt, und die ihr jeden Tag mehr Freude an dem gewählten Beruf bringt.

Das goldene X-Buch - der große Sonderband aus dem Xenos Verlag

Im XENOS Verlag sind in der gleichen Reihe erschienen:

Helen Dore Boylston

Susanne Barden

Weite Wege

Im ersten Buch Susanne Barden, „Hinaus ins Leben", erzählt die Autorin fesselnd und humorvoll von der Ausbildungszeit Susys als Krankenschwester. Nun beginnt Susy ihre Tätigkeit als Fürsorgeschwester in New York. Berauscht von der Atmosphäre der gewaltigen Stadt und voller Begeisterung und Tatendrang für ihre beruflichen Aufgaben, beginnt sie das vielseitige und oft abenteuerlich anmutende Leben einer Fürsorgeschwester. Mit ihrer Hilfsbereitschaft, mit Furchtlosigkeit und einem aufgeschlossenen Herzen für alle Nöte gewinnt sie gute Freunde. Ihre Schlagfertigkeit und ihr Humor helfen manche schwierige Situation überwinden. Das Wiedersehen mit ihrem Verlobten Dr. Barry stellt Susy vor schwere Entscheidungen.

ISBN 3-8212-0002-2

Das goldene X-Buch - der große Sonderband aus dem Xenos Verlag

Im XENOS Verlag sind in der gleichen Reihe erschienen:

Helen Dore Boylston

Susanne Barden

Reifen und Wirken

Die Fürsorgeschwester Susanne, nun die Frau des Arztes Dr. Barry, macht in ihrer jungen Ehe sehr bald die Erfahrung, daß man um Glück und Erfolg täglich aufs neue kämpfen muß. Sie versucht, Beruf und Ehe miteinander in Einklang zu bringen. Die lebendige Erzählung schildert das Anwachsen der Familie, beschönigt niemals die Schattenseiten eines solchen Nebeneinander von Beruf und Ehe und vermag unmerklich wegweisend und hilfreich zu sein. Die saubere, optimistische und bei aller Realität idealistische Haltung der handelnden Personen macht das Buch zu einer wertvollen Lektüre für junge Mädchen und Frauen.

ISBN 3-8212-0003-0

Das goldene X-Buch - der große Sonderband aus dem Xenos Verlag

SAGEN
ERZÄHLUNGEN
MYTHEN

unter diesem Markenzeichen erscheint im XENOS Verlag eine Reihe von Sagenbüchern. Die Bände sind neu überarbeitet und von phantastischen Künstlern illustriert worden.

Gebundene Ausgabe, Großformat 16,5 x 24,5 cm, Umfang bis zu 300 Seiten.

Folgende Titel sind zur Zeit lieferbar:

Germanische Heldensage

ISBN 3-8212-0110-X

Artus-Sagen

ISBN 3-8212-0108-8

Deutsche Burgensagen

ISBN 3-8212-0109-6

JACK LONDON

In einer Reihe »Abenteuer-Romane« erscheinen in einmalig exklusiver Aufmachung die weltbekannten Erzählungen Jack Londons. Die Bände sind neu überarbeitet und von hervorragenden Künstlern illustriert worden.

Gebundene Ausgabe, Format 13,5 x 19,5 cm, Umfang bis zu 272 Seiten mit jeweils 15 Illustrationen.

Folgende Titel sind zur Zeit lieferbar:

Der Seewolf

Frisco Kid

Wolfsblut

Der Sohn des Wolfs

Der Ruf der Wildnis

Alaskamädchen

Mondgesicht